Anne de France

Aubrée David-Chapy

Anne de France

GOUVERNER AU FÉMININ À LA RENAISSANCE

PASSÉS/COMPOSÉS

ISBN : 978-2-3793-3276-0
Dépôt légal – 1re édition : 2022, mai
2e tirage : 2022, juin

170 bis, boulevard du Montparnasse, 75680 Paris Cedex 14

À Aliénor, Mahaut, Isaure et Béatrix.

Sommaire

Introduction

Voici près de cinq cents ans, le 14 novembre 1522, s'éteignait dans l'ombre et le silence des tours du château de Chantelle, loin des fastes et de l'animation de la cour qui l'avait vue s'épanouir, Anne de France, dame de Beaujeu, duchesse de Bourbonnais et d'Auvergne, fille du roi de France Louis XI et sœur de Charles VIII. Ce fut une mort discrète, en tout point contraire à l'existence de cette princesse hors du commun qui avait brillé de l'éclat de sa puissance à la cour de France pendant plus d'un demi-siècle. Tour à tour, elle avait guidé un royaume et un duché avec la finesse et l'autorité des plus grands. De Louis XI à François Ier, en passant par Charles VIII et Louis XII, quatre règnes l'avaient vue affirmer aux yeux de ses pairs qu'étaient les princes, rois et empereurs de son époque, l'immensité de sa puissance politique, sa quête inégalée de gloire et de prestige ainsi que son amour des arts et des lettres.

Pourtant considérée par ses contemporains comme l'une des femmes les plus puissantes de son temps et en dépit de l'intérêt qu'elle suscite depuis plusieurs années déjà chez les historiens et les historiens de l'art[1], Anne de France demeure trop peu connue au regard de ce que furent son pouvoir et son influence en France, au tournant du XVe et du XVIe siècle. Sans doute cette méconnaissance et cet oubli relatifs s'expliquent-ils par le fait que cette « fille des fleurs de lys » ne fut jamais reine de France. Peut-être aussi fut-elle éclipsée par la notoriété d'Anne de Bretagne, deux fois reine, qu'elle contribua pourtant à former à son métier de reine. Pourtant, Anne de France s'illustra comme dame de pouvoir, femme diplomate, mère et éducatrice, princesse humaniste, mécène et enfin commanditaire avertie. De la cour de France à celle de Moulins, son pouvoir se déploya de manière presque inédite, sous des formes politiques, symboliques, artistiques et littéraires qui firent d'elle l'une des princesses les plus remarquables de l'Europe des années 1500.

En même temps qu'il explore un monde en pleine effervescence politique et artistique et qu'il invite à une immersion dans le passé de la monarchie française de la première modernité, cet ouvrage a pour ambition de dévoiler les multiples facettes de cette princesse hors du commun. Plus encore, il entend offrir un nouveau regard sur cette dame, à la lumière de sources inédites qui renouvellent notre connaissance à son sujet.

Anne fut-elle la dernière grande princesse médiévale ou la première femme de pouvoir de la Renaissance en France ? À coup sûr, elle fut les deux. Celle qu'on a longtemps appelée la dame de Beaujeu vécut à la croisée de ces deux mondes ; plus encore, elle s'imposa comme le trait d'union entre les deux. Du premier, elle assuma parfaitement l'héritage, inscrivant son action politique dans les traces de grands personnages, aussi divers que l'écrivain Christine de Pizan ou que son père Louis XI, qui tous deux façonnèrent sa vision et sa pratique du pouvoir. De la seconde, elle fut l'une des premières à percevoir toute la nouveauté artistique et intellectuelle, et à en introduire les plus belles innovations en France. Au tournant des années 1500, deux modes de pensée cohabitaient, deux styles artistiques se côtoyaient, en se différenciant sans s'exclure[2]. C'est cette réalité qu'Anne de France incarna peut-être plus que tout autre et dont elle fut l'exemple vivant.

Dans un contexte politique de métamorphose et de redéfinition permanentes des institutions royales, dans un royaume en perpétuel travail sur lui-même, Anne de France témoigne de ce que la monarchie moderne était un « esprit », de ce qu'elle était mobile par-delà ses institutions, qu'elle n'était pas statique, mais au contraire en constante recomposition formelle et idéologique. Elle témoigne de ce que cet « esprit des institutions[3] », qu'évoque Denis Richet, était malléable, ce qui se traduisit de manière concrète par l'invention de la régence au féminin qu'Anne de France initia dans la décennie 1480.

En effet, il convient de considérer comme exceptionnel son rôle de gouvernante et de quasi-régente à la tête du royaume dès 1483, à la mort de son père. Par sa capacité à inventer le pouvoir au féminin et à le mener vers le cadre institutionnalisé de la régence, par sa participation au gouvernement du royaume et par sa position de pilier de la monarchie, Anne de France marqua son époque comme nulle autre, s'imposant en modèle pour les nombreuses femmes qui exercèrent le pouvoir en France et en Europe à la Renaissance.

Femme de guerre, elle s'appuya sur des hommes vaillants et habiles auxquels elle n'eut de cesse de fournir des conseils stratégiques. Princesse diplomate, elle développa une politique extérieure habile visant à rétablir la paix entre les souverains européens.

Anne de France fut une femme entre deux mondes. Fidèle à la conception médiévale d'un pouvoir vertueux et prudent et à l'idéal de bon gouvernement fourni par les plus grands miroirs médiévaux, elle n'en fut pas moins réceptive aux idées humanistes dont elle se fit le relais. Pétrie des figures de princesses médiévales, antiques et bibliques, elle s'en offrit comme modèle éthique et politique à toutes ses contemporaines.

Si la fille de Louis XI était mue par des ambitions politiques à la mesure du pouvoir qu'il lui fut donné de pratiquer, elle perçut également toute la nécessité de se mettre en scène et de s'entourer de dames nombreuses dont la présence à ses côtés rehaussait son prestige et sa puissance. Si l'existence d'une cour féminine auprès de la reine est attestée depuis le milieu du XVe siècle, elle prit toute son ampleur à la Renaissance, particulièrement sous l'influence d'Anne de France. Au cœur de cette « Cour des Dames » qu'elle contribua à mettre en place, son rôle de « fille de France » se déclinait de diverses manières : elle était à la fois éducatrice et patronne, amie et diplomate. La princesse s'affirma comme la pièce maîtresse sur la table du jeu politique européen vis-à-vis de ses semblables. Son influence culturelle, spirituelle et politique sur les princesses qui furent amenées à exercer le pouvoir à la Renaissance est à ce point considérable que l'on peut évoquer une véritable maternité politico-intellectuelle.

Plus encore, Anne de France posa les jalons pour l'invention d'une symbolique du pouvoir au féminin qui se laissait contempler dans les cérémonies royales et dans le protocole aulique, où elle figurait comme un personnage hors norme, juste après la reine. Elle n'eut de cesse de diffuser d'elle-même l'image d'un miroir de vertu, d'un modèle à suivre pour toutes ses contemporaines, reines, princesses, nobles dames et femmes de plus modeste condition. À travers une mise en scène cérémonielle savamment étudiée et une rhétorique littéraire et historique, elle construisit un discours qui la plaçait au cœur de la monarchie et rejoignait le mythe. Dans une telle entreprise, elle eut à cœur de s'adresser aux meilleurs écrivains et artistes qui élaborèrent autour de sa personne un imaginaire oscillant entre réalité historique et invention mythique.

Bibliophile avertie, Anne de France s'illustra par son abondante commande littéraire qui s'offre comme le témoin de sa position entre Moyen Âge et Renaissance. Héritière du goût de ses prédécesseurs pour les manuscrits enluminés, elle en enrichit ses bibliothèques par de très belles commandes auprès des plus grands maîtres du XVe siècle. Alors que l'imprimerie peu à peu s'imposait, elle fut parmi les premières à s'intéresser à cette nouveauté et à reconnaître la qualité du travail des libraires pour lesquels elle s'érigea en véritable patronne.

Sa pensée elle-même est à la croisée des deux mondes. Ses *Enseignements* contiennent la quintessence de la pensée des miroirs médiévaux, en même temps qu'ils sont un hymne aux idées nouvelles de l'humanisme renaissant. Ils se font l'écho de l'émergence d'une nouvelle civilité, fondée sur l'art de la parole douce et la présence apaisante de femmes à la cour. Ces dames qui entourent Anne de France à la cour de Moulins et qui sont dotées de ces vertus mêmes dont elle fait la promotion dans son livre vers 1505 ne pourraient-elles être identifiées à ces « dames de cour » à la sage éloquence, à la vertueuse prudence, qui s'incarnent sous la plume de Baldassare Castiglione dans *Le Livre du courtisan* en 1528 ? Héritière et initiatrice, Anne de France servit une fois encore de lien entre la pensée médiévale de Christine de Pizan et celle, renaissante, de Castiglione, en proposant à travers les *Enseignements* une somme censée faire office de manuel de savoir-vivre à la cour, au même titre que l'ouvrage du Mantouan vingt ans plus tard.

Le domaine des arts ne fait pas exception : Anne de France vécut ce moment de coexistence du Moyen Âge gothique et de la Renaissance, qui s'exprime dans la diversité stylistique de ses commandes. Dans ce monde où l'épanouissement artistique était favorisé par la circulation des œuvres et des artistes, elle fut le témoin de ce temps de création des plus féconds, tout comme elle en fut l'actrice. La cour de Moulins reflète le foisonnement artistique exceptionnel, ce mélange des genres, cette rencontre entre les deux modernités nordique et méridionale qui caractérise les années 1500[4] et qui s'incarne dans la présence concomitante du Flamand Jean Hey à Moulins et de l'Italien Benedetto Ghirlandaio à Aigueperse.

Surtout, là où le roi de France se devait d'ordinaire d'être le premier commanditaire du royaume, Anne de France n'eut de cesse de témoigner de son amour des arts et de sa soif insatiable d'œuvres toujours plus belles et plus nombreuses, tant dans le domaine de la peinture, de la sculpture, de l'orfèvrerie, du vitrail, de la tapisserie ou encore des émaux. C'est en cela qu'elle s'affirma comme l'une des premières et peut-être la première princesse de la Renaissance, avant même la reine Anne de Bretagne.

CHAPITRE 1

Dans l'ombre de la cour

1461-1483

Une naissance mystérieuse en Brabant

La naissance de la fille aînée du roi Louis XI et de sa seconde épouse, la reine Charlotte de Savoie, est entourée de mystère. Il n'existe aucune certitude quant au lieu et à la date de sa venue au monde. Certains chroniqueurs évoquent la cité brabançonne de Genappe où son père, alors dauphin, avait fui en signe de rébellion contre le pouvoir de Charles VII qu'il soupçonnait de l'espionner.

Le dauphin mène alors une « diplomatie agressive[1] », multipliant les provocations à l'égard du roi, mécontent de son mariage avec Charlotte de Savoie, conclu sans son accord. Louis vient en effet d'épouser la fille du duc Louis de Savoie et de la duchesse Anne de Lusignan à Chambéry, par procuration le 7 mars 1451, puis à Grenoble le 2 avril. La jeune fille est âgée d'environ onze ans, ce qui explique que le mariage n'ait pas été consommé avant 1457. Pour fuir la colère royale, Louis a trouvé refuge auprès du duc de Bourgogne, Philippe le Bon, qui a mis à sa disposition son château de Genappe.

En 1459 et 1460, le couple delphinal donne naissance à deux enfants morts en bas âge : Joachim et Louise. Anne serait née pour sa part en 1461, quelques mois avant l'avènement de Louis XI au trône royal, en juillet. Le bébé n'a que quelques semaines à l'annonce de la mort de Charles VII, le 24 juillet 1461. Aussitôt, Louis XI accourt à Saint-Denis afin d'assister aux funérailles, avant d'être lui-même sacré le 15 août à Reims. Charlotte de Savoie, demeurée derrière lui en Brabant, est absente de la fastueuse cérémonie.

Ce n'est qu'à la fin de l'été 1461 qu'elle quitte les terres du duc de Bourgogne pour rejoindre son époux en Val de Loire. Louis XI, attaché à la Touraine, y installe sa famille : il choisit la forteresse d'Amboise qui voit ainsi grandir Anne de France, Jeanne de France et le dauphin Charles, futur Charles VIII, seuls enfants du couple à avoir survécu. Tous trois s'épanouissent dans le giron maternel. Anne est dotée de plusieurs nourrices, d'une berceresse, de deux femmes de chambre et d'une demoiselle d'honneur, comme nous l'indiquent les comptes royaux[2].

Un pion sur l'échiquier matrimonial européen

En raison de son intelligence, Anne fut certainement l'enfant préférée de son père, ce qui n'empêcha pas la jeune princesse d'être, dès les mois qui suivirent sa naissance, un objet de tractations politiques, un pion sur l'échiquier diplomatique et matrimonial européen, comme toutes les petites filles de sa condition.

Âgée de quelques mois seulement, la fille de Louis XI est fiancée à son cousin Nicolas de Calabre, fils du duc Jean de Lorraine et de Marie de Bourbon. La maison d'Anjou, à laquelle il appartient, est alors fort puissante et chère à Louis XI qui en est lui-même issu par sa mère Marie d'Anjou. À cette occasion, Louis XI fait don à sa fille de la vicomté de Thouars ainsi que des seigneuries de Marans et de Berrye.

Le temps passant, Nicolas de Lorraine se détourne de l'alliance française, optant pour le rapprochement avec le duc de Bourgogne, désormais ennemi de Louis XI, qui lui promet sa fille et unique héritière Marie. La mort brutale de Nicolas en 1473 met officiellement fin au projet de mariage avec Anne de France. La princesse en aurait conçu un vif chagrin, si l'on en croit le seigneur de La Vauguyon, son serviteur zélé qui l'a longtemps servie et bien connue. Dans une complainte qu'il lui dédie après sa mort, il s'exprime en ces termes :

Le prédit duc de Calabre famé,
En l'épousant, lui donna un anneau,
Non de grand prix, mais il fut aimé
De par la dame et plus cher estimé
Qu'or ni argent, ni bague ni joyau,
Qu'elle garda mieux que plus riche et beau
Jusqu'à la mort, c'est vérité patente. [...]
Or advint-il que ce duc trépassa
Six ans après qu'il eut Anne épousée,
Qui fut un deuil qui bien tôt ne passa,
Mais grièvement poignit et transperça
Le noble cœur de la jeune épousée ;
Par quoi tôt fut la chose disposée
Qu'autre mari prendrait notable et bon,
Un sien prochain, feu Pierre de Bourbon[3].

Anne est alors fiancée à Pierre de Beaujeu qu'elle épouse à l'âge de treize ans. Le contrat est signé à Jargeau en novembre 1473 et le mariage, célébré à Montrichard l'année suivante.

L'alliance avec Pierre de Beaujeu, pilier du pouvoir royal

Contre toute attente, ce sont les débuts d'une longue et heureuse alliance, politiquement très féconde. Né en 1439, ce fils cadet du duc Charles Ier de Bourbon et de la duchesse Agnès de Bourgogne est de vingt et un ans l'aîné de son épouse, ce qui explique sa plus grande expérience du pouvoir. Pierre est surtout le jeune frère du duc Jean II de Bourbon et du cardinal Charles de Bourbon, deux grands seigneurs hostiles à Louis XI. Jean II a été par le passé un fidèle partisan de Charles VII, ce qui suffit à expliquer la défiance de Louis XI à son égard. Habilement, le roi ne l'écarte pas totalement de son cercle d'intimes, sans jamais cependant lui offrir les récompenses qu'il convoite, notamment l'épée de connétable. Les relations entre les deux hommes sont complexes, ambiguës, empreintes de non-dits et de retournements[4]. Celles avec Charles de Bourbon ne sont guère meilleures.

Bien qu'issu d'une lignée relativement fidèle au pouvoir royal, Pierre participe néanmoins, comme ses frères, à la guerre du Bien public, rébellion princière dirigée contre Louis XI en 1465. Cela n'empêche pas le roi de s'intéresser à lui dès l'année suivante ; bien au contraire, comme il en est coutumier, voyant en lui un possible pion sur son échiquier politique, il cherche à se l'attacher et à s'en faire un allié. C'est chose faite avec la promesse d'un mariage entre Anne de France et Pierre de Beaujeu :

> Un seul y en eut de la maison de France que ledit roi Louis XI aima et honora tant qu'il vécut, c'est à savoir Pierre seigneur de Beaujeu [...] auquel parce qu'il le savait homme paisible, benin et de bon vouloir, sans mauvaiseté ni tromperie, il donna en mariage Madame Anne sa fille aînée[5].

Cette alliance opportune permet en outre à Louis XI de déjouer le projet de mariage entre Pierre de Bourbon et Marie d'Orléans, qui aurait scellé l'union potentiellement dangereuse pour le pouvoir royal de puissantes familles princières. À cela s'ajoute celle de son autre fille, Jeanne de France, avec Louis II d'Orléans que Louis XI aurait espérée stérile, si l'on en croit les témoignages au procès de divorce des deux époux. Le danger représenté pour la Couronne par le clan Orléans est ainsi momentanément écarté.

En 1474, au moment où il épouse Anne, Pierre n'est qu'un simple cadet de famille. Rien ne laisse penser qu'il sera un jour le puissant duc de Bourbonnais et d'Auvergne, à la tête d'un immense territoire sis au cœur du royaume. Rien, si ce n'est l'absence d'héritier de son frère aîné Jean et le statut d'ecclésiastique de son frère Charles dont les nombreux enfants sont des bâtards. Sans doute ces aspects n'ont-ils pas échappé à l'œil aiguisé de l'habile et sagace « roi marieur » qu'est Louis XI[6]. Le mariage d'Anne et de Pierre est un pari politique.

Dès la fin de la décennie 1460, Pierre de Beaujeu devient un proche du roi, auquel il voue désormais une fidélité sans faille. Celle-ci justifie les nombreux offices qui lui sont attribués et les importantes missions qui lui sont confiées, sans compter les territoires qui lui sont offerts. De tels avantages et une telle proximité avec le souverain mécontentent ses aînés qui voient d'un mauvais œil leur cadet ainsi mis en avant à leur détriment. Les tâches affluent et le sire de Beaujeu s'affirme rapidement comme un pilier de la mise en œuvre de la politique royale qui consiste notamment à réduire à l'obéissance les grands seigneurs rebelles. En 1472, Pierre reçoit ainsi la charge de gouverneur de Guyenne, avec pour mission de prendre possession du comté d'Armagnac. Il obtient la capitulation du comte d'Armagnac, le 15 juin 1472. L'année suivante, le sire de Beaujeu est nommé chef des conseils de son futur beau-père. En 1476, ce dernier lui confie le soin d'assiéger à Carlat le duc de Nemours qu'il parvient à faire capituler le 9 mars. Il reçoit du roi le comté de la Marche, la seigneurie de Montaigut-en-Combraille, ainsi que le comté de Clermont-en-Beauvaisis et le Beaujolais que son frère Jean II se voit obligé de lui céder sous la pression royale. Louis XI fait ainsi de Pierre l'un des grands seigneurs du royaume. En tout, le roi donne désormais la préférence à son gendre, phénomène qui ne fait que s'amplifier avec le temps, jusqu'à sa mort en 1483, bien que l'historien et homme politique Philippe de Commynes évoque une certaine méfiance du roi sur la fin de sa vie. Fort de ses succès, Pierre de Beaujeu est fait gouverneur du Languedoc en 1481, tandis que Louis XI intime au dauphin de lui obéir en toutes circonstances.

Pendant plus d'une décennie, Pierre de Beaujeu a ainsi exécuté fidèlement la politique de Louis XI à l'encontre des grands princes du royaume dont certains lui vouent pour cette raison une rancœur tenace. À la mort du roi, le 31 août 1483, il est extrêmement bien placé pour prendre la suite de son beau-père et seconder le jeune Charles VIII, encore mineur, au gouvernement.

La fille préférée de Louis XI : affection et filiation politique

L'attachement de Louis XI pour Pierre de Beaujeu n'est sans doute pas étranger à sa position d'époux de la fille préférée du roi. Qu'Anne ait été aux yeux de son père un pion sur l'échiquier politique est chose certaine. Il n'en reste pas moins que tous deux semblent avoir entretenu de bonnes relations, comme en témoignent des lettres échangées dans la décennie 1470. Son père lui attribue le qualificatif de « très chère et très aimée aînée fille Anne de France[7] », dont il n'est guère coutumier.

Les chroniqueurs évoquent la préférence du roi pour cette fille aînée qui lui ressemble par sa finesse politique et son intelligence. Alors que Louis XI ne voit que très rarement son fils le dauphin Charles, confiné à Amboise, à l'abri d'éventuels ennemis, et qu'il n'éprouve aucun intérêt pour sa seconde fille Jeanne, malheureuse épouse difforme du duc Louis II d'Orléans, futur Louis XII, il est en contact régulier avec Anne et son mari Pierre. En témoigne l'une des rares lettres conservées de la princesse à son père :

> Monsr, par la lettre qu'il vous a plu me faire écrire, et par les lettres des médecins, je sus que vous avez la goute et le plus d'ennui que je puisse avoir, quand je sais que vous êtes mal, est que ne suis avec vous, vous suppliant, Monsr, que commandez à ceux qui viennent qu'ils m'en fassent savoir de votre santé, car, sur ma foi, je ne suis point à mon aise le jour que je n'en eusse. Vos enfants font très bonne chère, priant le Créateur qu'il vous donne santé et longue vie, de la main de votre très humble et très obéissante fille, Anne[8].

Un autre épisode illustre cette proximité géographique et affective de la fille avec son père qui résidait d'ordinaire au château du Plessis-lès-Tours, aujourd'hui presque disparu. Il est relaté par le commis à la Chambre du roi qui versa, en 1481, sept livres « pour avoir mené à toute diligence huit bateaux jusqu'au Plessis du Parc [...] monseigneur, madame de Beaujeu, tous les officiers de l'hôtel, plusieurs autres gens étant dedans ledit Plessis, à l'occasion de la grande crue de l'eau qui était venue dedans le Plessis [...][9] ». En 1481, Anne de France, alors âgée de vingt ans, se trouvait ainsi en compagnie de son époux Pierre aux côtés du souverain qui limitait pourtant l'accès à sa personne autant qu'il le pouvait. Cette même année, il lui fit don du comté de Gien[10].

De par son caractère et de par sa manière d'aborder et de pratiquer le pouvoir, Anne de France s'inscrit dans la filiation de son père. Les nombreuses qualités dont est dotée la princesse n'ont pas échappé au regard paternel qui a su très tôt reconnaître en sa fille un esprit fin. Il a cherché à les développer en lui offrant une éducation exigeante. Dans sa « déploration sur la mort d'Anne de France », le seigneur de La Vauguyon évoque l'attention portée par Louis XI à l'éducation de sa fille et la fidélité de cette dernière aux enseignements de « son géniteur ». L'auteur affirme ainsi :

> Elle venue en sa juvénile âge
> Son propre père en voulut voir la conduite
> Lequel combien quelle eut maîtresse sage
> L'endoctrina si fort par son langage
> Qu'en saintes mœurs elle fut introduite[11].

Sans doute Anne a-t-elle lu le *Rosier des guerres*, ce miroir au prince rédigé à la demande de Louis XI à l'intention du dauphin Charles et dont il a inspiré le propos général. Anne a pu tirer profit de cette lecture, y puisant une conduite de vie, une conduite politique aussi, un *éthos* du pouvoir qui la relie très intimement à son père et qui la place dans une véritable continuité par rapport à ce dernier[12].

Surtout, elle paraît avoir hérité d'un capital de pratiques politiques que le roi lui a légué. Les auteurs de la Renaissance insistent sur la filiation entre la fille et le père. L'ambassadeur vénitien Girolamo Zorzi, présent à la cour de France de 1485 à 1487, décrit ainsi « une femme de grand sérieux et intelligence, qui marche, dans son action dans les traces de son père[13] ».

Une princesse cultivée, dans les pas de la reine Charlotte de Savoie

Les relations sont en revanche beaucoup moins affectueuses avec sa mère. Comme nous l'avons vu, Anne de France a grandi dans le Val de Loire tant apprécié des souverains et de la cour. Elle y a reçu une éducation de qualité qu'elle a pu parfaire sous l'influence de sa mère, Charlotte de Savoie. Si la reine fut relativement effacée et ne prit que peu de part au gouvernement du royaume, auquel Louis XI associa bien plus volontiers sa fille, elle était en revanche très cultivée, possédait de nombreux ouvrages dans sa bibliothèque et « aimait fort la lecture et les livres[14] ». Sans doute a-t-elle joué un rôle primordial dans la formation intellectuelle d'Anne de France.

Elle possède une solide culture livresque, fruit de la fréquentation des bibliothèques de ses parents. Le contenu exact de la première est assez mal renseigné, puisqu'il n'en existe pas d'inventaire précis, mais on en connaît l'extrême richesse. La bibliothèque de Charlotte de Savoie a pour sa part fait l'objet d'un inventaire très complet qui nous apporte des informations substantielles sur les probables lectures d'Anne de France[15]. Outre de nombreux ouvrages de dévotion, qui en représentent la majorité, la librairie réginale est composée de livres profanes dignes d'avoir retenu l'attention de la princesse. Plus encore, ils ont certainement influencé sa vision de l'exercice du pouvoir et éveillé en elle une réflexion sur la place des femmes au cœur de ce monde masculin qu'est la sphère du gouvernement et du politique. L'importance réservée aux ouvrages relatifs à la pratique gouvernementale et aux femmes de pouvoir dénote un intérêt certain pour ces deux questions, y compris de la part de la reine Charlotte, d'ordinaire perçue comme une princesse éloignée des considérations politiques.

Boccace y occupe une large place avec deux exemplaires *Des cas des nobles hommes et femmes* qui offre de nombreuses figures de femmes fortes. Christine de Pizan devance toutefois son compatriote par le nombre de ses ouvrages présents dans la librairie de la reine, tels que *Le Livre de la Cité des dames, Le Livre des trois vertus à l'enseignement des dames* ou encore *L'Epistre d'Othea.* Christine de Pizan, auteur de nombreux livres politiques dédiés aux rois Charles V et Charles VI et à la reine Isabeau de Bavière, est une référence pour toutes les princesses de la fin du Moyen Âge. Bien qu'elle ait vécu plusieurs décennies avant Anne de France, ses écrits représentent une source où puiser les rudiments d'un bon comportement éthique et politique. Christine de Pizan s'impose, au XVe siècle, comme le principal théoricien du politique. Son influence sur la fille de Louis XI ne fait aucun doute, notamment en ce qui concerne la vision du pouvoir au féminin qu'elle développe et dont elle fait la promotion dans ses livres.

Au cœur de cette bibliothèque on trouve encore *Le Livre pour l'enseignement de ses filles* du chevalier de La Tour Landry, ainsi que des miroirs des princes et des livres sur l'exercice du pouvoir, tels que *L'Instruction d'un jeune prince* ou encore le *Livre du gouvernement des rois.* Les miroirs sont destinés à guider moralement et spirituellement les princesses, particulièrement celles qui ont vocation à exercer le pouvoir, en tant que reines ou régentes. Ils connaissent un grand succès au Moyen Âge auprès des élites.

Anne de France recueille une grande partie de la librairie maternelle à la mort de la reine Charlotte, en 1484. Les ouvrages reçus en héritage viennent par la suite enrichir la très belle bibliothèque des Bourbons qui échoit à Pierre de Beaujeu, lorsqu'il devient duc, en 1488. En témoigne l'inventaire qui en a été dressé en 1523, lors du transfert du Bourbonnais à la Couronne[16].

Dès 1488, lorsqu'elle accède au rang de duchesse de Bourbonnais et d'Auvergne, Anne de France peut considérablement varier et enrichir ses lectures. La bibliothèque ducale recèle en effet de nombreux ouvrages à caractère historique : quatre exemplaires des *Chroniques de France*, trois des *Chroniques d'Angleterre* de Froissart, un des *Chroniques de Normandie*, auxquels s'ajoutent les *Croniques de Monseigneur Sainct Loys, roy de France*, les *Croniques du Bon duc Loys de Bourbon*, ainsi que le livre de *Berthe au grand pied*, aujourd'hui disparu et qui pourrait avoir été un ouvrage de mise en valeur des actions d'une femme de pouvoir, mère de roi.

Les miroirs des princes et autres textes consacrés au gouvernement sont très nombreux. La librairie ducale possède quatre exemplaires du *Régime des princes*, ouvrage de référence en matière de pratique gouvernementale. Bien que s'adressant à des hommes, ces livres ont pu trouver en Anne de France une lectrice attentive. La littérature plus féminine tient toujours une large place avec cinq titres de Boccace et désormais une quinzaine de Christine de Pizan, ce qui est exceptionnel : trois *Livre de la Cité des dames*, quatre *Epistre d'Othea*, deux *Chemin de longue estude*, quatre *Livre des trois vertus à l'enseignement des dames*, *L'Epistre à la reine de France* et le *Dit de Poissy*. Parmi les ouvrages de l'Italienne, la prédominance de titres spécifiquement consacrés à la promotion du pouvoir au féminin et à la défense des femmes est frappante. On perçoit aisément leur influence sur Anne de France dans sa pratique politique et dans les *Enseignements* qu'elle rédige à l'intention de sa fille peu après 1500, nous y reviendrons. Le fonds de livres sur lequel repose la formation littéraire, historique et politique de la dame de Beaujeu est ainsi tout à fait considérable.

Les premiers pas d'Anne de France en politique

Jusque dans les années 1480, Anne demeure relativement en retrait des affaires politiques : elle en est plus spectatrice qu'actrice. Dès son mariage, alors qu'elle n'a guère plus de dix ans, la princesse évolue à la cour sur laquelle elle porte un œil averti, attentif, voire méfiant : à n'en pas douter, elle en connaît très tôt les arcanes, le fonctionnement et la duplicité. Elle y apprend qu'il s'agit d'un monde souvent sans pitié, où ce qui se dit est rarement ce qui se pense, où ce qui se donne à voir est rarement ce qui est véritablement. Sans doute son père lui a-t-il fait part de sa méfiance à l'égard des grands princes du royaume et de ceux qui fréquentent la cour à leur suite. Sans doute a-t-elle bien compris pourquoi le roi a préféré s'entourer de grands serviteurs, issus de la bourgeoisie et de la noblesse de robe, tels que Jean Bourré ou Humbert de Batarnay, plutôt que de princes du sang trop revendicatifs et rebelles à son goût. Ces nouveaux hommes d'État qu'il a créés auraient été bien peu de chose sans lui : c'est pourquoi il est certain de pouvoir compter sur leur reconnaissance et sur leur fidélité sans faille, plutôt que sur celles des grands, toujours avides de plus d'honneurs. Anne sait donc très tôt sur qui elle peut s'appuyer et de qui elle doit se méfier.

Ses premiers pas en politique sont ainsi très progressifs : ils se dérobent en grande partie à notre regard. Quand Anne de France commence-t-elle à être mêlée aux affaires du royaume ? Il est difficile de répondre, car en femme mariée, ce n'est pas à elle que les missions sont confiées, mais à son époux expérimenté.

Sentant sa fin approcher, Louis XI est préoccupé par sa succession qu'il souhaite pacifique, afin de préserver la Couronne et les droits de son héritier. C'est pourquoi il accompagne la rédaction du *Rosier des guerres* d'instructions orales qu'il prodigue en personne au dauphin, le 21 septembre 1482, en présence de nombreux témoins. Ces dernières prennent la forme d'une ordonnance, successivement enregistrée par la Chambre des comptes et par le Parlement les 7 et 12 novembre de la même année[17].

En présence des princes et des conseillers les plus puissants du royaume, Louis XI rend visite à Charles, confié au fidèle Jean Bourré, au château d'Amboise. Si la reine Charlotte de Savoie est absente, la fille aînée du roi, elle, assiste à cette importante cérémonie où le dauphin, entouré d'Étienne de Vesc et du sire de Maillé, écoute son père lui dresser un tableau de l'état du royaume. Le souverain multiplie les conseils qui ont pour vocation d'épargner à Charles les maux auxquels il a lui-même été confronté au début de son règne : querelles intestines, conspirations, séditions des nobles. Pour préserver la paix du royaume, idéal politique vers lequel tout gouvernement doit tendre, le jeune roi devra reconduire l'ensemble des officiers royaux dans leurs offices et se montrer attentif aux conseils des princes du sang et de son lignage, ce que Louis XI s'était bien gardé de faire à son accession au trône, en 1461. Les principales instructions, retranscrites par écrit, stipulent ainsi :

> Nous lui avons ordonné, commandé et enjoint, ainsi que père peut faire à son fils, qu'il se gouverne, entretienne en bon régime et entretènement dudit royaume par le conseil, avis et gouvernement de nos parents et seigneurs de notre sang et lignage, et des autres grands seigneurs, barons, chevaliers, capitaines et autres gens notables, sages, de bon conseil et conduite, et principalement de ceux qu'il saura et connaîtra avoir été bons et loyaux[18].

Le règne de Charles VIII doit s'inscrire dans la continuité du précédent, Louis XI lui conseillant de poursuivre sa politique afin de préserver la stabilité de la Couronne, ce qui s'inscrit dans l'idéal de sagesse, tel que le conçoivent les divers théoriciens du politique médiévaux. Conformément à la tradition, le souverain choisira de bons et fidèles conseillers de son sang pour le guider. Plus encore, le roi fait prêter serment au dauphin de respecter ces recommandations, devant « Monsieur le comte de Beaujeu, le comte de Marle, maréchal de France, l'archevêque de Narbonne, les sieurs du Bouchage, de Precigny, du Plessis-Bourré, de Solliers, Jehan de Doyat, Gouverneur d'Auvergne, Olivier Guerin, maître d'hôtel[19] ».

L'ordonnance nomme en premier le sire de Beaujeu, seul prince du sang à apparaître parmi les signataires. Les autres témoins sont pour la plupart des créatures de Louis XI, récemment anoblies ou membres de la bourgeoisie. La place très particulière réservée au gendre du roi traduit sa prééminence au Conseil.

Une question se pose dès lors : qui sont ces « parents et seigneurs de notre sang et lignage » que le roi « saura et connaîtra avoir été bons et loyaux » ? Pour les contemporains, la réponse est évidente : il s'agit des époux Beaujeu, explicitement désignés comme récipiendaires du pouvoir et comme conseillers naturels de Charles. Il est fort probable que le roi les ait oralement désignés à son fils, le 21 septembre 1482, puisque ce choix paraît chose acquise dans la plupart des sources. Il faut dire que les proches qui jouissent de la confiance de Louis XI sont peu nombreux et tout le monde connaît à la cour sa défiance à l'égard de Louis d'Orléans, son autre gendre. Quelques années plus tard, des lettres de Charles VIII, des discours et des traités d'alliance passés par les Beaujeu évoqueront la décision de Louis XI de leur confier la garde du roi ainsi que le caractère nominatif de la désignation.

Claude de Seyssel y fait également allusion :

> Un seul y en eut de la maison de France que ledit roi Louis XIe aima et honora tant qu'il vécut, c'est assavoir Pierre seigneur de Beaujeu [...] ; et au surplus lui fit d'autres grands biens et lui donna plusieurs charges moult honorables et finalement, connaissant approcher la fin de ses jours, ordonna que lui et sa dite femme eussent ce gouvernement et maniement principal de la personne et des affaires de Charles son fils et successeur et le leur recommanda plus que à nul autre[20].

Confirmant les propos de ses contemporains, Alain Bouchart écrit quant à lui que Louis XI « ordonna à sa fin le gouvernement de son fils pendant son jeune âge à madame de Beaujeu, sa fille[21] », installant la princesse au cœur du gouvernement, dès avant sa mort.

Finalement, l'entrevue d'Amboise s'intègre dans une dynamique politique globale qui vise à préparer une transition politique sereine, en plaçant les Beaujeu dans une situation favorable à une prise de pouvoir. L'épisode apparaît comme fondateur de leur rôle éminent à la tête du royaume, qui émane de l'autorité et de la volonté du roi défunt.

Commynes rapporte en outre que, quelques mois plus tard, Louis XI aurait confié les rênes du gouvernement à Pierre de Beaujeu :

> Se jugeant mourant, et sur l'heure, [Louis XI] envoya chercher monseigneur de Beaujeu et lui ordonna d'aller vers le Roi, son fils, (ainsi l'appelait-il) qui était à Amboise, en le lui recommandant ainsi que ceux qui l'avaient servi. Il lui donna toute la charge et le gouvernement du Roi son fils, lui recommandant de veiller à ce que personne ne s'en approchât[22].

Et le seigneur de La Vauguyon, dont nous avons déjà évoqué la proximité avec la princesse, ajoute :

Après la mort du roi Louis son père,
Fust avisé par très belle ordonnance,
Que pour le roi nommé Charles, son frère,
Régenterait, la vérité réfère,
Le bon duc Pierre au royaume de France[23].

Ainsi, dès les dernières années du règne de Louis XI, Pierre de Beaujeu était fermement installé à la tête de l'État, prêt à seconder le jeune Charles VIII.

La réception de la petite Marguerite d'Autriche (juin 1483)

L'année 1483 fut donc très particulière en ce qu'elle s'imposa comme celle de la transition royale. À la fin du printemps de cette même année, Anne de France se vit attribuer sa première mission politique officielle par son père et sortit de l'ombre en accueillant Marguerite d'Autriche dans le royaume. Après de longues années de guerre, Louis XI avait conclu depuis peu la paix avec le duc Maximilien d'Autriche, son ennemi de toujours. En 1482, les deux princes avaient signé le traité d'Arras dont l'une des clauses prévoyait l'alliance de Charles, dauphin de France, avec Marguerite d'Autriche, fille de Maximilien et héritière du duché de Bourgogne, transmis par sa mère Marie de Bourgogne. Il s'agissait d'une victoire politique pour Louis XI, puisque ce duché de Bourgogne qu'il convoitait depuis si longtemps devait être intégré au royaume une fois le mariage réalisé.

Née en 1480, la petite Marguerite d'Autriche quitta sa Flandre natale pour la France afin d'y épouser le dauphin et d'y être élevée, en attendant de devenir reine de France. Trois étapes marquent son arrivée dans le royaume des lys : le passage de la frontière dans la petite ville d'Hesdin, l'entrée dans Paris et, enfin, ses fiançailles et son mariage avec Charles à Amboise. Dès son arrivée à Hesdin, la jeune princesse est reçue par Anne de France, choisie par son père pour cette mission diplomatique d'importance. Cet épisode est pour cette dernière l'occasion de manifester aux yeux de tous sa volonté de puissance et sa qualité de fille de France.

En effet, venue du Val de Loire qu'elle n'a guère quitté depuis l'enfance, elle s'arrête à Paris avant de rejoindre Hesdin. La fille du roi y fait son entrée solennelle, le 19 avril 1483. À l'occasion de ce qui constitue sa première entrée dans la capitale, Anne de France exige qu'on lui concède un droit de grâce exceptionnel pour libérer des prisonniers détenus à la Conciergerie. Or, le Parlement lui refuse au motif que cette prérogative est réservée au roi, à la reine ou au dauphin. L'arrêt du Parlement, daté du 28 avril 1483, déclare en conclusion que « délibéré a été que cette dame ne peut délivrer lesdits prisonniers sans avoir lettres expresses du Roi[24] ». Si elles ne furent pas satisfaites, les revendications de la jeune femme en disent long sur l'idée qu'elle avait des prérogatives qui découlaient de son statut de fille de France, alors qu'elle ne disposait d'aucune fonction officielle à la tête de l'État et que Charlotte de Savoie était en pleine possession de ses prérogatives réginales et des fonctions symboliques afférentes à sa dignité de reine. Très manifestement, Anne de France occulta l'existence de sa mère dont elle tenta de capter certaines des prérogatives souveraines.

Cependant, les sources témoignent de la ténacité d'Anne de France et du succès qu'elle rencontra quelques jours plus tard à Hesdin où elle réitéra sa requête. Une lettre de rémission portant sa titulature témoigne de ce qu'on lui permit de libérer des prisonniers lors de sa première entrée dans la cité :

> Anne, fille aînée du Roy de France, comtesse de Clermont, de La Marche, de Gien et dame de Beaujeu : Savoir faisons que, comme en ensuivant les droits, privilèges, prérogatives et prééminences gardés et observés de tout temps et ancienneté aux enfants de France et desquels avons accoutumé de jouir et user, il nous plaise et appartienne, entre autres choses, à notre première et nouvelle entrée en chacune ville et lieu de ce royaume où jamais ne fûmes, délivrer et mettre hors tous prisonniers, [...] et il soit ainsi que à notre première et nouvelle entrée en la ville de Hesdin où jamais n'avions entré, ayons trouvé ès prisons d'icelui lieu. Donné audit Hesdin au mois de mai, l'an mil CCCCIIIIXX et trois[25].

Cet événement remarquable témoigne des ambitions d'Anne de France à faire œuvre de charité et de pardon, comme il sied à toute princesse chrétienne, et à exercer, du vivant de sa mère, le droit de grâce que le Parlement de Paris avait refusé de lui concéder. Sans doute le fait-elle avec le soutien implicite de son père, touchant pour la première fois une parcelle de la souveraineté royale et du pouvoir politique, en tant que « fille aînée du Roy de France ».

De manière inédite aussi, elle exerce officiellement le pouvoir symbolique que lui confère sa filiation dynastique et royale en recevant la petite Marguerite d'Autriche en France. Enfin, à cette occasion, la princesse reçoit des dons qui l'honorent en ce qu'elle incarne une autorité politique naissante et un pouvoir symbolique, comme fille du roi de France[26].

Tout au long du printemps 1483, les époux Beaujeu apparaissent dans les sources comme totalement dévoués à la réalisation du mariage de Charles et de Marguerite. La fille de Louis XI s'impose très symboliquement comme maîtresse des cérémonies et comme second personnage féminin du royaume après la dauphine. Elle accomplit ainsi son rôle de fille de France, garante de la continuité monarchique, en présentant la dauphine au peuple de Paris.

Enfin, quelques semaines plus tard, la princesse se met en scène lors des fiançailles et du mariage des deux enfants royaux qu'elle mène à la place de Louis XI, trop faible pour y assister :

> Et pour aller à l'église partit mondit seigneur le dauphin de la chambre où il se tint [...] et tenait monsieur de Beaujeu par la main et à l'autre était monsieur de Dunois [...]. Et à ladite église fut apportée madame la dauphine par madame de Segré, qui était à côté de madame de Beaujeu et madame l'amirale[27].

En l'absence du souverain, le couple Beaujeu se porte ainsi garant et témoin de l'alliance royale qui vient d'être conclue à Amboise.

Cet événement comporte pour Anne une dimension symbolique évidente, mais c'est aussi sa première intervention dans le domaine politique. Son père l'a poussée progressivement aux côtés de son époux sur le devant de la scène et le couple est prêt à prendre le relais et à seconder le jeune Charles VIII lorsque Louis XI s'éteint, après plusieurs années d'une longue maladie, le 30 août 1483. Il ne leur reste plus alors qu'à s'affirmer à la tête de l'État.

CHAPITRE 2

De l'ombre à la lumière

1483-1484

Jusqu'en 1483, Anne de France s'était principalement cantonnée à un rôle d'épouse et de dame, au sens de la *domina* médiévale, administrant ses nombreuses terres et possessions, notamment le comté de Gien et la vicomté de Thouars offerts par son père. Grâce à la suprématie de Pierre de Beaujeu au Conseil du roi, le couple est déjà bien établi au pouvoir à la mort de Louis XI. La position de Pierre comme clé de voûte du Conseil et pilier de l'État royal constitue un atout majeur pour s'imposer à la tête du gouvernement.

Une prise de pouvoir immédiate

Au lendemain de la mort de Louis XI, la prise en main du royaume par les Beaujeu est immédiate. En témoigne la lettre de Pierre, adressée depuis Amboise aux habitants de la ville de Troyes, en Champagne, le 31 août 1483[1]. C'est au gendre du roi qu'il revient d'annoncer aux villes du royaume le décès du souverain et l'avènement de son fils Charles VIII. Cette lettre constitue ainsi un acte d'autorité, en ce qu'elle intervient avant même celle du jeune roi, écrite le lendemain. Sur un ton comminatoire, le sire de Beaujeu exhorte les habitants de Troyes à prier pour le défunt, à garder leur ville en sécurité et à faire preuve de loyauté et de fidélité à l'égard de Charles VIII. La préoccupation majeure de l'époux d'Anne de France est donc la continuité de la Couronne : il se place dès le premier jour du règne de son beau-frère comme le défenseur de l'autorité et de la souveraineté royales. Le lendemain, Charles VIII rédige une missive qui reprend en des termes quasi identiques celle de Pierre de Beaujeu.

Dès les origines, Pierre et Anne de Beaujeu s'inscrivent dans une rhétorique du pouvoir qui vise à les présenter comme les protecteurs de la souveraineté royale, du roi et du bien commun, afin d'éloigner le spectre de l'accusation d'usurpation que leurs opposants ne vont pas tarder à porter contre eux. Ils s'imposent aussi comme les intermédiaires entre Charles VIII et le royaume, entre lesquels ils s'efforcent d'entretenir un dialogue fertile. Les circonstances sont très favorables au couple, pour lequel rien n'est cependant acquis de manière définitive, au regard du contexte politique global.

Né le 30 juin 1470, Charles VIII est encore mineur : la question d'une régence se pose dès lors immédiatement, d'autant que son père défunt lui avait lui-même rappelé la nécessité d'être entouré de bons conseillers. Avait-il pensé à une régence ? Nul ne le sait. Quoi qu'il en soit, il n'existe aucune règle fixe quant au choix du régent. De même, les prérogatives afférentes à la fonction ne sont-elles pas définies dans les ordonnances royales relatives à ces questions. Il existe à ce sujet un véritable vide juridique et institutionnel.

Traditionnellement, la tutelle des enfants de France et, parfois, la garde du royaume reviennent à la reine, mais cette situation de fait, qui relève de la coutume, n'est régie par aucune loi. Anne de France profite de ce flou juridique pour évincer sa mère, la reine Charlotte de Savoie, de la tutelle qui aurait pu lui revenir et qu'elle convoitait.

En outre, les princes du sang sont également susceptibles de recevoir la régence et de l'exercer seuls ou aux côtés de la souveraine. En l'occurrence, Charles VIII n'a pas d'oncle paternel vivant, mais deux beaux-frères : Pierre de Beaujeu, donc, et Louis d'Orléans, premier prince du sang et héritier présomptif de la Couronne tant que le roi demeure sans héritier.

Dans ce contexte législatif imprécis, la prise du pouvoir par Anne de France et Pierre de Beaujeu n'a rien d'évident et résulte au contraire de la convergence de plusieurs phénomènes. Tout concourt à ce que les époux Beaujeu héritent du gouvernement à la mort de Louis XI, dans la mesure où le roi défunt a fait d'eux des personnages incontournables de la vie politique en France. Le royaume et ses principaux acteurs politiques se retrouvent confrontés à un état de fait et ne peuvent que constater leur présence au pouvoir dès l'avènement de Charles VIII. Le couple se trouve donc en position de force face aux autres princes susceptibles de revendiquer le gouvernement du royaume. À cette réalité politique et contextuelle s'ajoute la puissance légitimante des instructions prodiguées par le roi défunt à son fils en septembre 1482 évoquées précédemment. Les Beaujeu usent de l'autorité posthume des paroles de Louis XI pour s'affirmer au pouvoir, à défaut d'être d'emblée omnipotents.

Le conseil de régence, mis en place dès le 12 septembre 1483, est donc constitué à parts égales de partisans des Beaujeu et du duc d'Orléans, autour duquel gravitent de très nombreux princes, soutenus par la reine Charlotte de Savoie.

À la suite de Louis XI : entre rupture et continuité

Louis XI a laissé un royaume divisé : le sire et la dame de Beaujeu arrivent à la tête de l'État dans un contexte où rien ne leur est acquis, d'autant qu'ils représentent la continuité du règne précédent avec lequel beaucoup souhaitent rompre. Les princes, tenus à l'écart par Louis XI, revendiquent la tutelle du roi et le gouvernement du royaume. La petite noblesse dénonce son appauvrissement, engendré par les guerres que le roi défunt a menées. Le clergé souhaite quant à lui le retour à la Pragmatique Sanction de Bourges, affirmant la supériorité des évêques sur le pape pour les nominations aux offices, tandis que le peuple se plaint du poids de la taille en constante augmentation depuis le début du règne de Louis XI.

Consciente de ces multiples revendications, Anne de France, en femme de pouvoir pragmatique, mène une politique d'urgence dès son arrivée au pouvoir. Il lui faut gérer l'héritage légué par Louis XI et réaliser une transition en douceur sans heurts pour le roi Charles VIII, tout en donnant l'illusion d'opérer une véritable rupture avec le règne précédent. Sans renier les décisions de Louis XI, elle se voit obligée de faire des concessions, qu'elle ne conçoit pas forcément dans la durée, afin de consolider son cercle de fidèles et, ainsi, son propre pouvoir.

Dans les derniers mois de l'année 1483, la princesse pèse de tout son poids pour faire adopter certaines décisions attendues de tous. Avec réalisme, elle mène une politique axée sur la gestion des affaires courantes du royaume qu'elle veut pacifier et apaiser, en vue de la tenue des États généraux prévue pour le début de l'année suivante et dont elle sait le caractère décisif. C'est pourquoi elle s'attache à rétablir la paix civile par une action justicière et réparatrice à l'égard de ceux qui se sentent lésés par la politique de Louis XI, sacrifiant pour ce faire quelques serviteurs de son père. Les époux Beaujeu multiplient les mesures d'apaisement. Aux nobles dépossédés, Anne fait rendre une grande partie des terres dont ils avaient été spoliés. Dès septembre 1483, elle inspire au roi une ordonnance révoquant toutes les aliénations faites au domaine par Louis XI au détriment des grands nobles. Le sire de Commynes se voit alors contraint de rendre aux La Trémoille la vicomté de Thouars et la principauté de Talmont que Louis XI lui avait concédées après les avoir confisquées. Elle reprend à Guyot Pot, autre fidèle serviteur de son père, le comté de Saint-Pol pour le restituer à Marie et Françoise de Luxembourg, ses cousines germaines, qui en avaient été dépossédées du fait de la disgrâce de leur père, Pierre II de Luxembourg, comte de Saint-Pol. Aux princes rebelles, elle consent des dons d'argent et des offices. Enfin, à la population soumise à une forte imposition, parfois exsangue et réduite à la misère, elle remet une partie de la taille et des impôts. Sa tactique consiste à désamorcer les principaux sujets de mécontentement, afin de donner satisfaction à chacun avant l'ouverture des États généraux. La politique que mène le couple précède les requêtes des députés, notamment en matière fiscale et militaire, ce qui relève d'une habile stratégie pour obtenir leur soutien.

Cette méthode est en effet couronnée de succès, puisque les députés des États louent les efforts politiques entrepris par les Beaujeu depuis le début du règne du jeune Charles VIII. Selon le chancelier

Guillaume de Rochefort, ils ont mis en ordre les finances, résolu de ne pas demander d'argent aux sujets et ont renvoyé les coûteux mercenaires suisses. Le réalisme et l'efficacité du roi et des Beaujeu, ses proches conseillers, sont ainsi vantés par le chancelier.

Pendant les États proprement dits, Pierre et Anne de Beaujeu poursuivent leur stratégie d'apaisement et se plient adroitement aux désirs des députés. Au moment des négociations relatives à la fiscalité, jugée trop lourde par les représentants du tiers, les Beaujeu concèdent une remise de taille, avant tout stratégique, sur laquelle ils reviennent dès l'année suivante. Le *Journal* de Jean Masselin, député de Normandie, fait d'ailleurs apparaître le rôle essentiel du sire de Beaujeu dans les délibérations relatives à la politique fiscale[2].

Un royaume divisé, une princesse contestée

La mainmise du couple sur Charles VIII et, par conséquent, sur le gouvernement du royaume dès le mois de septembre 1483 avive les tensions et fait resurgir une opposition princière enracinée dans les épisodes de rébellions nobiliaires contre le pouvoir royal qui ont secoué les règnes de Charles VII et de Louis XI. Dans ce contexte d'instabilité politique et sociale prend corps une alliance entre princes assoiffés de pouvoir et mécontents de voir le roi sous la coupe des Beaujeu : les ennemis foisonnent, y compris dans leur cercle familial restreint, dès la mort du roi.

Très rapidement, la lutte se cristallise contre le sire et la dame de Beaujeu, tous deux dénoncés comme des usurpateurs illégitimes qui spolient les princes du sang d'un pouvoir censé leur revenir de droit. Cette opposition se construit sur la question de la place des princes du sang aux côtés du roi mineur. Elle remet très concrètement en cause la légitimité d'une sœur de roi à exercer la tutelle de ce dernier et à pratiquer un pouvoir qui s'apparente de fait à une régence informelle. Anne de France, comme les princes du sang, aspire à une autorité qu'elle n'entend pas partager, ce qui constitue le cœur de la discorde. C'est donc immédiatement qu'elle voit son pouvoir contesté : elle doit le construire dans la lutte et dans la guerre contre l'opposition princière qui la vise, en tant que chef du parti royal et en tant que femme.

Deux partis adverses voient en effet le jour : d'un côté, le parti royal, de l'autre, celui des princes. Jean Masselin évoque l'existence du « parti d'Orléans » et du « parti de Beaujeu »[3], du nom de leurs grands chefs respectifs. Le chroniqueur Alain Bouchart, proche des ducs de Bretagne et d'Orléans, fait allusion au « duc d'Orléans et au duc de Bourbon, qui déjà réconciliés ensemble, tenaient une bande à part pour avoir cette régence, [tandis que] monseigneur de Beaujeu et madame sa femme tenaient au contraire[4] ».

Quels sont les acteurs de cette opposition princière qui s'incarne au sein du « parti des princes » ? Quels sont leurs objectifs ? Ces deux questions sont intimement liées et l'auteur anonyme d'un poème en l'honneur d'Anne de France apporte une réponse en deux vers à cette double interrogation : « Les princes sont fort envieux, / De ce qu'ainsi elle gouverne[5]. »

Tout est dit en peu de mots : les princes du sang s'opposent à Anne de Beaujeu qu'ils veulent déposséder d'un pouvoir qu'ils convoitent. Cette question du pouvoir est au cœur de la rébellion princière, ce qui n'a rien d'inédit. En effet, les princes souffrent de manière chronique d'un profond sentiment d'injustice à l'égard du pouvoir royal, auquel ils reprochent de ne pas les associer suffisamment à la pratique du gouvernement. Ils sont en effet convaincus de leur droit naturel, fondé sur le sang, à conseiller et à entourer le roi et, plus encore, à exercer la régence et à diriger le Conseil.

Le meneur de l'opposition princière est le jeune duc Louis II d'Orléans, futur Louis XII. Âgé de vingt et un ans à la mort de Louis XI, qui n'est autre que son beau-père, il est alors l'héritier présomptif de la Couronne. Fils de Charles d'Orléans, connu pour ses poèmes, et de Marie de Clèves, il a été contraint d'épouser Jeanne de France, la fille de Louis XI qu'il hait et qui ne peut lui offrir de descendance. Jamais il n'a pardonné au roi ce mariage forcé qui avait pour probable but d'anéantir la maison d'Orléans, en la privant d'héritier. Son immense rancœur vis-à-vis du clan royal ne fait que grandir lorsqu'il se voit mis à l'écart du pouvoir et de la régence.

Louis d'Orléans tente bien d'entrer en grâce auprès du jeune roi qui l'apprécie pour son caractère enjoué et pour son goût prononcé pour les fêtes. Cependant, Anne de France voit cette amitié avec circonspection et méfiance. Très vite, Charles VIII n'est plus autorisé à fréquenter Louis, dont le tempérament sanguin et emporté explique en partie la mise à l'écart progressive des affaires du royaume. Sous l'emprise de la colère, incapable de dissimuler ses passions, le prince mécontent quitte le Conseil du roi et la cour pour fomenter la rébellion depuis la Bretagne. Il choisit alors l'opposition frontale au pouvoir royal pour tenter de satisfaire ses ambitions.

Dans toutes ses actions, Louis est encouragé et conseillé par son cousin germain, François Ier d'Orléans, comte de Dunois et de Longueville, dont le rôle est fondamental dans l'organisation du parti des princes. Il fait office de mentor pour le duc d'Orléans dont il alimente le ressentiment. Alain Bouchart remarque ainsi : « Monseigneur le duc d'Orléans, qui était le plus proche à succéder à la Couronne si le nouveau roi trépassait, était poussé par le conte de Dunois, homme de grande entreprise, d'aspirer à cette régence[6]. »

Dunois, au passé de rebelle, a participé à la guerre du Bien public contre Louis XI, ce qui ne l'empêche pas de jouir d'une véritable influence sur la reine Charlotte, sa belle-sœur, qu'il pousse à revendiquer la tutelle de Charles VIII. Oncle par alliance d'Anne de France, il n'en est pas moins son ennemi irrémédiable jusqu'à sa mort en 1491.

Les deux principaux opposants de la princesse, autour desquels se constitue le parti des princes, sont ainsi ses très proches parents. Sa propre mère lui est hostile. Mère et fille sont opposées l'une à l'autre par des ambitions semblables. Seule la mort de la reine Charlotte en décembre 1483 met un terme à cette discorde. Anne, qui a désormais le champ libre, n'assiste même pas aux funérailles de cette mère qui l'a ignorée comme exécuteur testamentaire, lui préférant Dunois, Charles VIII et Jeanne de France, sa seconde fille.

Si la branche des Orléans lui est résolument hostile, la dame de Beaujeu doit en outre compter avec les revendications d'un autre beau-frère, le duc Jean II de Bourbon. Ce dernier est aussi son oncle par son mariage avec la sœur de Louis XI, Jeanne de France ; il représente ainsi une pièce maîtresse de l'échiquier politique qu'il faut à tout prix se concilier, sans lui concéder trop de pouvoir. Si l'on en croit Alain Bouchart, décidément très disert sur les ambitions des princes, « Monseigneur de Bourbon qui était prince de grand âge, prudent et vertueux, eut volontiers tendu [à] cette régence[7] ». Son opposition plus discrète n'en constitue pas moins un obstacle dans le jeu politique de la sœur de Charles VIII, en raison du rôle complexe et ambigu qu'il joue dans le déroulement de la guerre folle, nous le verrons.

Le cardinal Charles de Bourbon, installé sur le siège archiépiscopal de Lyon, semble avoir eu des ambitions plus modestes que son frère aîné. Toutefois, son double jeu permanent brouille la vision générale de l'échiquier politique et empêche Anne de France de pouvoir le compter parmi ses soutiens. Les deux frères de Pierre de Beaujeu ne cessent de se retourner dans les premières années de la guerre folle, avant leur ralliement définitif à la Couronne en 1486. Ils éprouvent à l'évidence une rancœur tenace à l'égard de leur cadet, certains d'être injustement exclus d'un pouvoir qui aurait dû légitimement leur revenir. Là encore, les ennemis d'Anne de France se trouvent au sein de sa famille la plus proche.

Les princes rebelles comptent dans leur entourage des soutiens nombreux. Le jeune comte Charles d'Angoulême, père du futur François Ier, second personnage dans l'ordre de succession au trône, certes plus discret, représente néanmoins un fidèle appui à la politique de son cousin germain Louis d'Orléans. De grands nobles méridionaux se rallient également à la cause des Orléans : ainsi Alain d'Albret, cousin germain du comte d'Angoulême, ou encore Odet d'Aydie, qui s'était illustré dans sa jeunesse en soutenant Charles de France, duc de Berry, contre son frère Louis XI lors de la ligue du Bien public. Ces deux grands seigneurs, tenus à l'écart du Conseil du roi sous son règne, s'empressent de l'intégrer à la mort de ce dernier. Alain d'Albret se rallie le temps de quelques mois à la cause des Beaujeu, mais ses intérêts personnels divergeant des leurs le mènent irrémédiablement dans le camp de la rébellion princière dès la fin 1484.

Autre grand du royaume, le duc René d'Alençon se place d'emblée dans le sillage de Louis d'Orléans, fidèle à une tradition familiale d'opposition au pouvoir royal. En dépit de ses efforts, Anne de France ne parvient jamais à obtenir son soutien, bien qu'elle l'ait libéré de prison où il se trouvait depuis sa disgrâce, sous le règne de Louis XI.

Parmi les grands princes hostiles à la gouvernante du royaume se trouvent en outre le duc René II de Lorraine, dont l'attitude oscille entre soutien et opposition, ou encore Jean de Chalon, prince d'Orange, cousin germain d'Anne de Bretagne par sa mère Catherine de Bretagne et en même temps beau-frère des Beaujeu par son mariage avec Jeanne de Bourbon, une sœur de Pierre.

Avec chacun d'eux, Anne de France tente une stratégie d'apaisement et de conciliation, mais ce qu'elle est prête à leur offrir n'est pas à la hauteur de leurs attentes. Les offices et les dons ne suffisent pas à satisfaire ces hommes avides de pouvoir. Bien sûr, tous ces princes sont mus par des ambitions communes, mais plus encore par des liens de parenté : hormis le duc Jean II de Bourbon, ils appartiennent à la maison d'Orléans et quatre d'entre eux sont cousins germains. Les liens de sang fondent leurs alliances qui reposent sur le soutien de nobles de plus modeste extraction.

D'anciens fidèles de Louis XI, insatisfaits de la politique d'Anne de France à leur égard, se tournent en effet rapidement vers le parti des princes. C'est le cas de Philippe de Commynes dont Lorenzo Spinelli écrit en 1486 à Laurent de Médicis qu'il « dit avoir des intelligences avec tous ceux qui sont mécontents du gouvernement[8] ». Ses intérêts personnels l'ont fait entrer en conflit avec les Beaujeu qui, nous l'avons vu, lui ont repris Thouars et Talmont, autrefois concédés par Louis XI. Commynes, Guyot Pot et quelques autres passent ainsi au service de la cause princière, apportant leur savoir-faire politique et leur connaissance des rouages du gouvernement aux adversaires d'Anne de France.

Dans cette société des débuts de la Renaissance, il est parfois difficile de savoir de quel côté se rangent les individus, tant la pratique du retournement et du double jeu est fréquente. Il s'agit d'un véritable mode de comportement à la cour où les alliances se font aussi rapidement qu'elles se défont. Tout l'art d'Anne de France est de savoir conserver ses amis et de se concilier ses ennemis, ce qu'elle s'emploie à faire, comme son père avant elle. Sans soutien, elle n'est rien et ne peut se maintenir au pouvoir, ce dont elle a parfaitement conscience. Le parti royal doit l'emporter sur celui des princes, à l'approche des États généraux de Tours au début de l'année 1484.

Les États généraux de Tours

Le conseil de régence mis en place en septembre n'a, comme son nom l'indique, pas vocation à durer. Après les mauvais souvenirs laissés par le règne de Louis XI et en l'absence d'une régence organisée par le défunt roi, tout concourt en faveur de la consultation des États. Ils devront distribuer les pouvoirs et conférer toute la légitimité qui sied à ceux qui gouverneront le royaume[9]. Initialement prévus à Orléans, ville du duc rebelle, ils sont finalement réunis à Tours, à la demande des Beaujeu qui prétendent vouloir y éviter une épidémie de peste. La convocation des États généraux donne lieu à tous les espoirs pour les membres des deux partis en présence. Ils représentent un moment crucial pour ceux qui se disputent le pouvoir.

La cérémonie d'ouverture a lieu le 5 janvier 1484. L'assemblée, qui se tient jusqu'au 14 mars 1484, s'apprête à jouer un rôle décisif en matière de répartition des pouvoirs. Les députés devront soit confirmer une réalité politique, à savoir la présence des Beaujeu aux côtés du roi, soit bouleverser la situation en faveur des princes. En fidèle de Louis d'Orléans, l'écrivain Jean de Saint-Gelais remarque qu'au moment de l'ouverture des États : « On murmurait fort de ce que Monseigneur et Madame de Beaujeu avaient de leur autorité entrepris si avant le gouvernement qu'il semblait à beaucoup de bons et sages personnages qu'il ne se devait pas ainsi faire[10]. »

La pression qui pèse sur les députés, venus de tout le royaume, est d'une ampleur inédite : les questions financières, fiscales et militaires, d'ordinaire prééminentes, sont totalement reléguées au second plan par les préoccupations politiques, telles que la tutelle du roi et le choix de ses conseillers.

Les débats ont été fidèlement consignés par Jean Masselin dont le *Journal*[11] témoigne de ce que la question qui agite les députés des trois ordres et, au-delà, l'ensemble du royaume est celle de la dévolution du pouvoir. Tours devient le temps de quelques semaines le centre névralgique du royaume. Le roi s'y trouve, accompagné de sa sœur qui veille sur lui avec Pierre de Beaujeu. Tous les grands du royaume sont présents : les ducs d'Orléans, de Bourbon et d'Alençon, le comte d'Angoulême, entourés de leurs suites nombreuses. Cette présence dit à elle seule l'importance accordée à ces États.

Les Beaujeu, conscients de la nécessité de resserrer le lien entre le roi et son peuple, qui s'était quelque peu distendu sous le règne de Louis XI, ne manquent pas l'occasion remarquable qui leur est offerte de mettre en avant le jeune Charles VIII dont ils espèrent affermir l'autorité. C'est pourquoi on procède le jour de l'ouverture des États à une ostension de la personne royale et à une mise en scène symbolique de l'union du souverain et de son royaume, ici incarné par les députés. Il s'agit de panser les diverses plaies consécutives au règne de Louis XI et de réaffirmer la croyance en la souveraineté pleine et entière de Charles VIII, tout en rappelant la confiance et l'amour que lui voue son peuple.

Il faut dire que l'assemblée, où les Beaujeu disposent de solides soutiens, est plutôt favorable au jeune Charles. Au moment des élections des députés, le couple est parvenu à faire choisir massivement des officiers royaux, pour la plupart acquis à sa cause[12]. En outre, les trois principaux orateurs qui interviennent lors des séances sont issus de son proche entourage. Les circonstances lui sont globalement favorables.

Les cérémonies préliminaires achevées, les députés entrent dans le vif du sujet, avec l'espoir de mettre fin aux quatre mois d'instabilité politique qui viennent de s'écouler. Dans le contexte de la minorité de Charles VIII, trois interrogations forment le cœur des débats et doivent trouver une réponse avant la clôture de l'assemblée. La première porte sur l'opportunité d'une régence. Elle est indissociable de celle de la composition du futur Conseil du roi qui gouvernera le royaume. Enfin, la dernière est relative à la garde du souverain. Tutelle et régence sont ainsi dissociées. C'est au président des États qu'il revient de formuler ces questions exprimées en ces termes :

> Il faut commencer par délibérer de la garde et de l'éducation de notre roi [qui...] placé à un âge encore tendre, et au-dessous des années de l'adolescence a besoin de la direction et du ministère des sages [...] afin que, quand il sera parvenu à la virilité, orné des bonnes mœurs et doué des vertus, il arrive au gouvernement. En deuxième lieu, il faut procéder à l'élection de certains conseillers, qui, à cause de la minorité du roi, administrent avec une souveraine autorité les affaires de toute la France, et à qui, en qualité de tuteurs et de régents du royaume, les questions les plus importantes soient déférées en dernier ressort[13].

Ces trois questions sont débattues tour à tour pendant de longues journées, de longues semaines. À Tours, l'atmosphère se fait de plus en plus pesante. Au terme d'innombrables tractations et d'interventions multiples des princes qui usent de divers stratagèmes pour peser dans les débats, les députés proposent leurs conclusions au roi.

Le caractère inopportun d'une régence a rapidement fait l'objet d'un consensus, dans la mesure où le roi, né le 30 juin 1470, est très proche de la majorité fixée à quatorze ans par l'ordonnance de Charles V[14]. Le refus de conférer le cadre institutionnel de la régence au gouvernement que s'apprêtent à exercer les conseillers de Charles VIII s'explique aussi par l'intervention de l'abbé de Cîteaux et par celle de Philippe Pot, tous deux proches des Beaujeu. Dans une véritable harangue, conçue comme une réponse aux prétentions du duc d'Orléans et du comte d'Angoulême, Philippe Pot propose une réflexion sur la régence et les cadres qui la régissent. Il rappelle ainsi qu'aucune loi n'établit comme principe le fait que les hommes les plus proches du roi par le sang reçoivent le gouvernement du royaume et la tutelle de l'enfant roi. Sa conclusion est très claire : « La preuve est publique : le duc d'Orléans, présomptif héritier du trône, n'a pas la souveraine puissance ou l'administration utile du royaume, et le comte d'Angoulême, qui vient après lui, n'a pas la garde du roi[15]. »

Philippe Pot, en fidèle défenseur des intérêts de la fille de Louis XI, ne manque pas de rappeler que ce qui constitue une coutume n'a pas force de loi et, qu'en aucune manière, la souveraineté du roi, qu'il nomme « la capacité de régner ou domination », ne peut être transférée, puisque seules « l'administration du royaume et la tutelle » peuvent être confiées à un tiers. Une telle position est « encouragée en sous-main par les Beaujeu parce qu'elle permet de déjouer les prétentions des Grands[16] ». Philippe Pot, sous couvert de défense de l'autorité royale et du droit des États, est très manifestement l'« émissaire de la fille et du gendre de Louis XI[17] ».

Le duc d'Orléans, qui aurait souhaité exercer la régence, fait entendre son mécontentement par l'intermédiaire de l'un de ses messagers :

> [Le duc d'Orléans] a appris que les articles que vous avez faits ne lui maintiennent pas son honneur et ne sont pas conçus en des termes qui répondent à sa dignité ; surtout lorsque, entre autres décisions, vous arrêtez, sur la question du conseil royal, que le sire et la dame de Beaujeu auront la garde et le gouvernement de la personne du roi. En cela, vous ne pouvez lui plaire, et il se croit gravement offensé, d'autant que si le roi a besoin d'être gouverné et gardé ou comme on dit, d'avoir un régent, le duc entend que ce soin n'appartient à nul autre qu'à lui. Il veut que vous disiez simplement : « que le sire et la dame de Beaujeu soient auprès de la personne du roi » et rien de plus[18].

Dans son *Histoire de Louis XII*, Jean de Saint-Gelais, actif à la cour des Angoulême, affirme pour sa part la nécessité d'une régence :

> La « raison » voulait « vu l'âge du Roi, que Monseigneur d'Orléans, qui était le plus prochain de la Couronne, eut l'administration de tous les affaires. Car le droit est tel que quand le Roi demeure en bas âge, le

> plus prochain à succéder doit être régent durant la minorité du jeune Roi. Mais au regard de la personne elle doit être mise entre les mains de ses plus prochains non capables de sa succession[19].

Le chroniqueur traduit un peu plus loin le dépit du duc d'Orléans, à la suite de la proposition finale des députés qui ne lui apporte aucune satisfaction : « Puis fut dit que Monseigneur le duc d'Orléans, lequel était le plus prochain de la Couronne, présiderait toujours au Conseil. Mais ce n'était pas assez. Car comme j'ai dit ci-dessus, il devait être Regent[20]. »

Non seulement, aucune régence ne sera instituée, mais l'ensemble des décisions devront être prises au nom de Charles VIII, déclaré pleinement souverain en son Conseil et dépositaire de la *maxima auctoritas*, c'est-à-dire de la pleine et entière autorité. Cela représente une première victoire pour Pierre et Anne de Beaujeu, puisqu'écarter l'idée d'une régence revient à évincer le duc d'Orléans d'un pouvoir institutionnalisé qui aurait signifié leur propre exclusion du champ gouvernemental. Hors du cadre politico-institutionnel structuré et clairement défini d'une régence, le flou juridique sert Anne de France. Alors qu'aucune femme n'a encore officiellement reçu le titre de régente du royaume en France, elle est désormais libre de conserver un pouvoir qu'aucune loi ne circonscrit, en maintenant le mythe d'un roi pleinement souverain.

Enfin, la désignation des conseillers du roi fait elle aussi l'objet de nombreux débats et la décision est longue à aboutir, tant les enjeux sont de taille pour les deux partis en présence. Les Beaujeu qui, nous l'avons dit, comptent de nombreux partisans au sein des députés savent tirer profit de leurs bonnes relations avec ces derniers, dont les propositions finales leur sont favorables. En l'absence du souverain, la prééminence au Conseil revient par ordre d'importance au duc d'Orléans, au duc Jean II de Bourbon et, de manière assez surprenante, au sire de Beaujeu. Les députés formulent ainsi leur volonté de distinguer ce dernier, alors que des princes du sang, tels que le duc d'Alençon et le comte d'Angoulême, ne sont pas cités :

> Monseigneur de Beaujeu, nonobstant que comme prochain du sang, peut assister au conseil du roi quand il lui plaira ; toutefois les États ont su qu'il est mis au nombre des douze premiers conseillers : et puis qu'il leur a plu, que les États le louent très fort car il leur semble qu'il a connu beaucoup des affaires du royaume, qu'il y a bon vouloir et qu'il s'y est bien conduit jusqu'ici. Pourquoi les États lui prient qu'il veuille assister audit conseil continuellement et y présider en l'absence de monseigneur d'Orléans et de mondit seigneur de Bourbon[21].

La question de la tutelle de Charles VIII est enfin abordée. Si la majorité prochaine de ce dernier met un terme à la question de la régence, qui relève du domaine du politique, elle n'exclut pas pour autant le besoin de le confier à des gardiens qui prendront soin de sa personne. La présence des Beaujeu aux côtés du roi depuis la mort de Louis XI apparaissant comme un fait incontestable et avéré, les députés s'accordent aisément sur la décision de leur laisser ladite tutelle. La proposition finale est toutefois édulcorée afin d'apaiser les querelles entre princes, à la demande du sire de Beaujeu en personne. On passe ainsi d'un projet désignant explicitement les Beaujeu comme gardiens du roi à une décision finale qui laisse planer le doute, sans pour autant changer la réalité de leur présence aux côtés de Charles VIII. Le projet initial est le suivant :

> Attendu que le roi jusqu'à ce jour a été élevé et gouverné débonnairement et honnêtement, et qu'il a encore besoin d'être nourri et gardé avec grande sollicitude et diligence, par ce motif nous opinons et nous requérons que le sire et la dame de Beaujeu continuent, en cette circonstance, ce qu'ils ont bien commencé, et qu'ils aient le soin, la garde et le gouvernement de sa personne[22].

Cependant, les Beaujeu, soucieux de satisfaire le duc d'Orléans, proposent une formulation insistant sur la référence à la volonté de Louis XI, facteur de légitimité et de continuité : « Que le sire et la dame de Beaujeu soient auprès de la personne du roi, comme ils y ont été jusqu'à présent, et comme il a été ordonné par le feu roi et la feue reine[23]. »

Les États généraux se transforment ainsi en une véritable entreprise de légitimation pour Anne de France et son époux, désormais officiellement récipiendaires du gouvernement, grâce à la tutelle du roi et à la présence de Pierre au Conseil. Certes, un flou sémantique et juridique subsiste quant à leur rôle et à la nature de leur pouvoir politique, mais une telle situation est de loin préférable à une régence exercée par le duc d'Orléans. La mise en place d'un pouvoir aux contours évanescents obéit à plusieurs objectifs. Les ordonnances de Charles V et de Charles VI sur les régences sont respectées : choisir Pierre de Beaujeu comme régent les aurait bafouées et désigner Anne de France aurait paru plus incongru encore, puisque seules les reines y étaient évoquées comme tutrices des enfants de France. Cette décision permet enfin de mettre en avant la figure unique du roi, ciment de la monarchie, et de poursuivre l'œuvre de renforcement de l'État, amorcée sous le règne de Louis XI.

Dès lors, tout un champ des possibles s'offre aux Beaujeu, dont la politique ne consiste plus tant à gérer les affaires courantes qu'à tout mettre en place pour demeurer au pouvoir et financer la guerre qui voit le jour dès la fin de l'année 1484.

CHAPITRE 3

Une femme en guerre

1485-1488

Traditionnellement, le bon roi se doit de conserver la paix en son royaume pour le bien commun dont il est le garant. À l'image de son père, Anne de France est attachée à la paix. Sa politique est tournée vers plusieurs objectifs : la préservation de la Couronne, le service du roi et la conservation de son propre pouvoir. Or, ce dernier est à ce point contesté qu'Anne de France devient, dès la fin de l'année 1484, une femme en guerre, une femme de guerre, dans un royaume en proie aux antagonismes et à la rébellion des princes.

Louis d'Orléans, un prince en rupture

Il faut revenir au moment de la clôture des États généraux de Tours : lorsqu'ils s'achèvent, au printemps 1484, aucun prince n'a encore osé prendre les armes. Jusqu'à la fin de l'année 1484, les forces en présence demeurent relativement équilibrées. Les Beaujeu ont, certes, pour avantage d'être auprès du roi et, par conséquent, de disposer de l'armée royale si le besoin s'en fait sentir. Cependant, le duc d'Orléans, alors gouverneur de Paris, et ses partisans occupent l'espace politique parisien en assistant régulièrement aux séances des divers organes gouvernementaux, tels que le Conseil du roi, le conseil du Parlement et celui de l'Hôtel de Ville. Alain Bouchart assure que les Beaujeu sont courroucés de ce que le duc d'Orléans gagne les cœurs des personnages dotés d'autorité et qu'ils décident alors secrètement de s'en prendre à lui physiquement[1]. L'écrivain Claude de Seyssel affirme quant à lui que Louis d'Orléans « vint en grand différend avec madame Anne de France » au point de « se mettre aux armes »[2], c'est-à-dire d'entrer en guerre contre elle. Cette prétendue tentative des Beaujeu de s'emparer de la personne du duc d'Orléans, voire de le tuer, constitue un prétexte à la fuite de ce dernier. Accompagné de Dunois et de Guyot Pot, l'un de ses proches conseillers, il fuit à dos de mule, en robe et en escarpins, vers Verneuil-sur-Avre, avant de rejoindre Alençon où il est accueilli par le duc. De là, il rassemble les seigneurs d'Angoulême, de Bourbon et d'Albret afin d'organiser son entreprise.

Rien ne permet d'avoir la certitude que la tentative d'attaque à son encontre ait vraiment eu lieu. En revanche, affirmer qu'elle l'a été sert le discours de légitimation élaboré par Louis d'Orléans, en justifiant sa rupture avec le roi et la cour. Tout est fondé sur la feinte et le secret qui participent du jeu politique : le discours et les actes n'ont aucunement besoin de coïncider ; bien eu contraire, peu importe qu'ils soient en totale inadéquation. Ce qui paraît aux yeux de tous n'a pas besoin d'être réellement, selon une « pensée de l'écart entre le faire et le dire », véritable art de vivre et de se comporter en cette fin de XVe siècle[3].

La fuite de Louis d'Orléans exprime sa volonté d'en découdre avec la cour, les Beaujeu et, implicitement, le roi. La rupture physique, premier acte de cette rébellion, est un mode de communication en soi et apparaît comme le signe le plus éloquent adressé au souverain. Elle participe de cette « forme d'action politique qui fonctionne comme un code implicite d'échange de signes et de contre signes[4] » : le duc d'Orléans escompte ainsi monnayer son retour à la cour et sa réconciliation avec les Beaujeu. De fait, la dame de Beaujeu tente une dernière fois de rallier son beau-frère en envoyant des émissaires à Alençon, sous l'influence du duc de Lorraine et du prince d'Orange. En femme de paix, elle cherche à tout prix à éviter la guerre dont elle connaît les conséquences désastreuses pour le royaume. Une rencontre a lieu à Évreux, sans qu'aucun accord ne soit trouvé.

Ligues et alliances : le royaume en guerre

Certain de ses soutiens, le duc d'Orléans s'en retourne à Blois d'où il rejoint bientôt la Bretagne et la cour du duc François II[5]. De Nantes, il fomente la rébellion et organise la guerre qui débute avec l'entreprise de Beaugency, du nom de la première bataille qui oppose les troupes royales à celles des princes coalisés, au mois d'août 1485, dans la ville du comte de Dunois. Les troupes royales sortent vainqueurs de ce premier épisode de la « guerre folle », comme on l'a nommée. Elles sont opposées aux troupes des princes, coalisés contre les Beaujeu et soutenus par le duc de Bretagne, qui espère en retour obtenir leur appui dans sa lutte contre ses barons rebelles.

Un jeu d'alliances, de ligues et de traités secrets se met alors en place. « Aucun prince ne pouvant résister seul au roi[6] », les mécontents font le choix du complot et des alliances qui, lorsqu'ils prennent des proportions importantes, conduisent inévitablement à la guerre. Ce mode d'action conventionnel s'est reproduit lors de chacune des rébellions nobiliaires qui ont ébranlé le royaume depuis la moitié du XVe siècle. Selon un procédé ordinaire, les princes, entrés en rébellion ouverte, additionnent leurs forces pour tenter de prendre le pouvoir, chacun apportant plusieurs centaines de lances dans la perspective d'une guerre qui vise à s'emparer tant de la personne du roi que du pouvoir, les deux allant de pair, afin d'en évincer définitivement les Beaujeu. La rébellion constitue en soi un rituel nobiliaire, un mode d'expression.

De 1484 à 1487, dans les deux camps, les ligues se succèdent, les alliances se font et se défont à un rythme soutenu : elles sont en perpétuel renouvellement. Il est en effet très ordinaire de trouver les mêmes noms à un très bref intervalle de temps dans les traités conclus par les deux partis. Les ducs de Bourbon et de Lorraine en sont l'illustration même : leur cœur oscille au gré de leurs satisfactions ou de leurs déceptions.

La plus importante ligue, celle du 13 décembre 1486, regroupe de très nombreux princes et princesses autour des ducs d'Orléans et de Bourbon : Jean de Chalon, prince d'Orange, Françoise de Dinan, comtesse de Laval et dame de Châteaubriant, le seigneur breton Jean de Rieux, auxquels s'ajoutent les roi, reine et princesse de Navarre, le duc de Bretagne, le cardinal de Foix, le duc de Lorraine, les comtes d'Angoulême et de Nevers, les comtes de Dunois et de Comminges, les sieurs d'Albret, de Lautrec, de Pons et d'Orval[7]. La Bretagne et la France méridionale sont présentes en force. L'alliance du 16 décembre 1486, entre Maximilien d'Autriche et le duc d'Orléans, complète la ligue, ajoutant une participation étrangère à la lutte contre les Beaujeu[8].

Le 14 février 1487, c'est au tour de Charles d'Angoulême, qui s'est jusqu'alors peu manifesté individuellement, de conclure une alliance avec la princesse Madeleine de France, sœur de Louis XI, le roi de Navarre Jean d'Albret et son épouse Catherine de Navarre, le cardinal de Foix, le comte de Nevers, le prince d'Orange ainsi que les seigneurs d'Albret, de Pons et d'Orval[9]. Bien que déjà nommé dans celle du 13 décembre 1486, le second prince dans l'ordre de succession à la Couronne réitère personnellement son engagement au sein du parti des princes, afin de lui conférer plus de valeur. Tout s'accélère et Louis d'Orléans publie, le 10 février 1487, un manifeste à Nantes d'où il mène la révolte aux côtés de Dunois et de François II.

La guerre folle, dernière des trois rébellions princières contre le pouvoir royal au XVe siècle, revêt un caractère polycéphale. Elle agite le royaume ainsi que ses franges bretonnes, flamandes et méridionales pendant près de quatre années.

La première phase commence au début de l'année 1485 avec la bataille de Verneuil et s'achève avec celle de Beaugency, en septembre de la même année. Louis d'Orléans et ses alliés capitulent devant les troupes royales. Si Dunois, tête pensante de l'opposition, est exilé à Asti, le duc d'Orléans bénéficie pour sa part d'une certaine clémence, car l'amiral de Graville et le maréchal de Gié tentent de le préserver de l'humiliation, espérant obtenir à terme son ralliement. L'espoir est vain.

En 1487, le roi, sous l'influence de Graville et, surtout, d'Anne de France, décide de mener la guerre en Guyenne sur les terres du sire de Lescun, afin d'en anéantir les forces. L'idée est des plus judicieuses : cette entreprise est couronnée de succès et il est impossible au puissant seigneur gascon de joindre ses troupes à celles des ducs d'Orléans et de Bretagne.

L'ost royal se tourne alors vers la Flandre, puis vers la Bretagne, où l'attendent des guerres d'une autre envergure. Deux princes étrangers, véritables pivots de la rébellion, entrent ainsi en scène officiellement : le duc Maximilien d'Autriche, l'ennemi de toujours, qui a fait part de son opposition aux Beaujeu et à Charles VIII dès le mois de novembre 1484, et le duc François II de Bretagne, cousin germain de Louis II d'Orléans, de Dunois et de Charles d'Angoulême par sa mère Marguerite d'Orléans.

Le royaume est en guerre aussi bien aux frontières qu'en son cœur. Maximilien d'Autriche tente en outre d'attiser les haines contre la France par le biais de ses ambassadeurs présents en Bretagne, en Angleterre où il incite Richard III à revendiquer la couronne de France, ou encore en Espagne où il encourage le roi à réclamer le Roussillon et la Cerdagne. Les frontières méridionales sont ainsi menacées par Ferdinand d'Aragon.

Ces guerres qui se succèdent ou se juxtaposent sont remportées une à une par les forces royales : en 1486, Maximilien doit cesser le combat à la suite de la défection de son allié, le duc de Bourbon, que les Beaujeu sont parvenus à se concilier. Surtout, le 20 août 1488, François II de Bretagne se voit contraint de signer la paix de Sablé, autrement appelée traité du Verger, consécutive à la grande victoire de Charles VIII à Saint-Aubin-du-Cormier, le 28 juillet.

Cette défaite ébranle considérablement l'opposition princière, la privant de ses principaux meneurs qui sont faits prisonniers. En position de force, Anne et Pierre de Beaujeu imposent une paix sans concession à la Bretagne, notamment sur la question du mariage de l'héritière de François II, Anne de Bretagne, désormais soumis à l'approbation du roi de France. Cette clause permet en théorie d'écarter toute alliance inopportune et défavorable aux intérêts du royaume des lys.

Hormis leurs indéfectibles ennemis, les Beaujeu sont rejoints dès 1488 par d'anciens opposants. Bien que la guerre ne soit pas achevée, une trêve s'instaure dans le royaume, le parti des princes se relevant avec peine des événements de l'année 1488. Le 4 septembre 1491, la paix de La Flèche, imposée par le roi, met officiellement fin aux différends qui divisaient Bourbons et Orléans en leur faisant jurer la paix.

Anne de France, cible des stratégies princières

Tout au long de cette guerre folle, Anne de France a occupé une place très particulière dans le discours des princes rebelles dont elle a été la cible. Faut-il y voir le signe de sa puissance jalousée ou bien est-ce sa condition de femme qui en est la cause ? L'auteur de *L'Ainsnée fille de fortune* attribue cette situation à la jalousie des princes, « envieux de ce qu'ainsi elle gouverne[10] ». Très vite, la question de la place de la princesse à la tête du royaume et aux côtés du roi s'impose comme l'un des principaux sujets de préoccupation des princes en guerre. Comme l'exprime très justement Alain Bouchart, les Beaujeu « avaient la personne du jeune roi en gouvernement, en faveur de quoi ils menaient sous le nom du roi tous les affaires du royaume[11] ». Plus le temps passe et plus Anne de France, qui détient le pouvoir si convoité, cristallise les haines et la violence physique et verbale sur sa personne.

Les traités d'alliance se font l'écho de cette volonté des princes de l'évincer du pouvoir. Un proche du duc François II de Bretagne déclare de manière quelque peu cavalière :

> Le duc [d'Orléans] se mit en peine d'ôter à ladite dame [de Beaujeu] le gouvernement du Roi et du Royaume, et fut celle matière conduite par les seigneurs d'Orléans et de Dunois, et avait été délibéré d'éloigner icelle dame et l'envoyer demeurer à sa maison à Gien tenir et faire son ménage[12].

Ses opposants espèrent ainsi la voir se retirer en sa seigneurie de Gien afin d'y gérer non pas son ménage au sens contemporain du terme, mais plutôt ses affaires seigneuriales, comme le signifiait le terme à l'époque. Les princes rebelles ont pour objectif d'avoir enfin le roi entre leurs mains, ce qui ne peut se faire qu'à la condition de vaincre Anne de France. Les seigneurs décident de « s'allier ensemble » contre la princesse pour « lui ôter le gouvernement » et « la débouter de court »[13]. Elle est celle que l'on craint, que l'on combat, parce qu'elle est au cœur du pouvoir, à l'origine des décisions. Elle dérange par sa puissance. Les princes auraient même tenté de s'en prendre à sa personne, si l'on en croit Landais, secrétaire de François II de Bretagne, qui affirme quelques années plus tard que beaucoup souhaitaient sa mort.

La guerre par les armes se double d'une offensive épistolaire et discursive contre la princesse. Au début de l'année 1485, c'est le duc d'Orléans qui l'inaugure. En l'espace de quelques jours, il adresse une lettre à Charles VIII, une autre à toutes les bonnes villes du royaume et fait lire ses remontrances au Parlement de Paris par son chancelier Denis Le Mercier[14]. Il se déclare alors ouvertement en rébellion face au pouvoir exercé par les Beaujeu, exigeant que le roi se rende sur-le-champ à Paris, et qu'il se défasse de l'emprise et de la sujétion que sa sœur exerce sur lui. Pour la première fois, Louis d'Orléans s'en prend personnellement à Anne de France, à laquelle il reproche d'être à l'origine de tous les maux du royaume, de bafouer les décisions des États généraux, de mépriser les lois. Il l'accuse également de s'être emparée de la gestion financière du royaume pour combler les siens de pensions et de bienfaits qui alourdissent les impôts du peuple. Enfin, il lui reproche de tenir le roi et la France par la force. Finalement, si l'on en croit ces allégations, le roi est victime d'une usurpation du pouvoir dont il pâtit au même titre que ses sujets et que les princes, ses naturels et légitimes conseillers, au premier rang desquels se trouve Louis d'Orléans. Ce pouvoir confine à la tyrannie, puisque ceux qui le détiennent sont enfin accusés d'avoir renvoyé « les chambellans [du roi] qui lui avaient été baillés par le feu Roi son père et par la Reine sa mère[15] », ce qui est encore faux. Ces arguments justifient selon le duc la prise d'armes contre ce pouvoir tyrannique.

Pourquoi s'en prendre ainsi à Anne et non à Pierre qui gouverne avec elle ? Sans doute parce qu'elle a moins de légitimité à exercer le pouvoir en tant que femme. Sans doute aussi parce que c'est elle qui tient réellement les rênes du royaume. Ces éléments expliquent que Louis la considère comme sa principale adversaire. Ces lettres et ce discours mettent ainsi en lumière la question centrale de l'autorité défaillante du souverain devenu, par un renversement contraire au droit et à la nature, le « sujet » de sa sœur. Cette réflexion rejoint intimement celle de la légitimité de l'instauration d'une régence féminine informelle. La guerre se trouve ainsi légitimée, puisqu'elle apparaît comme la seule solution face à cette « tyrannie » et à ce qui est considéré comme une usurpation de la souveraineté royale.

Cependant, cette entreprise de propagande échoue. Dans sa réponse quasi immédiate au duc, le roi justifie la présence de sa sœur au pouvoir ; le Parlement décline tout pouvoir d'intervention sur de tels sujets et les villes refusent de prendre son parti, y compris la ville d'Orléans qui craint d'encourir l'indignation et le mécontentement de la dame de Beaujeu[16].

Les princes, ne s'avouant pas vaincus, redoublent d'efforts. Quelques jours plus tard, c'est au duc François II de Bretagne de s'adresser aux sujets du royaume dans l'espoir de les convaincre de placer leur confiance dans le duc d'Orléans, dont il dresse un portrait des plus élogieux[17]. Il dépeint un tableau particulièrement sombre de l'état du royaume, accusant les Beaujeu d'en être à l'origine, comme ennemis du bien commun, du roi, de son royaume et de ses sujets. Ne reculant devant aucun mensonge pour convaincre et apeurer ses destinataires, le duc de Bretagne détaille plus encore que son cousin Louis les prétendus méfaits du couple à l'égard « de tous les États du Royaume, tant l'Église comme de noblesse et aussi le pauvre peuple » qui ont tous trois « été fort maltraités »[18]. La lettre se fait pressante, insistant sur la menace représentée par les Beaujeu pour le roi « en grand danger et sujétion », pour le « bien du royaume » et pour le « pauvre peuple ».

De manière assez grossièrement manichéenne, il oppose deux figures totalement inverses et adverses : d'une part, celle d'un Louis d'Orléans, légitime détenteur du pouvoir avec le roi et partisan du bien commun ; d'autre part, celle d'Anne de France, qui usurpe le pouvoir à son profit et maintient le roi dans une sujétion dont il faut à tout prix le libérer. Un modèle quasi héroïque se dresse face à l'anti-modèle incarné par la sœur de Charles VIII. Au duc d'Orléans à qui « ladite administration du royaume, quand il en eut eu la nécessité, lui eut dû appartenir », en tant que « plus prochain parent du Roy et le premier après lui », s'opposent les Beaujeu qui « de leur simple volonté et d'autorité privée ont entrepris l'autorité et le gouvernement de la personne [du roi] et non seulement de sa personne mais l'administration de tout le royaume »[19]. La réalité est réduite à une dichotomie qui oppose le personnage du prince légitime à la figure des tyrans se maintenant au gouvernement par la force.

Ce véritable discours de propagande n'a que peu d'effet, les villes préférant soutenir une puissante princesse plutôt qu'un duc étranger. Pour elles, la fidélité au roi passe par l'obéissance aux Beaujeu qui incarnent à leurs yeux la continuité politique, garante de paix et de stabilité.

Plus le temps passe, plus les accusations à l'égard d'Anne de Beaujeu s'amplifient. La princesse focalise sur sa personne la haine des princes rebelles. Ne perdant pas espoir de rallier le roi à sa cause, Louis d'Orléans s'adresse de nouveau à lui dans une lettre de 1487[20]. Il ne cache plus désormais sa colère ni sa haine. Jamais les mots employés pour qualifier les Beaujeu, affublés de tous les attributs des tyrans, n'ont été aussi violents. Il déclare : « Ils ne sont idoines, suffisants ni capables d'avoir telle autorité que de commander, [eux qui par] leur damnable et particulière témérité ont osé usurper et entreprendre le gouvernement de [la] personne [du roi] et des États du royaume[21]. »

Le duc, dépossédé d'un pouvoir qu'il revendique, ne s'arrête pas là dans l'énumération de ses griefs d'une gravité et d'une portée extrêmes. Véritables usurpateurs, les Beaujeu ne reculent selon lui devant rien pour conserver leur pouvoir et satisfaire leurs intérêts. Au mépris du droit et de la justice, ils dépouillent leurs ennemis de leurs offices, « brident les princes » parmi lesquels « les premiers et plus grands de ce royaume » et les éliminent par la guerre et la terreur, à tel point que ces derniers se trouvent contraints de fuir un royaume réduit au chaos[22].

Les divers traités d'alliance conclus par les princes reprennent les arguments développés dans les lettres[23] et insistent eux aussi sur le caractère illégitime du pouvoir détenu par Anne de France. Toutes ces entreprises sont le remarquable témoin de l'animosité dont fait l'objet la dame de Beaujeu et confirment les observations de l'ambassadeur vénitien Contarini, selon lequel « d'immenses haines » agitent le royaume dans les premières années du règne de Charles VIII[24]. Durant la décennie de gouvernement des Beaujeu, le royaume ne connaît presque jamais la paix. Non seulement le pouvoir d'Anne de France à la tête de l'État se construit de manière empirique, tant les exemples récents de pouvoir au féminin en France sont rares, mais il lui faut sans cesse lutter et gouverner à la fois, combattre pour demeurer aux côtés du roi et créer en même temps un pouvoir d'une nature nouvelle. La princesse s'illustre par son pragmatisme, ses capacités d'adaptation et son habileté politique, se montrant capable de gouverner un royaume en proie à une instabilité récurrente, tout en guidant le roi dans la lutte contre ses ennemis. Jusque vers 1490, l'œuvre d'Anne de France à la tête du royaume s'inscrit sans cesse dans une action simultanée de guerre et de conduite de l'État, dans une logique duale où lutter et gouverner en arrivent à se confondre. S'il paraît évident que l'opposition des grands n'épargne ni le roi (en dépit de leurs allégations et de leur prétendue fidélité), ni Pierre de Beaujeu, Anne de France est bien au cœur de leurs attaques.

Maîtriser l'information

Si Anne de France est la cible de l'offensive princière, elle sait se défendre, esquiver et, plus encore, monter à l'assaut. Il s'agit là d'un art dont elle maîtrise les règles et les codes, tout aussi bien qu'un homme. Les circonstances expliquent qu'en dépit de ses convictions profondes et de son désir de paix, la fille de Louis XI soit devenue une femme de guerre, dès 1484, se trouvant « aux affaires jusques aulx yeux[25] », pour reprendre une expression employée par Catherine de Médicis quelques années plus tard.

En pleine guerre folle, quel rôle joue-t-elle dans la conduite des affaires militaires alors qu'il est rare pour une femme de prendre part à la guerre à cette époque ? Anne s'en tient-elle à l'écart, conformément à l'idéal médiéval de la dame de paix et de concorde ou bien peut-on parler d'elle comme d'une femme de guerre ? S'il est une chose certaine, c'est que la princesse s'est affirmée comme l'un des piliers du processus décisionnel, sans pour autant aller au combat. Elle n'est pas Jeanne d'Arc ; elle sait que sa place n'est pas sur le champ de bataille, dont elle n'est cependant jamais très éloignée pour diverses raisons.

Son premier objectif est de maîtriser l'information et d'obtenir le plus grand nombre de renseignements afin de prendre les décisions de manière éclairée. Le pouvoir monarchique doit être sur ses gardes pour s'informer de tout ce qui se dit et se pense dans le royaume. En effet, celui qui détient l'information possède un temps d'avance sur son adversaire, ce qui le rapproche de la victoire. Dans ses *Chroniques de Bretagne*, Alain Bouchart exprime parfaitement cette idée en évoquant la nécessité pour la dame de Beaujeu d'« avertir, d'être avertie » : elle s'impose comme pivot de l'information dont elle maîtrise la circulation, la réception et la diffusion. Grâce aux renseignements recueillis par ses émissaires et ses espions, Anne tente d'anticiper face à l'infortune. Elle sait à quel point la chance, que l'on nomme alors la fortune, tourne vite. Agir avec prudence, c'est ainsi condenser les informations relatives aux guerres, les cristalliser pour les redistribuer ensuite sous la forme de signes et de paroles qui disent sa volonté politique.

Anne veut d'ailleurs tout savoir. À ce titre, elle appartient au cercle restreint des correspondants du lieutenant des armées royales La Trémoille. Écrire à la sœur du roi de manière systématique à chaque étape de la guerre relève du devoir politique et s'explique par sa puissance et son autorité incontestée. Même lors de ses déplacements à Moulins en avril 1488, les chefs de guerre continuent de lui écrire, afin que ne soit pas rompu le fil des événements.

Un tel processus requiert de nombreux informateurs et émissaires qui lui apportent des missives auxquelles elle se hâte de répondre pour dispenser conseils ou ordres, selon les cas. L'outil épistolaire est primordial dans de telles circonstances. Les lettres qui nous sont parvenues laissent apparaître le rôle éminent de la sœur du roi. Jean d'Estouteville conclut ainsi une lettre envoyée de Falaise en janvier 1485, dans laquelle il est question de l'enrôlement de gens de guerre par le duc René d'Alençon : « Madame, je ne sais pourquoi il [René] fait ces choses ni à quelle fin : mais Madame, je vous en avertis, et s'il vient autre chose de nouveau, incontinent je le vous ferai savoir[26]. »

Pourtant grand maître des arbalétriers, d'Estouteville s'avoue déconcerté par les agissements du duc d'Alençon, mais il a à cœur de remplir fidèlement sa mission d'information pour le compte de la dame Beaujeu, qui peut-être saura mieux que lui déceler le sens de l'entreprise du duc. Anne est ainsi intrinsèquement associée à la gestion des affaires militaires du royaume et sa position à la tête de l'État fait d'elle un personnage incontournable. Au même titre que le roi ou que son époux, elle transmet aux hommes de guerre les nouvelles apportées par les multiples émissaires de Charles VIII, présents sur le terrain, et redistribue les informations dont elle dispose. Sa correspondance avec Louis de La Trémoille témoigne de sa parfaite connaissance de la situation militaire dans la partie occidentale du royaume, alors en proie à la guerre et à la révolte. On y perçoit son rôle de donneuse d'ordres et de conseillère des grands chefs militaires du royaume. Si l'on en croit Dunois, elle n'hésitait pas à user de stratagèmes dans sa politique de communication, répandant par exemple le bruit d'alliances et de trêves (peut-être infondées) afin de rallier à elle des ennemis hésitants, procédé couramment utilisé au XVe siècle et qu'elle tenait assurément de son père.

Anne, clé de voûte du processus décisionnel

Anne de France peut-elle être considérée comme la clé de voûte du processus décisionnel, en dépit de son absence du champ de bataille et en tant que femme ? Voyons ce qu'en dit un poète de l'époque :

Cornille femme de Pompée
N'accompagna pas son mari
Si bien qu'elle a fait cette Anne,
Il ne faut jamais qu'il soucie,
Elle fait le ça et le ci
De ce qu'il faut faire en l'armée,
Dont elle acquiert grande renommée[27].

Dans le discours extérieur, l'idée que la dame de Beaujeu mène le roi et la guerre est omniprésente. Les sources, quelles qu'elles soient, la font apparaître comme l'élément moteur et décisionnel de la politique militaire et de la lutte contre les princes, dès 1484. Pas plus que son époux elle n'est le concepteur de la tactique sur le terrain, mais elle est celle qui élabore la stratégie militaire et la politique diplomatique du royaume, étroitement liée à la guerre. Dans la décennie 1480, les missives adressées à Anne de France sont d'ailleurs plus nombreuses que celles que reçoit son époux, signe de sa prééminence à la tête du royaume et du prestige symbolique dont elle jouit.

Au fil de ces lettres transparaît son action déterminante : rien ne se décide ni ne se fait sans elle. Les chefs de guerre, bien qu'expérimentés, exécutent les décisions qu'elle valide en dernier ressort. Ce pouvoir de validation, bien qu'informel, résulte de sa puissance inégalée au cœur du royaume et témoigne de sa capacité à gérer une guerre qu'elle a faite sienne, puisque de son issue dépendent tant le sort de la royauté que sa place au gouvernement.

L'idée de cette toute-puissance, peut-être exagérée, n'en reflète pas moins le sentiment des contemporains d'une guerre menée par la dame de Beaujeu avec vigueur et efficacité. Ainsi, en 1487, Dunois fait part de sa surprise à propos des décisions militaires prises par Anne de France : il l'attendait avec force renforts à Parthenay où il se trouve et elle déjoue ses plans en attaquant au sud les sires de Comminges, d'Albret et le comte d'Angoulême avec succès et rapidité :

Monsieur le gouverneur. Chacun espérait que Madame se dut ici arrêter sur moi (à Parthenay) : toutefois elle a passé outre et mené

> le Roi en Guyenne, pour défaire Monseigneur de Comminges de son gouvernement de Guyenne, et lui ôter les places qu'il tient, et aussi pour défaire Monseigneur d'Angoulême et d'Albret, si elle pouvait. Vous entendez bien qu'elle a assemblé le plus de forces qu'elle a pu pour la grande affection qu'elle a de nous défaire et, avec ce, mené le roi en personne qui est sa principale force[28].

Anne de France semble présente sur tous les fronts et paraît disposer de tous les pouvoirs. À lire Dunois, c'est sa propre guerre qu'elle mène, comme si elle dirigeait à la fois le roi et les armées royales. Le discours adverse développe l'idée selon laquelle la guerre passe par celle qui est présentée comme un chef de guerre efficace et expérimenté, prenant au dépourvu les plus fins stratèges du parti ennemi. Aux yeux du chef de file du parti des princes, la dame de Beaujeu fonde son pouvoir et sa réussite sur le roi « qui est sa principale force ». La maîtrise et le soutien du roi lui apportent les victoires, puisque c'est grâce à Charles VIII qu'elle parvient à sceller de nombreuses alliances et à obtenir le ralliement des villes.

La sœur de Charles VIII évoque elle-même son investissement personnel dans la guerre : c'est elle qui recrute des médecins réputés afin d'améliorer la prise en charge médicale. C'est encore elle qui fournit les sauf-conduits qui permettent de se déplacer dans les territoires en guerre. Un tel pouvoir se rattache à l'exercice de la grâce royale et fait d'elle la codétentrice de la souveraineté avec le roi son frère. C'est enfin à son attention qu'est rédigé à la même période un opuscule consacré à l'union du duché de Bretagne à la France à la mort du duc François II[29]. S'il était possible d'employer le terme de géopolitique, sans doute pourrions-nous avancer l'idée que la dame de Beaujeu en fixait les règles et les grandes lignes.

Le ton assuré, voire autoritaire, des lettres d'Anne de France à « son cousin » La Trémoille n'est pas sans rappeler le jugement porté par Brantôme qui prétendait avoir lu de nombreuses lettres d'elle qu'il tenait de sa grand-mère, Louise de Daillon du Lude, seconde épouse du sénéchal du Poitou, qui « contait » que la guerre contre le duc d'Orléans et ses « confédérés » se faisait à la

« suscitation toujours de madame de Beaujeu ». Brantôme s'exprime ainsi à propos des lettres de la dame de Beaujeu :

> J'ai eu force lettres d'elle en notre maison, du temps qu'elle était en sa grandeur ; mais je n'en ai vu de nos rois, et pourtant j'en ai vu beaucoup, parler et écrire si bravement et impérieusement comme elle faisait, tant envers les plus grands que les plus petits, et jamais ne signait qu'Anne de France[30].

Sans doute le jugement de Brantôme est-il fondé et juste. Il n'est qu'à comparer le ton des lettres de la princesse avec celui employé par son époux dans les siennes pour y déceler deux tempéraments très différents. Elle agit en véritable femme de pouvoir, utilisant l'outil épistolaire comme mode de gouvernement. Brantôme la compare aux rois pour la manière dont elle exprime sa volonté : dotée d'une autorité naturelle, elle se serait ainsi illustrée par une pratique virile du pouvoir, s'adressant à tous et ordonnant à la manière du souverain. Les propos de Brantôme selon lesquels elle « était une maîtresse femme » qui « voulait mettre le nez partout où elle pouvait », y compris dans les affaires militaires, sont plus que crédibles[31].

Avec assurance, Anne de France ne cesse d'exprimer son avis personnel et sa propre vision de la situation militaire, cherchant avec sa prudence habituelle à discerner les motifs secrets des uns et des autres. Dans une très rare lettre de la princesse au roi qui subsiste, son rôle de conseillère apparaît de manière particulièrement lumineuse. Elle y encourage le souverain à mener une offensive en Bretagne, considérant que le nombre d'hommes requis pour une telle action est suffisant. Surtout, elle l'engage à agir rapidement afin de surprendre les Bretons qui n'auront pas le temps de faire appel à des alliés supplémentaires. Le ton de la dame de Beaujeu est assuré, y compris dans les conseils stratégiques qu'elle assume totalement, sans même déléguer la réponse à son époux. Cette lettre d'Anne laisse en outre transparaître son avis sur les affaires de Flandre dont elle regrette qu'elles nécessitent des hommes qui, s'ils servaient en Bretagne, permettraient d'y concentrer les forces et d'y achever rapidement la guerre. Cependant, elle insiste sur l'importance qu'il y a de demeurer fidèle aux engagements pris envers les communes flamandes en rébellion contre l'empereur Maximilien, le grand ennemi de la France : « Vu que les Flamands se sont déclarés pour vous, pour rien vous ne les devez laisser s'affoler : aussi ils sont vos sujets[32]. »

En guerre pour le roi

Le respect de la souveraineté du roi dans tous ses territoires anime la dame de Beaujeu dont le discours est sans cesse sous-tendu par l'idée qu'elle mène une guerre juste pour le roi et le bien commun. Elle déploie une rhétorique selon laquelle une cause supérieure anime sa volonté et son action : il s'agit de la bataille pour le roi et le royaume mis en danger par les rebelles. L'usage d'une telle rhétorique permet de faire fusionner ses intérêts avec ceux du souverain, qu'elle est là pour servir. Sa régence informelle a pour vocation première la défense de l'autorité royale qui passe, en l'occurrence, par la victoire sur les rebelles, comme les nomme Anne. Déjà en 1484, le traité d'alliance avec le duc René II de Lorraine avait été motivé par le service de la Couronne : les Beaujeu s'étaient alliés au duc en raison de « la grande affection et amour que Monseigneur de Beaujeu [...] Madame Anne de France sa femme ont et portent à la personne [du roi] et au bien de son royaume[33] ».

C'est vers la cause du souverain que tous les efforts doivent tendre. Si cette guerre est celle d'Anne, elle est plus encore celle de Charles VIII auquel elle se présente comme totalement dévouée, quelle que soit l'autorité qu'elle exerce sur lui. À chaque victoire, Anne de France se réjouit pour le roi. Ainsi la prise de Chateaubriand en Bretagne lui « semble très bonne chose pour le Roy[34] ». Alors qu'Anne est attaquée par ses ennemis en raison de l'emprise qu'elle exerce sur Charles VIII, elle ne cesse de faire surgir dans son discours la question de la liberté et de la souveraineté royales et de rappeler que l'intérêt royal est le chef de ses motivations. Pierre de Beaujeu n'en dit pas moins dans une lettre de 1488 à Louis de La Trémoille : « Je vous prie que vous y gouvernez sagement à l'honneur et profit du Roy. [...] Au surplus, mon cousin, avertissez souvent le Roy des nouvelles et de ce qui surviendra par-delà[35]. »

Dans cette guerre qui est aussi une guerre des mots, le couple Beaujeu n'a de cesse de se présenter en défenseur de la royauté mise à mal par les « rebelles ».

Pierre et Anne de Beaujeu vont de pair, mais parler de la princesse implique nécessairement de parler du prince, surtout lorsqu'il s'agit de la guerre. Au sein de ce couple se pose la question de savoir quelle part Anne de France réserve à son époux. Quel rôle lui laisse-t-elle ? Quel rôle ce prince, certes discret, entend-il endosser, lui qui s'est brillamment illustré à plusieurs reprises sous le règne de Louis XI, à la tête des armées royales ?

À l'évidence, les contemporains font bien moins souvent référence à Pierre qu'à Anne. Cependant, au fil des lettres qu'il adresse à Louis de La Trémoille, on saisit en lui un personnage incontournable de l'entourage royal, un conseiller influent du roi, comme déjà sous le règne de Louis XI. L'étude de cette correspondance révèle son implication dans le processus décisionnel et son rôle fondamental dans l'émission d'ordres aux capitaines du roi et à leur chef La Trémoille.

Tant que dure la guerre de Bretagne, le sire de Beaujeu ne quitte pas le roi un seul instant, ce qui n'est le cas de personne d'autre. Si ses missives, souvent très brèves, sont conçues sur un ton moins autoritaire que celles de sa femme, elles n'en comportent pas moins des ordres. Surtout, lorsqu'il se fait plus disert, on perçoit mieux son rôle aux côtés de Charles VIII. Une lettre du 17 juin 1488 à La Trémoille, relative aux problèmes de paiement des troupes de francs-archers qui menacent de faire défection, est assez édifiante[36]. Au lieu de la dizaine de lignes habituelles, elle est extrêmement longue. Pierre de Beaujeu rappelle qu'« il y a grand faute d'obéissance » au roi, qui « pourrait merveilleusement lui porter préjudice » si la situation se prolongeait. Pour la première fois, il laisse apparaître au grand jour son autorité de conseiller du souverain. Il refuse que l'on accorde leur solde aux francs-archers avant le combat, témoignant de son souci des finances royales, déjà bien mises à mal par la guerre. Il s'exprime comme la voix de la raison à laquelle il faut se soumettre : « Je vous en écris volontiers cette lettre, afin que vous entendiez les choses ainsi qu'elles se doivent entendre, et n'y a homme qui les puisse soutenir au contraire raisonnablement[37]. »

La lettre se conclut sur un ton comminatoire qui dévoile le rôle éminent du sire de Beaujeu dans les affaires relatives au financement de la guerre ainsi que son action de conseiller auprès de Charles VIII :

> Je veux bien que vous montriez mes lettres aux capitaines et là où vous voudrez, car je ne vous écris chose que je ne conseille au Roi. [...] Il n'est plus temps de laisser passer telles façons de faire, et vous prie, mon cousin, que de votre côté vous et ceux qui avez des affaires du Roy les plus grandes charges y donnez ordre en manière que le Roi soit obéi et servi ainsi qu'il doit[38].

Ces prières sont de véritables ordres et l'impression qui se dégage de la missive est qu'elle provient d'un prince puissant, assumant pleinement son autorité, ce qui est bien éloigné du jugement de Brantôme, le décrivant comme un homme mou et presque simplet, totalement manipulé par son épouse[39]. Au contraire, l'année 1488 apparaît comme celle de l'affirmation soudaine de son autorité. Sans doute s'explique-t-elle par la situation militaire très tendue qui fait craindre le pire pour le parti royal, en même temps qu'elle provient d'un gain d'assurance de la part de celui qui porte désormais le titre de duc de Bourbon.

Puissante et victorieuse

Quoi qu'il en soit, 1488 est une année clé pour le couple : c'est celle de toutes les craintes, avant d'être celle de la victoire et de la toute-puissance. Les deux époux semblent se compléter à merveille : le sire de Beaujeu opère en technicien, notamment dans le domaine des finances, tandis qu'Anne donne son infléchissement global à la guerre.

Pendant cinq longues années, la princesse a été une femme de guerre, une femme en guerre, impliquée de tout son être dans la bataille pour le roi. En 1488, le rapport de force est parvenu à un tel point de blocage qu'elle accepte de réduire à néant l'adversaire, incarné par Louis d'Orléans et, dans une moindre mesure, par Dunois. La raison politique ne permet plus la pitié, elle ne laisse même plus de place à la négociation. À la douceur et au pardon inefficaces succède la détermination, couronnée par la victoire de la dame de Beaujeu et du roi à Saint-Aubin-du-Cormier, le 28 juillet 1488. Le choc est terrible pour le duc François II de Bretagne qui meurt quelques mois plus tard. L'arrestation du duc d'Orléans sonne la fin de la guerre. Le prince est mené de Lusignan à Loches et finalement emprisonné à Bourges en juillet 1489. Pendant trois années, il demeure sous l'étroite surveillance des Beaujeu, sans que quiconque ne parvienne à infléchir Anne de France en sa faveur. Qu'il s'agisse du comte d'Angoulême ou encore de Jeanne de France, son épouse délaissée, tous se heurtent au refus implacable de la grande femme de pouvoir de le libérer : Louis d'Orléans doit demeurer prisonnier. Une missive de la duchesse d'Orléans à son frère Charles VIII met en évidence la présence éminente de la dame de Beaujeu au cœur du dispositif gouvernemental : « Il n'a pas cru vous offenser : mécontent de l'autorité de notre sœur Anne, il a eu peur, il a craint, il s'est enfui. S'il a pris les armes, c'est qu'il n'a pas pu revenir en France. [...] Mon frère, pardonnez-lui[40]. »

Anne de Beaujeu a donc endossé un rôle majeur pendant la guerre folle qui s'est ensuite poursuivie et ramifiée en Guyenne, en Bretagne et en Flandre. Partout, méthodiquement, elle est sortie victorieuse de ses ennemis, momentanément anéantis. François II est mort et le traité du Verger est favorable à la couronne de France. Maximilien est provisoirement isolé, tandis que Dunois est exilé à Asti, où il meurt en 1491, et que Louis d'Orléans croupit dans les geôles royales, dont il sort seulement cette même année. Le seigneur de La Vauguyon présente la princesse comme l'artisan de la victoire de Saint-Aubin-du-Cormier, qui est le symbole de toute une guerre :

En cette guerre austère et périlleuse
[Elle] y assista du roi le bon régent
Tenant au camp manière merveilleuse
Tant que lui fut une journée heureuse[41].

Pour Anne de France, gouverner, c'est guerroyer, combattre et vaincre pour trois objectifs intrinsèquement liés : la cause royale, le bien commun et la conservation du pouvoir.

CHAPITRE 4

Pratiquer le pouvoir au féminin

De multiples réseaux à l'œuvre

En 1484, dans le contexte de la question de la dévolution du pouvoir, l'urgence avait été d'entretenir de bonnes relations avec les députés des États généraux. Dans *Le Livre des trois vertus* de Christine de Pizan, Prudence enseigne à la « sage princesse » :

> Voudra être bien des gens du conseil de son seigneur, qu'ils soient prélats, chevaliers ou autres ; ordonnera qu'ils viennent vers elle aucune fois, [elle] les recevra honorablement, parlera à eux par sages paroles, et le plus qu'elle pourra les tendra en amour[1].

Tout ceci doit lui permettre d'être louée pour son « sens et gouvernement » et d'obtenir leur amitié et leur faveur. De manière très novatrice, Christine de Pizan incite ainsi les princesses à se rendre populaires.

La dame de Beaujeu s'efforce de suivre ces conseils pour construire son pouvoir au féminin. Elle sort donc du simple cadre de la cour pour rencontrer des personnages autres que les nobles de son entourage et pour établir une étroite collaboration avec les clercs, les membres de l'Université, du Conseil ou du Parlement. Afin « d'acquérir l'amour de tous et de toutes », Anne de France s'érige en parfaite héritière de Christine. Non seulement elle n'oublie personne, mais s'adresse à chacun d'un ton humble et conciliant qui tranche avec le ton comminatoire de son ennemi le duc d'Orléans, qui croit pouvoir s'imposer en clamant avec colère les droits qui lui sont dus. Lorsque Pierre de Beaujeu envoie ses émissaires auprès des députés, c'est pour leur adresser des prières et non pour faire acte d'autorité. Ce tact délicat est certainement l'une des causes de la faveur dont jouissent les Beaujeu auprès de nombreux députés.

Durant les années de guerre folle, Anne de France poursuit cette tactique auprès des gens du Parlement, avec lesquels elle coopère très régulièrement. Elle consent des concessions afin de satisfaire ces hommes de loi qui ont de nombreux motifs de mécontentement après le règne de Louis XI. Surtout, elle parvient à se les concilier en leur demandant conseil lorsqu'elle le juge nécessaire. Est-ce une pure stratégie ou bien la princesse cherche-t-elle à appliquer un idéal de modération et de conciliation ? Quelle que soit la réponse, cette offre de collaboration porte ses fruits, les parlementaires faisant preuve d'une fidélité sans faille lors des attaques de Louis d'Orléans qui leur demande à plusieurs reprises d'intervenir pour écarter les Beaujeu du pouvoir, nous l'avons vu. Flattés de l'attitude de la princesse à leur égard, les gens de la Cour lui prodiguent de multiples recommandations et proposent même d'intervenir en faveur du roi. Cependant, le seul soutien du Parlement et de l'Université ne saurait suffire dans un contexte aussi précaire et instable que celui de la décennie 1480. Anne de France doit construire et renforcer des réseaux polycéphales, en partie hérités du règne de son père. Ces réseaux multiples intègrent des individus issus des « parentés, des clans, des clientèles » ou qui sont liés au couple par des liens d'amitié[2]. Tous ne sont pas à créer : beaucoup préexistent au règne de Charles VIII et Anne de France connaît de longue date les fidèles de son père qu'elle a côtoyés à la cour et dont elle cherche à son tour à capter la fidélité et le soutien.

Sa régence informelle est, par essence, fondée sur de multiples et indispensables appuis qui viennent soutenir un pouvoir affaibli par l'absence de désignation officielle. Cette pratique politique n'a rien d'inédit, notamment pour une femme. En effet, Jean Richard a remarqué à propos de Blanche de Castille que « la fidélité de ses conseillers a certainement été l'élément décisif des succès[3] » de la reine, reprenant par ailleurs l'opinion d'Élie Berger, qui écrit que « le concours de serviteurs capables et dévoués valait mieux pour

Blanche de Castille que les droits les plus incontestables[4] ». Anne, comme Blanche, utilise ainsi la force des clientèles et des alliances pour combler le déficit de légitimité caractérisant cette régence qui ne dit pas son nom. C'est pour elle une stratégie de pouvoir.

Dès 1483, les Beaujeu s'appuient sur un parti, nommé indifféremment « parti des Beaujeu » ou « parti royal » et constitué de princes, de nobles ou de serviteurs de l'État. La politique de fidélisation est immanente à l'œuvre de renforcement du pouvoir des Beaujeu, elle en est aussi l'instrument. La régence exercée *de facto* par Anne de France se donne à voir comme un jeu d'alliances et de fidélités qui constitue l'un des pans de l'invention et de la pratique du pouvoir.

Dans le contexte particulièrement mouvementé de la prise de pouvoir, Anne de France conçoit la nécessité d'utiliser de manière immédiate les multiples soutiens qui s'offrent à elles pour prendre en main le gouvernement et s'imposer face à ses ennemis. De nombreux hommes peuvent mettre leur expérience militaire et administrative à son service. Ceux qui ont autrefois servi Louis XI s'imposent comme des personnages incontournables qui, tous, jouent un rôle essentiel pendant la guerre folle : l'amiral Louis Malet de Graville, qui fait office de principal conseiller[5], Pierre de Rohan, maréchal de Gié, André d'Espinay ou encore Louis II de La Trémoille. Anne sait récompenser leur vaillance, leur habileté et leur fidélité par des dons d'offices, voire par des mariages prestigieux, qui les font entrer dans le cercle le plus restreint de ses proches.

La princesse ne néglige pas non plus les « nobles de service[6] » qui figurent très souvent au rang des conseillers du roi et occupent des charges et des offices au sein de l'appareil administratif. Ces hommes, pour la plupart des créatures de Louis XI, n'ont pour autre objectif que de servir les Beaujeu auxquels ils sont liés par des intérêts politiques communs, par des liens de fidélité et parfois par le sang. À ce titre, le seigneur de La Roche, Philippe Pot, s'illustre par sa fidélité pendant les États généraux, mettant ses talents d'orateur au service du couple lors du discours resté célèbre dans lequel il dresse un bilan très positif des premiers mois du règne, insistant sur la sagesse et l'efficacité politique d'Anne et de son mari.

Si les Bourguignons sont nombreux, les nobles issus des possessions du sire de Beaujeu, le Beaujolais notamment, et de la maison de Bourbon le sont tout autant. Plusieurs familles s'imposent comme des piliers de leur politique : les Chabannes, originaires du Bourbonnais, voient leur fidélité récompensée par des alliances matrimoniales qui leur assurent une position sociale de premier ordre au début du XVIe siècle. Également originaire du duché, le très fidèle Aymar de Poitiers, seigneur de Saint-Vallier et grand-père de la célèbre Diane de Poitiers, est à la fois lié aux maisons de France et de Bourbon par son mariage avec une bâtarde de Louis XI. Il est donc le beau-frère d'Anne de France.

C'est enfin au sein des gens de robe que les soutiens sont les plus nombreux : leurs intérêts personnels les encouragent en effet à rester fidèles au roi et à ses proches, puisque l'équilibre et la continuité politiques du royaume favorisent la conservation de leurs charges d'un règne à l'autre. On citera Jean Bourré, seigneur du Plessis, Étienne de Vesc, l'une des « grandes puissances du nouveau règne », Aubert Le Viste, Pierre de Sacierges, des gens de finances tels que les membres des familles Gaillart, Bohier, Briçonnet ou Robertet, promis à un grand avenir sous le règne de François Ier. Le milieu de robe constitue ainsi un véritable vivier de serviteurs fidèles au roi et aux Beaujeu dans lequel les oppositions sont inexistantes. Ces serviteurs de l'État se retrouvent aussi bien au Conseil du roi qu'aux États généraux ou au Parlement, autant de corps souverains qui appuient vigoureusement le pouvoir du couple Beaujeu, en quête d'affirmation.

La politique de la faveur

Pour tous ces individus, dont beaucoup sont de noblesse récente, l'appartenance au cercle de familiers d'Anne de France est capitale. En effet, cette dernière leur procure une stabilité dans les fonctions qu'ils occupent. En outre, la princesse tisse des liens de fidélité en distribuant la faveur qui, assimilée à la grâce et au don, induit pour ceux qui en bénéficient l'intégration dans « un réseau d'obligations fondées sur la réponse nécessaire et différée du contre-don » qui implique une fidélité que le donateur espère durable[7]. Cette politique de la faveur est essentielle et constitutive du pouvoir de la fille de Louis XI.

Qu'implique concrètement une telle pratique ? Comment de tels réseaux se construisent-ils ? Il est très intéressant de voir à quel point Anne de France pense son pouvoir et à quel point elle ne laisse rien au hasard dans ses actes politiques. Ainsi, dans ses *Enseignements,* elle conseille à sa fille Suzanne de toujours récompenser et remercier les serviteurs pour leur fidélité ou leurs présents, sans jamais exprimer ni mépris ni condescendance à leur égard. La réciprocité du don ou du service n'est pas seulement le fruit de la libéralité qui convient à un prince ou à une princesse, mais une nécessité politique. Les fidèles serviteurs sont en droit d'attendre la faveur qui fait partie des règles du jeu :

> Ma fille, mettez peine de complaire à chacun. Ainsi nul n'aura cause de vous haïr. Aussi [...] recevez à aussi grande chère les petits dons et présents, si les vous font, pensant qu'autant êtes-vous tenue à eux, selon leurs pauvres puissances, qu'aux autres de plus grands dons ; par quoi, ne vous devez feindre à les récompenser et humblement remercier, doucement et pleinement, sans nulles mignotises et préciosités, car après, on s'en pourrait moquer et dire que ce serait fierté et non savance[8].

Il s'agit bien ici de théoriser la pratique du don et du contre-don dont elle n'hésite pas à faire usage, notamment en distribuant offrandes et offices, comme on le constate dès les premières semaines du règne de Charles VIII. Les officiers du royaume sont tous reconduits dans leurs offices et beaucoup sont autorisés à conserver les domaines concédés par Louis XI. Les principaux bénéficiaires de cette politique sont ceux qui s'inscrivent dans les stratégies de pouvoir d'Anne de France : Philippe de Crèvecœur, seigneur d'Esquerdes et Jean de Hangest, seigneur de Genlis, bénéficient des largesses du couple dont ils reçoivent d'importantes sommes. Quant à Pierre de Rohan, maréchal de Gié, il perçoit une rente viagère sur la vicomté de Mortain. Cette politique de la faveur se lit aussi dans les très nombreuses interventions des Beaujeu auprès du roi afin qu'il concède des offices à leurs proches, mais aussi auprès du Parlement où ils n'hésitent pas à soutenir la cause de leurs fidèles impliqués dans des procès[9].

Cette politique de la faveur qui apparaît comme « la cristallisation d'une forme souveraine d'autorité » permet aux Beaujeu de maîtriser les rouages administratifs de l'État au niveau central et de disposer partout dans le royaume de fidèles qui bloquent toute action des princes et appliquent scrupuleusement leurs volontés[10].

Un réseau princier européen

À ce réseau administratif, fondé sur une relation clientéliste, se superpose un réseau princier en France et à l'étranger, dont l'entretien participe d'une véritable politique diplomatique mise en place par la princesse. Le soutien princier est la condition même de la victoire militaire. Nombreux sont les princes passés à la rébellion. Certains choisissent cependant d'embrasser la cause royale et de se ranger aux côtés des Beaujeu, le plus souvent mus par leurs intérêts personnels. La stratégie d'Anne de France s'apparente à une véritable course aux alliances et s'appuie sur la signature de traités nombreux, pratique qui se retrouve également dans le camp adverse, nous l'avons vu.

Dans ces alliances, les revirements et le double jeu sont non seulement des attitudes à prendre en compte, mais un *modus vivendi*. Le pouvoir est d'autant plus fragile qu'il est exposé aux revers de fortune et Anne de France doit composer avec la versatilité de princes puissants, tels que les ducs René II de Lorraine et Jean II de Bourbon. Denis Crouzet a analysé cette réalité prégnante à la Renaissance où « ce qui paraît n'est souvent pas ce qui est, ce qui est dit n'est pas non plus ce qui est dit [...]. Les hommes se meuvent dans une logique de l'écart par rapport à eux-mêmes ou à l'image qu'ils doivent et peuvent donner d'eux-mêmes[11] ». La force politique d'Anne de France est d'avoir su rallier à elles des princes toujours plus nombreux au fil de la guerre folle et d'avoir su utiliser à son profit cette réalité qu'est la trahison.

Le choix des princes qui suscitent son intérêt illustre sa capacité à saisir les enjeux géopolitiques de l'Europe de son temps. En cela, la princesse se place dans la continuité politique de son père. Ainsi, en cherchant sans cesse le soutien de René II de Lorraine, auquel elle fait miroiter la Provence qu'il revendique, elle montre qu'elle perçoit l'importance du duché, alors en plein essor. Un traité[12] est signé dès le 23 septembre 1484 avec ce grand seigneur qui assure de son côté soutenir la Couronne et les Beaujeu en raison de « la grande affection et amour que Monseigneur de Beaujeu [...] et Madame Anne de France sa femme ont et portent à la personne du roi et au bien de son royaume[13] ». Un autre traité, conclu le mois suivant, fait apparaître le nom d'autres princes et d'une princesse, pour la plupart issus de la noblesse méridionale : Madeleine de France, princesse de Navarre et tante d'Anne de France, Jean d'Armagnac, duc de Nemours, le puissant sire Alain d'Albret et Odet d'Aydie, sire de Comminges[14]. On les retrouve toutefois alliés au duc d'Orléans quelques mois plus tard.

En princesse avisée, Anne de France est consciente de la nécessité d'étendre ses réseaux à l'étranger, où elle recherche sans cesse de nouveaux soutiens. Cette pratique est rendue nécessaire par l'extension de la guerre folle hors des frontières du royaume. La Flandre et la Bretagne sont ainsi au cœur de ses préoccupations et l'on voit apparaître le nom de la dame de Beaujeu dans un traité conclu le 25 octobre 1484 avec des villes flamandes[15], tandis qu'au même moment, des seigneurs bretons viennent à sa rencontre pour des pourparlers. Le chroniqueur breton Alain Bouchart affirme que ces derniers lui « offrent tous services » et « recouvrent la grâce de la dame de Beaujeu qui guidait alors le trône de France »[16]. Anne recherche des soutiens jusqu'en Italie, comme en témoigne la lettre adressée à Ludovic Sforza, auprès duquel elle envoie le secrétaire royal Étienne Petit qui doit transmettre par oral des informations confidentielles[17].

Dès les prémices de la guerre folle, la plupart des alliances princières sont déjà esquissées. C'est bien d'une politique de l'urgence qu'il s'agit ici : le maintien au pouvoir est en jeu et Anne de France sait que les princes sont ceux qui lui permettront de remporter la guerre.

La maison de Bourbon, pilier de la Couronne

Dans la lutte qui se joue contre les rebelles, la princesse porte une attention très particulière aux membres de la maison de Bourbon, issus de la branche aînée, ainsi que des familles de Bourbon-Montpensier et de Bourbon-Vendôme. Cette attitude obéit à deux stratégies qui s'inscrivent dans deux temporalités différentes : d'une part, la lutte immédiate pour le pouvoir et, d'autre part, le renforcement de cette maison princière qui est l'œuvre de toute une vie. Les Beaujeu trouvent leurs plus fidèles soutiens au sein de leur parentèle bourbonienne, pilier de leur gouvernement et rempart de la royauté, dont la consolidation émerge comme un aspect fondamental de leur politique. La quête du soutien des Bourbons ne s'oppose pas à la volonté de renforcement du pouvoir royal : Anne est à la fois fille de France et membre de la maison de Bourbon par son mariage, sans que ces deux aspects s'opposent, du moins dans la décennie 1480. Elle parvient à conjuguer son attachement aux deux familles et à leur rester fidèle. Cette stratégie politique est formulée et théorisée dans ses *Enseignements*. La princesse y conseille en effet à Suzanne d'« honorer et aimer » aussi bien sa famille que celle de son époux et de s'insérer, comme vecteur d'amour et de concorde, entre les deux parentèles dans les stratégies de réseaux. Il est frappant de constater combien pratique et théorie politiques se rejoignent chez Anne de France.

Parmi tous les membres de la maison de Bourbon, le duc Jean II bénéficie d'une attention toute particulière. Il n'incarne pourtant pas la figure du parent fidèle, nous l'avons vu. Bien au contraire, il s'illustre par sa pratique permanente du double jeu et du revirement, y compris après la réconciliation officielle de 1486. Jean II est puissant politiquement, militairement et symboliquement, raison pour laquelle son soutien paraît aussi important à Anne de France. Le prince a été mal-aimé de Louis XI, sans doute pourrait-on dire maltraité, au point de subir un procès qui l'a beaucoup affaibli. La politique de la dame de Beaujeu à son égard se doit de comporter une dimension réparatrice et justicière. C'est pourquoi elle lui fait accorder des dignités qui rendent hommage à son rang de prince du sang, mais il demeure en mal d'une autorité dont il se sent dépossédé. Sa belle-sœur développe une politique de la faveur et une rhétorique de l'amour fraternel : on honore le duc de l'épée de connétable, on livre Jean de Doyat, ancien serviteur de Louis XI, à sa rancœur, on lui attribue le gouvernement du Languedoc et on lui concède des dons exceptionnels. Cette faveur rejaillit même sur son entourage et sur ses plus proches conseillers. Cependant, rien n'y fait : le duc demeure un prince malcontent qui se retire de la cour et demeure à Moulins d'où il fomente ses complots. La cour bourbonnaise est alors un vivier de rebelles qui inquiète à juste titre les Beaujeu, dans l'incapacité de mener une action militaire d'éclat contre un si proche parent.

Anne a recours aux armes de la rhétorique et de la flatterie ; elle s'efforce d'obtenir son ralliement par une mise en scène théâtrale, lui envoyant deux émissaires, François de Bourbon-Vendôme et le sénéchal de Périgord Gautier d'Escars, qui lui présentent des lettres du roi le priant de revenir à la cour afin de lui apporter son expérience politique et ses conseils. Le prince se laisse convaincre. Le secrétaire particulier d'Anne de France, Guillaume de Jaligny, rapporte l'événement qui s'ensuit et dont il est témoin. Il décrit une scène théâtrale, empreinte de simulation et de feinte, un véritable rituel de paix et de réconciliation par lequel le couple Beaujeu obtient enfin ce qu'il escomptait : le ralliement de Jean II à sa cause et à celle du souverain. C'est un succès politico-diplomatique majeur, car cette alliance porte le coup de grâce à l'action de Maximilien d'Autriche auquel le duc de Bourbon devait apporter une aide militaire. Le parti des princes se trouve fort affaibli de cette défection qui intervient en 1486.

Jean II fait figure d'exception au sein de la famille des Bourbons, dont la plupart des membres s'illustrent par leur fidélité sans faille au roi et aux Beaujeu auxquels ils apportent leur soutien politique au Conseil et militaire en campagne. Parmi ces fidèles se trouve Louis, bâtard de Bourbon et amiral de France, demi-frère de Pierre de Beaujeu et époux de Jeanne de Valois, elle-même fille naturelle de Louis XI. Il demeure un allié de la Couronne jusqu'à sa mort en 1487. Les liens affectifs et certainement spirituels entretenus avec la famille royale se lisent dans les noms des trois enfants du couple, Charles, Suzanne et Anne.

Parmi ces soutiens, on compte encore trois autres bâtards de la maison de Bourbon, tous fils illégitimes de Jean II, qui s'illustrent par leur action militaire aux côtés de Charles VIII dont ils se voient par la suite récompensés. Charles de Bourbon-Lavedan, sénéchal de Toulouse, fait prisonnier par le duc d'Orléans pendant la guerre de Bretagne, en 1488, devient par la suite chambellan du roi, puis maréchal et sénéchal de Bourbonnais en 1499. Son demi-frère, Mathieu de Bourbon, seigneur de Bouthéon, dit le Grand Bâtard de Bourbon, également fidèle du roi, se distingue à la bataille de Béthune contre Maximilien. Signe de la confiance que lui vouent les époux Beaujeu, il figure comme exécuteur testamentaire de Pierre et Anne de France le choisit comme maréchal et sénéchal de Bourbonnais en 1503. Enfin, Hector de Bourbon, qui apparaît dans une lettre de Pierre de Beaujeu au Parlement en sa faveur, devient archevêque de Toulouse, puis chancelier du Bourbonnais en 1500. La branche des Bourbon-Montpensier n'est pas en reste avec le soutien de Louis de Bourbon-Montpensier, de son fils Gilbert, lui-même père de Charles, futur époux de Suzanne de Bourbon. Quant à la branche des Bourbon-Vendôme, elle est certainement la plus fidèle au pouvoir royal, et le très jeune François fait son apparition au Conseil dès le début du règne de Charles VIII.

Les membres de la maison de Bourbon, bâtards ou légitimes, sont ainsi surreprésentés au Conseil, au gouvernement et dans l'armée royale. Ils bénéficient de très nombreuses faveurs et assurent en retour les Beaujeu de leur soutien indéfectible face à la rébellion qui fait rage. Avec le temps, Anne de France étoffe et resserre le réseau bourbonien autour d'elle. Elle parvient avec talent et efficacité à s'attirer la quasi-totalité des membres masculins et féminins des trois branches, ce qui résulte d'une politique délibérée de renforcement réciproque de la maison de Bourbon et de la Couronne et, par voie de conséquence, de son pouvoir à la tête de l'État, puis à la tête du duché. Une telle politique atteint son acmé avec le mariage de sa fille Suzanne avec Charles de Bourbon-Montpensier en 1505.

Si les réseaux sont constitutifs de l'action politique de la princesse, cette dernière doit aussi, pour demeurer à la tête de l'État, mettre en place diverses stratégies et pratiques, parfois spécifiquement féminines, qui s'imposent comme les clés du pouvoir.

La clé du pouvoir : la présence auprès de Charles VIII

En ces temps troublés de guerre folle, la meilleure stratégie qui s'offre à Anne de France pour conserver sa place est de demeurer aux côtés du roi. Il existe un lien indissociable entre cette présence continuelle auprès du souverain et la détention partielle ou totale de sa puissance. Cette proximité est à double titre la clé du pouvoir, en ce qu'elle garantit aux proches du roi la conservation entre leurs mains des affaires du royaume, tout en leur assurant l'accès exclusif au prince.

Anne de France, gardienne du jeune Charles VIII, dispose de tous les atouts pour s'emparer du gouvernement, puisque son office induit un contact permanent avec le roi pour lequel elle est comme une mère. Ainsi, pendant plus de cinq ans, elle exerce un pouvoir par la présence, justifié par les fonctions attribuées par les députés des États généraux, dont la décision finale stipule « que le sire et la dame de Beaujeu soient auprès de la personne du roi, comme ils y ont été jusqu'à présent[18] ». Le rôle d'éducatrice et de conseillère justifie cette proximité et son emprise sur le roi encore très jeune.

Cette présence continuelle et continue constitue un outil de pouvoir en soi et une nécessité dans le contexte de la « régence » qu'Anne exerce. Fondée sur des liens de sang et d'affection, elle revêt tous les caractères d'une stratégie raisonnée et étudiée de la part de la princesse, qui est à la fois la porte d'accès et l'ombre du souverain, tout autant que son rempart et sa voix. Puisque tutelle et régence sont indissociables, Anne de France peut, en tant que gardienne du roi, empiéter sur la sphère politique et capter une partie du pouvoir d'ordinaire réservé aux conseillers du roi.

Sa présence revêt plusieurs significations. Symboliquement, elle doit se lire comme la manifestation et l'expression de la puissance des Beaujeu, sans cesse présents aux côtés de Charles VIII lors des grandes fêtes du pouvoir, telles que le sacre, les entrées royales, les mariages royaux et princiers. Partout les époux surveillent le roi et tentent d'empêcher toute personne indésirable de l'approcher. Lorsqu'il ne sied pas à une femme d'être présente, Anne de France sait se mettre en retrait pour laisser la place à son fidèle époux, Pierre. Ainsi, c'est à ce dernier qu'il convient de s'adresser pour transmettre tout message au roi durant les États généraux de Tours en 1484. La princesse n'apparaît pas non plus dans le cortège du sacre, le 30 mai 1484. Toutefois, l'échevin Jean Foulquart rapporte un épisode qui illustre à quel point elle demeure dans l'ombre du roi. Son retrait discret n'est que feinte et dès qu'elle le peut, la dame de Beaujeu surgit dans l'espace occupé par les princes pour le marquer de sa présence ô combien symbolique et significative. C'est ainsi qu'il faut comprendre son intrusion lors du dîner du sacre auquel elle n'a pas sa place en tant que dame : « Durant le dîner, vint par l'huis de la chapelle Madame de Beaujeu, sœur du roi, vêtue de drap d'or et entra en ladite salle pour voir le roi et regarder son maintien[19]. »

Plusieurs contemporains rapportent que le jeune souverain fut à ce point vexé de l'irruption de sa sœur qu'il ne fit pas distribuer les dragées et les mignardises, et qu'on leva la table. Sans doute faut-il lire dans une telle intrusion la peur d'Anne à l'idée que son frère ne succombe au charme et à l'emprise de jeunes princes, tels que le duc Louis d'Orléans et le comte d'Orange, qui auraient pu l'inciter à fuir avec eux.

Par la suite, Anne sut toujours se tenir en retrait, demeurant dans l'ombre du roi et se fondant avec lui, fidèle à la fiction selon laquelle il était pleinement souverain et détenteur de l'autorité royale. Elle se garda d'un excès de présence, du moins lors des apparitions publiques, laissant volontiers la place à un époux plus légitime, en tant que conseiller et prince du sang. Habilement, Anne de France s'efforça de ne pas brusquer ses contemporains par une présence féminine trop évidente.

Au-delà des fêtes monarchiques et jusqu'à la fin de la décennie 1480, les Beaujeu suivent Charles VIII dans tous ses déplacements, de Paris en Val de Loire ou de Guyenne en Bretagne, non loin du champ de bataille. La coïncidence entre leurs déplacements est parfaite. En outre, ils l'emmènent volontiers sur des terres amies, loin de celles des princes rebelles : dans leur château de Gien ou à Malesherbes, sur les terres du très fidèle amiral de Graville. L'historien Guillaume de Jaligny remarque ainsi que, pendant le voyage de Guyenne, « était toujours avec le Roi Madame de Beaujeu, sans aucunement l'abandonner. Et avait toujours le soin et cure de la personne du Roi[20] ». Tous les chroniqueurs contemporains évoquent cette présence continuelle d'Anne auprès de Charles qui s'avère être une stratégie efficace, puisqu'elle lui assure le quasi-monopole du pouvoir.

Éloigner les ennemis

Sous le gouvernement des Beaujeu, l'accès au roi est réservé à un petit voire très petit nombre, dès la fin de l'année 1484. Cette démarche protectrice, vue comme le seul moyen d'éviter une usurpation du pouvoir ou même un enlèvement, s'inscrit dans l'héritage de Louis XI qui avait sans cesse maintenu le dauphin à l'écart de la cour, craignant à la fois pour la santé et la sécurité de son seul et unique héritier. Si les Beaujeu ne gardent pas Charles VIII hors du contact de ses sujets, ils tentent dans la mesure du possible de veiller personnellement à la garde de l'enfant roi et d'éviter que leurs ennemis politiques ne l'approchent. Anne se dresse en véritable rempart face aux princes contestataires.

Ce pouvoir par la présence se double d'une stratégie d'éloignement de ceux qui, de simples opposants politiques, sont passés au rang d'ennemis militaires, considérés comme dangereux pour le souverain. Au fil du temps, certains sont évincés du Conseil (Commynes), d'autres emprisonnés (Louis d'Orléans) ou exilés (Dunois) : bref, tous sont affaiblis dans la mesure du possible, subissant le châtiment suprême qui consiste à être éloigné de la cour et donc du roi.

L'accès impossible à Charles VIII engendre de réelles frustrations dans le camp des princes qui ne se lassent pas de dénoncer les tyrans qui tiennent le « roi captif ». Le duc d'Orléans, écarté du roi et par là même du pouvoir, s'en insurge. La formule d'Alain Bouchart évoquant la dame de Beaujeu « qui lors guidait le trône de France » montre la confusion entre la mainmise sur le pouvoir et l'accès au prince[21].

Les années 1485-1486 sont celles de toutes les accusations et des attaques épistolaires les plus virulentes, nous l'avons dit. Louis d'Orléans assure que Charles VIII n'a plus sa liberté quand François II de Bretagne affirme que, tenu en « captivité », il est « mené et conduit contre son propre vouloir au plaisir et à la volonté » des Beaujeu[22]. Le duc d'Orléans prétend même devant le Parlement que « ladite dame de Beaujeu tient le roi en sujétion » et qu'elle « a pris le serment des Gardes, ce qu'elle ne doit pas faire et qu'ils sont tellement animés et conduits que nul Prince ni Seigneur n'ose approcher la personne du Roi »[23]. Les princes proposent l'éloignement d'Anne comme remède à ces maux. L'émissaire de Louis d'Orléans affirme ainsi au Parlement que « si ma dite dame de Beaujeu se veut reculer de la personne du Roi de dix lieues, il sera content de s'en retirer de quarante et ne veut point être autour du Roi[24] », ce dont on peut fortement douter.

Dans ces discours princiers, toute l'attention se concentre sur la dame de Beaujeu, véritable inspiratrice du jeu politique. Les princes lui imputent le déploiement à leur encontre d'une violence d'État institutionnalisée, autant d'accusations qui, si elles sont infondées, apparentent ses pratiques politiques à celles si décriées de son père. Toutefois, Anne ne cède rien aux princes. Plus encore, en 1484 et en 1487, elle parvient à déjouer habilement deux tentatives d'enlèvement de Charles VIII, dont on sait peu de choses, grâce à son réseau d'espions.

Il faut attendre le début de la décennie 1490 pour constater une évolution dans l'accès au prince : la fin de la guerre folle et l'émancipation de Charles VIII marquent la fin du monopole de l'accès au roi, en même temps que celle de la toute-puissance de la dame de Beaujeu. En effet, le 27 juillet 1491, alors que le duc d'Orléans croupit en prison depuis trois longues années, Charles VIII décide brusquement de le libérer, sans en référer aux Beaujeu. Dans cette même dynamique, les anciens rebelles font leur retour au Conseil du roi la même année. Les princes peuvent désormais accéder à Charles VIII et au pouvoir, situation qui voit son accomplissement dans l'unité retrouvée autour du souverain lors des guerres d'Italie qui débutent en 1494.

En perdant le monopole de l'accès au roi, les Beaujeu perdent la domination au Conseil où ressurgissent deux partis distincts, réminiscence de la guerre folle. Le Conseil reprend rapidement une structure bicéphale qui se pérennise à la faveur des guerres d'Italie. Désormais, le roi est accessible à tous, il gouverne en souverain, sous l'influence conjuguée de ses anciens conseillers (les Beaujeu) et des jeunes princes, tels que le duc d'Orléans ou les frères d'Amboise qui appartiennent à la génération montante que l'on retrouvera sous le règne de Louis XII. Cependant, cette présence continue auprès du roi a permis à Anne de France de gouverner en quasi-régente pendant près d'une décennie. Elle a ainsi pu exercer sur le roi une autorité morale et une influence sans pareilles qui déclinent, sans pour autant disparaître, lorsque Charles VIII s'affirme et s'émancipe.

Gouverner en couple : « un cœur en deux corps »

Anne de France multiplie les stratégies politiques. Au pouvoir par la présence s'ajoute un autre mode de gouvernement proprement féminin : le pouvoir de couple. De manière générale, le pouvoir ne s'exerce pas seul : le roi est entouré de conseillers, à la différence du tyran qui décide sans avis extérieur. La dame de Beaujeu est quant à elle une femme mariée, ce qui a des conséquences directes sur sa manière d'exercer le pouvoir. Dans la société médiévale, la dame est rarement dissociable de son seigneur, aussi bien physiquement que dans la prise de décision. Rares sont les femmes à avoir gouverné le royaume avant elle ; la dernière en date, Isabeau de Bavière, n'a pas laissé un très bon souvenir aux sujets.

L'exercice d'un pouvoir de couple n'est pas un choix : c'est un mode de pouvoir, une nécessité politique qui puise ses racines dans une tradition établie de longue date en France. Cette réalité est exprimée par le duc Jean de Berry, frère du roi Charles V, qui affirme qu'« Hôtel de seigneur ne vaut rien sans dame[25] ». Selon Françoise Autrand, « au XVe siècle, il n'y a pas de roi sans reine, pas de duc sans duchesse ni même de seigneur sans dame. Le pouvoir s'exerce en couple[26] ». S'il faut une dame au seigneur, il est inconcevable qu'une dame mariée exerce le pouvoir indépendamment de son mari.

Christine de Pizan rappelle qu'il est du devoir de toute femme d'aimer son mari, qui doit pouvoir s'appuyer sur elle, en toute confiance. Anne de France conceptualise à son tour cette nécessité d'exercer le pouvoir à deux, dans un opuscule qui porte le titre d'*Histoire du siège de Brest*, rédigé au tout début du XVIe siècle. Elle y exprime sa vision personnelle du pouvoir de couple, selon laquelle la femme sage est l'égale de son mari qui prononce la phrase suivante :

> M'amie, amour et devoir veulent que, de toutes mes principales affaires, selon Dieu et raison, vous en dois départir, comme un cœur en deux corps et une même volonté que j'ai toujours aperçue en votre endroit, et aussi, pour les bien et sens que j'ai trouvés en vous ; par quoi, vous prie derechef que me déclariez le choix que vous y connaissez, au plus près de votre volonté[27].

Les auteurs contemporains évoquent quant à eux la bonne entente qui régnait au sein du couple Beaujeu et l'amour que la princesse portait à son époux. Il semble que l'on puisse appliquer l'idée d'une « volonté en deux corps[28] » et d'une confiance réciproque à Pierre et Anne régissant le royaume de France et leur duché. Il est souvent difficile de savoir qui, de l'époux ou de l'épouse, est à l'origine de telle ou telle décision, même si le pouvoir décisionnel revient certainement à la princesse.

Dans le contexte particulièrement tourmenté de la guerre folle, une présence masculine aux côtés de la sœur du roi est également conçue comme un instrument de puissance : Pierre de Beaujeu représente le socle sur lequel Anne édifie son pouvoir. Il lui apporte la force d'un prince du sang ; réciproquement, elle partage avec lui la légitimité d'une fille de France. Fort prudemment, Anne de France, bien que dotée d'une puissance inégalée, ne cherche jamais à apparaître comme un personnage plus puissant que son mari ou que le roi. Elle s'impose au pouvoir avec discrétion, tant qu'elle le peut à l'ombre des regards. La princesse forme également un couple fusionnel avec son frère : tous deux agissent de manière inséparable, tant physiquement qu'intellectuellement. Et pour cause, cette fusion, cette confusion même, provient du caractère indissociable de leurs personnes et de leurs rôles. L'un règne et l'autre gouverne. D'Anne de France émanent le pouvoir en actes et la véritable autorité que Charles VIII est trop jeune pour exercer. Elle est la source des décisions qui tirent leur légitimité de l'acceptation pleine et entière du roi. Charles VIII ne peut rien sans sa sœur, mais l'inverse est tout aussi vrai : Anne et Charles ne sont rien l'un sans l'autre, ce dont témoignent les lettres identiques que tous deux adressent aux divers corps du royaume.

Pour la dame de Beaujeu, la présence de Charles VIII et de Pierre de Beaujeu à ses côtés est porteuse de légitimité et rend possible l'exercice du pouvoir à la tête du royaume. Dépourvue de titre officiel, elle se confond avec la personne du souverain, faisant habilement disparaître sa voix derrière celle de son frère qu'elle ne cesse pourtant d'influencer.

CHAPITRE 5

L'invention de la « régence » féminine

Très fréquemment, Anne de France est qualifiée de régente, titre dont elle est pourtant dépourvue, comme Pierre de Beaujeu d'ailleurs, les États généraux ayant refusé d'instituer une régence. Cependant, l'emploi de ce terme pour qualifier la princesse pose la question de la mise en place d'une institution qui s'instaure dans les faits et s'impose dans les esprits en France, en cette fin du XVe siècle.

De surcroît, tous les contemporains s'accordent pour affirmer que la dame de Beaujeu était dotée d'une immense puissance, ainsi que d'une grande autorité et d'une véritable influence sur le roi. Comment conjuguer autorité et absence de titre officiel ? Une telle situation, tout à fait inédite au demeurant, invite à s'interroger sur la légitimité de la princesse à exercer ainsi le pouvoir. Comment Anne de France peut-elle disposer d'une telle puissance sans titre, sans désignation officielle, sans être reine ni mère de roi ? Cette question s'impose au cœur du discours politique pendant la décennie 1480 : pour beaucoup Anne souffre d'un déficit de légitimité.

Aux origines de la régence

Femme à la charnière de deux mondes, Anne appartient à la fois au Moyen Âge et à la Renaissance. Par son action politique, elle participe à la genèse de l'État moderne et à l'émergence d'une nouvelle institution. Son gouvernement correspond en effet au moment clé de la naissance de la régence féminine sous sa forme parachevée et institutionnalisée.

Le pouvoir au féminin qu'Anne construit au fil des années 1480-1490 s'intègre dans un processus pluriséculaire, ce qui explique qu'il faille l'envisager dans le cadre du temps long de la royauté capétienne. Si la régence féminine, en tant que pouvoir de substitution à celui du roi et en tant que « participation au gouvernement et, de là, au fonctionnement monarchique[1] », s'institutionnalise entre la fin du XVe et le début du XVIe siècle, elle résulte d'une évolution pratique et juridique ébauchée dès le début du XIVe siècle.

Jusqu'à la fin du XIIIe siècle, il n'existe que le titre de lieutenant du roi pour désigner la personne qui gouverne le royaume en l'absence du souverain. Cette lacune sémantique ne signifie pas pour autant l'inexistence d'un mode de gouvernement qui s'apparente à la régence. Il faut attendre 1316 pour voir apparaître le terme de « régent ». À la mort de Louis X et dans l'attente de l'accouchement de la reine, le frère du roi Philippe, futur Philippe V, en charge du gouvernement du royaume, prend le titre de « régent les royaumes de France et de Navarre[2] ». Philippe de Valois, futur Philippe VI, reprend ce même titre de *regens regnum* en 1328. Dans les deux cas, le terme n'est pas employé dans sa forme nominale. En 1358, à sa majorité et dans le difficile contexte de la captivité de son père Jean II le Bon en Angleterre, le dauphin Charles, futur Charles V, annonce qu'il s'intitulera désormais « régent du royaume » et non plus « lieutenant du roi ». À l'exception du duc de Bedford, les trois princes à s'être octroyé le titre de régent au XIVe siècle sont devenus rois par la suite.

La régence est difficile à définir : en perpétuelle évolution, elle connaît sans cesse des métamorphoses et des redéfinitions. Elle existe avant même d'en porter le nom et prend corps avec le pragmatisme de celles et ceux qui l'exercent. Plus que tout, elle exprime l'idée d'exercice du pouvoir à la tête du royaume et se rapproche dans son fonctionnement du pouvoir royal. Sans conférer à la personne qui l'exerce l'ensemble des prérogatives afférentes à ce dernier et, surtout, sans revêtir la sacralité qui confère au roi un caractère exceptionnel, la régence correspond à la pratique d'un pouvoir temporaire qui se substitue à celui du roi, momentanément défaillant et sur le modèle duquel elle se calque. Le terme revêt un sens dont sont dénués d'autres concepts employés au Moyen Âge, tels que la tutelle, c'est-à-dire la garde et l'éducation des enfants de France, ou la lieutenance qui consiste à remplacer le roi, essentiellement dans ses fonctions administratives. Ainsi, la régence place celui ou celle qui l'exerce au cœur de l'État, et c'est bien en cela qu'Anne de France a pu être nommée régente, sans pour autant l'avoir été officiellement.

Loi salique et ordonnances sur les régences

Les termes de « régent » puis de « régence » apparaissent ainsi successivement dans le vocabulaire politique au XIVe siècle, mais la fonction n'est encore encadrée par aucun dispositif juridique. C'est à cette lacune normative que tentent de remédier Charles V et Charles VI en élaborant un véritable arsenal législatif. Père et fils font édicter une série d'ordonnances entre la fin du XIVe et le début du XVe siècle afin de définir plus précisément les modalités de dévolution, d'établissement et de fonctionnement des régences. Il s'agit de garantir la continuité de l'État et de préserver le royaume dans un contexte de minorité, de maladie ou d'absence du souverain.

Cette réflexion royale coïncide avec l'émergence de la loi salique qui exclut les filles de l'héritage de la Couronne. De même que cette dernière apparaît comme « la clé de voûte de la continuité dynastique » pour « installer la couronne dans une perspective d'éternité »[3], la régence a vocation à servir cette même cause et doit représenter un autre des piliers de l'édifice monarchique. L'une et l'autre sont conçues pour se compléter et pour contribuer à l'unité du royaume dans un contexte de crises successorales récurrentes : elles doivent servir à protéger le trône d'une quelconque usurpation.

Une première ordonnance[4], promulguée en août 1374, fixe la majorité des rois de France à l'âge de quatorze ans. D'autres suivent en octobre 1374[5] réglant, pour la première, les modalités de la régence en cas de décès du roi avant la majorité de son fils aîné et, pour la seconde, celles de la tutelle des enfants de France. Ces deux ordonnances distinguent très clairement le gouvernement du royaume de la tutelle, c'est-à-dire la sphère publique de la sphère privée. Le terme de régence n'apparaît pas dans l'ordonnance de Charles V qui confie à son frère, le duc d'Anjou, « le gouvernement de [son] royaume », avec « autorité et plénière puissance de gouverner, garder et défendre [ledit] royaume »[6]. Les prérogatives attribuées à Louis d'Anjou par Charles V sont vastes et clairement définies : il est l'unique détenteur du pouvoir, en lieu et place du roi. La régence revient ainsi à une unique personne, clairement distinguée de celles appelées à « nourrir, enseigner, garder et défendre[7] » les enfants royaux, dont le roi mineur. Conformément à la tradition, la reine, par l'amour et l'affection qu'elle porte naturellement à ses enfants, apparaît comme la plus capable de les « garder soigneusement et nourrir amoureusement ». C'est pourquoi l'ordonnance accorde à Jeanne de Bourbon « principalement la tutelle, garde et gouvernement » de ses enfants, avec l'assistance d'oncles du jeune roi, choisis comme « tuteurs et gouverneurs »[8]. Finalement, ce qui a trait à la sphère publique, c'est-à-dire au politique et au gouvernement du royaume, demeure l'apanage de l'homme le plus proche du roi par le sang, tandis que la tutelle revient à la souveraine, leur mère, « comme première et principale », dans la tradition romano-byzantine fondée sur les Codes Théodosien et Justinien.

Dans cette même perspective d'une régence pour cause de minorité, Charles VI reprend un dispositif juridique similaire à celui mis en place par son père, dans une ordonnance de janvier 1393[9]. Il confie la tutelle à la reine Isabeau de Bavière, aidée des princes du sang, et le gouvernement du royaume à son frère, Louis d'Orléans.

Tout ceci n'est alors que théorie, jusqu'à ce que Charles VI, atteint de crises de folie de plus en plus fréquentes, perçoive la nécessité de réguler formellement les périodes de vacance du pouvoir qu'impose sa maladie. Il promulgue alors de nouvelles lois en avril 1403 et le 26 décembre 1407. Si la reine conserve la tutelle des enfants royaux, le pouvoir revient en revanche à un conseil de régence, formé de plusieurs individus, afin d'empêcher toute usurpation du pouvoir. Désormais, le régent ne dispose plus des pleins pouvoirs, mais exécute la volonté du souverain qu'il conseille : le pouvoir lui est délégué et non plus transféré. Quant à la reine, elle hérite d'un rôle politique, puisqu'elle est désormais placée au cœur des deux dispositifs parallèles que sont d'une part le conseil du jeune roi, autrement dit la régence ou le gouvernement du royaume, et d'autre part la tutelle des enfants royaux. Avec cette ordonnance fondatrice de Charles VI, tutelle et gouvernement, autrefois dissociés par Charles V, se rejoignent intimement : le régent gouverne en même temps qu'il conseille et instruit.

Les XIVe et XVe siècles sont ainsi le théâtre d'une création institutionnelle qui s'intègre dans les rouages du gouvernement monarchique. La régence s'organise et se codifie peu à peu, en même temps qu'elle se répète dans les faits. Bientôt, elle devient un mode de gouvernement à part entière, sans être pour autant un système politique en soi, puisqu'elle n'a aucune existence hors du cadre de la royauté. Le régent (ou la régente) n'est pas le roi dont la France ne peut être privée, puisque « le mort saisit le vif » et que « le roi ne meurt pas », selon les adages bien connus[10].

La couronne est indisponible : nul ne peut se l'approprier, ce qu'Anne de France a toujours eu à l'esprit, répétant comme nous l'avons noté auparavant sa volonté de servir le roi, la Couronne et le royaume. C'est cette différence fondamentale qui réside dans le caractère non sacré de la régence qui permet aux femmes de l'exercer, sans en porter nécessairement le titre. Si la loi salique exclut les femmes de l'héritage de la Couronne, elles ont en revanche la possibilité d'exercer le pouvoir, comme en témoignent les nombreux exemples de Blanche de Castille, mère de saint Louis, de Jeanne de Navarre, femme de Philippe le Bel, de Jeanne de Bourgogne, épouse de Philippe VI, ou encore d'Isabeau de Bavière. Dépourvues du titre de régente, toutes ont tiré leur légitimité de leur statut de reine et de mère du roi.

Inventer un nouveau pouvoir

L'arrivée d'Anne de France au pouvoir s'inscrit dans cette longue tradition de gouvernement au féminin et de quête d'institutionnalisation. La princesse fait toutefois figure d'exception à plusieurs titres : sans être ni reine de France ni mère du roi, elle dispose d'un pouvoir bien supérieur à celui des reines qui l'ont précédée. Anne inaugure avec tact et adresse un mode de gouvernement qui prend corps au jour le jour et auquel elle confère une existence durable. Elle pose les jalons d'un pouvoir au féminin légitime pour celles qui lui succèdent comme régentes, de Louise de Savoie à Marie-Thérèse d'Autriche, entre le début du XVIe et la fin du XVIIe siècle. Alors que ses contemporains la parent volontiers de ce titre, le pouvoir qu'elle exerce se définit par la négative tant il est informel : elle ne dispose d'aucun titre, sa désignation n'a rien d'officiel et ses prérogatives ne sont pas définies.

Pourtant, elle est sans conteste le personnage le plus puissant du royaume, exerçant une régence de fait aux côtés du jeune Charles VIII. Sa fonction englobe tout ce qui a trait à l'art du « gouvernement », ce qui représente une réalité à la fois vaste et floue : le champ des possibles qui s'offre à elle est aussi étendu qu'indéfini. Le gouvernement tel qu'elle le pratique est un parfait exemple d'invention du pouvoir, ce qui ne va pas sans difficulté, notamment en matière de légitimité. Cependant, il ne s'agit ni d'une parenthèse ni d'une phase de transition sans conséquences qui aurait pour seule visée l'affirmation politique de Charles VIII après le règne fort de Louis XI. Au contraire, il faut le concevoir comme une étape décisive dans la construction et la mise en place concrète de la régence féminine.

Cette dernière, en tant qu'invention institutionnelle, émerge à la faveur du processus de renforcement et de modernisation de l'appareil monarchique dans lequel elle s'intègre pleinement. Le gouvernement d'Anne de France s'inscrit au cœur même de cette genèse et précède cette création institutionnelle qui se place dans le mécanisme global de la construction de l'État moderne. D'outil informel du pouvoir avec la dame de Beaujeu, la régence féminine acquiert le statut d'institution sous le règne de François Ier qui confère le titre officiel de régente à sa mère Louise de Savoie, à son départ pour l'Italie en 1515. Cela constitue l'aboutissement de cette invention du politique amorcée par Anne de France, encore vivante et présente à la cour de France lorsqu'elle voit sa nièce Louise recevoir ce titre.

Une princesse en quête de légitimité

Le pouvoir d'Anne a tout de la régence, sans en porter le nom. Il repose sur une fiction politico-institutionnelle et sur le mythe selon lequel seul le roi règne, ce dont personne n'est dupe. Cette situation, associée à l'absence de titre, obère la légitimité de la princesse. De fait, la question du droit d'Anne de France à exercer le pouvoir est très tôt posée par les princes contestataires qui, tous, développent dans leur offensive épistolaire un argumentaire politique et un discours qui visent à dénoncer son déficit de légitimité. De telles accusations ne restent pas sans réponse : la sœur du roi déploie au contraire un discours de justification et de légitimation, n'hésitant pas à faire parler le roi, dont la parole est dotée d'une force souveraine difficile à remettre en question. De manière très pragmatique et organisée, Anne de France s'emploie à démontrer sa légitimité par le déploiement d'un arsenal argumentaire précis et réfléchi.

C'est tout d'abord la volonté royale qui s'impose comme principal fondement de la légitimité de la princesse à diriger le royaume. Ni la voix de feu Louis XI ni celle des États généraux ne suffisant à légitimer sa présence au pouvoir dans la tempête contestataire qui s'abat contre elle à partir de 1485, Anne de France fait intervenir Charles VIII en sa faveur. Par la voix et la plume de ce dernier, elle met en œuvre une entreprise de légitimation dans laquelle elle insiste sur la force du choix royal qui est en soi constitutif de légitimité, du moins à ses yeux. L'argument est ainsi développé dans les missives que le roi adresse aux rebelles et aux princes ennemis, en réponse à leurs propres lettres. Dès le mois de janvier 1485, il élabore une réplique qui doit être perçue comme une dynamique de rétablissement de la vérité face à la calomnie. Une lettre de Charles VIII à Maximilien d'Autriche, le 31 août 1486, fait très explicitement référence à la désignation par Louis XI des Beaujeu, en 1482, comme tuteurs du roi : « Il commanda et ordonna nous servir et obéir à notredit frère comme à notre personne propre[11]. »

Le propos est très intéressant, puisqu'il est question d'obéir à Pierre de Beaujeu, comme au roi. Dans sa lettre, Charles VIII, ne faisant l'économie d'aucun argument, rappelle également la légitimité conférée par les États généraux de 1484, eux-mêmes placés dans le sillage de Louis XI :

> Et en suivant les hauts et louables faits et les enseignements et commandements de notre dit feu seigneur et père, à la très humble requête que nous firent les gens des États de notre royaume dernièrement assemblés en notre ville de Tours, lesquels supplièrent très humblement qu'il nous plût entretenir nos dits frère et sœur à l'entour de notre personne et au gouvernement de nos affaires, de nous et de notre royaume, avons toujours tenu nos dits frère et sœur près de nous et à notre frère baillé la conduite de nos dites affaires[12].

C'est finalement sa volonté propre qu'il évoque, renversant les accusations qui visent sa sœur, accusée de le tenir sous son emprise. Charles VIII apparaît en roi souverain, en pleine possession de son autorité et de sa puissance royales, ayant fait personnellement le choix de garder auprès de lui sa sœur et son beau-frère. Dès lors, il exalte le rôle exercé par Anne et Pierre à travers une rhétorique de légitimation parfaitement construite, leur attribuant le titre de conseillers qui les rend plus légitimes encore. Par la même occasion, il désavoue complètement le duc d'Orléans : il réprouve sa conduite, conteste ses propos et lui ordonne de cesser toute action.

Une lettre contemporaine, adressée à Maximilien d'Autriche, dévoile plus encore le champ d'action que le jeune roi souhaite laisser à Anne de France, sa principale conseillère, dont la place éminente au pouvoir est ainsi proclamée au grand jour. Le prince réaffirme qu'il ne pourrait trouver plus légitimes conseillers que les Beaujeu qui le « plus parfaitement et plus loyalement [l]'aiment, [le] servent et [lui] obéissent[13] ». Pour rédiger cette lettre très habilement tournée, on a recours aux services de Damont, éminent secrétaire royal et légiste rompu à l'exercice de la rhétorique. Après avoir dévoilé et légitimé l'immensité du pouvoir des Beaujeu, ainsi que leur présence et leur influence continuelles auprès du roi depuis 1483, n'hésitant pas à exagérer quelque peu la nature des prérogatives qui leur ont été conférées, le secrétaire procède à un retournement rhétorique et intellectuel qui les replace dans leur condition de sujets d'un roi pleinement souverain. Les arguments de Maximilien sont ainsi mis à mal : si le pouvoir des Beaujeu est étendu, il n'en est pas moins légitime, puisque soumis aux désirs et à la volonté du roi. Le secrétaire de Charles VIII fait ainsi apparaître le caractère ordonné et structuré de deux pouvoirs qui se complètent, tout en respectant la hiérarchie voulue par Dieu : le pouvoir royal pleinement souverain, renforcé par un pouvoir de conseil et d'influence.

Charles VIII, et à travers lui les Beaujeu, se livre à une démonstration de force en concluant d'un ton péremptoire qui clôt tout débat : « Nous sommes absolument résolus de tenir [nos frère et sœur] plus près de nous et de leur donner plus d'autorité et de crédit que jamais [...] autour de notre personne [et au] gouvernement de notre dit royaume[14]. »

Il affirme vouloir donner plus d'importance aux Beaujeu, dont la position est renforcée dans les sphères publique et privée, tutelle et gouvernement étant présentés comme indissociables. Le mot est prononcé : Pierre et Anne disposent bien de cette *auctoritas*, si liée à la souveraineté. Cette décision royale est d'autant plus légitime qu'elle est fondée sur la raison qui justifie la présence au pouvoir de cette princesse dotée de multiples vertus.

Anne de France, la vertu au pouvoir

L'ambassadeur vénitien Girolamo Zorzi évoque « une femme de grand sérieux et intelligence[15] » quand Claude de Seyssel la décrit comme « l'une des plus belles et des plus honnêtes dames que l'on sut[16] ».

Anne de France est avant tout une princesse intelligente, douée de finesse, selon les termes de l'époque. Elle est dotée d'un sens du pouvoir fondé sur son expérience de la cour dès le plus jeune âge et sur un capital de pratiques politiques très manifestement héritées de son père. Cette finesse est rehaussée par son éducation fondée sur les lettres, la religion et les « sciences » politiques, évoquée précédemment. On attribue au père d'Anne de France un jugement qu'il aurait formulé en 1482, selon lequel « il la regardait comme la moins folle femme du monde, car de sage il n'y en a point[17] ». « La moins folle », ce qui signifie la plus sage, la plus prudente. Ce sentiment était partagé par les contemporains de la dame de Beaujeu, parmi lesquels Claude de Seyssel qui évoque « l'une des plus sages et vertueuses[18] » dames du royaume.

On sait par ailleurs grâce au *Journal* de Jean Masselin que les députés des États généraux ont confié la garde du roi à sa sœur pour « sa sollicitude et sa diligence » à l'égard de ce dernier, ainsi que pour ses vertus : « [Charles VIII] doit être doucement nourri et avoir autour de sa personne gens sages, vertueux et de bonne renommée et conversation, tels qu'il appartient à un si noble et puissant prince[19]. »

Cette référence explicite à Anne de France illustre l'image de vertu et de culture qu'elle diffuse déjà si jeune.

La légitimité du sang et de l'amour

La confiance et l'amour s'intègrent dans la rhétorique de légitimation entreprise par le roi. La confiance est l'un des fondements du choix royal, dans la mesure où la régence s'inscrit dans un contexte d'affaiblissement momentané du pouvoir royal qu'elle doit pallier. Depuis le règne de Charles V, la confiance, étroitement liée à l'amour et à la parenté de sang, est le socle de la régence, dans la mesure où il s'agit avant tout de préserver la Couronne de toute usurpation. Il est vital de substituer au roi une personne de confiance qui l'aime sincèrement. Or, qui plus qu'une sœur pourrait aimer Charles VIII et mériter sa confiance ?

Au Moyen Âge, l'amour du souverain pour ses sujets occupe une place primordiale comme principe politique : aux côtés de la sagesse et de la vertu, il est l'un des fondements de la légitimité royale et l'un des trois devoirs élémentaires du roi à l'égard de ses sujets. L'« office d'amour » est, d'après Christine de Pizan, ce qui « définit le mieux la fonction royale » et la rend légitime[20]. À l'image du roi, la reine doit être mue par son amour pour les sujets. L'amour *philia*, c'est-à-dire l'amitié au sens aristotélicien ou cicéronien, structure et anime le corps politique parce qu'il est vertu. Les références à l'amour sont donc très nombreuses chez les théoriciens du politique. Elles ne le sont pas moins sous la plume de Charles VIII qui évoque le pouvoir au féminin exercé par sa sœur. La rhétorique de l'amour sous-tend le discours épistolaire de Charles VIII pour qui la présence de sa sœur à ses côtés s'explique par l'affection qu'ils se portent, comme il l'écrit en janvier 1485 à Louis d'Orléans :

> Si nous voulons avoir continuellement auprès de nous notre très chère et très aimée sœur la dame de Beaujeu, et si nous prenons toute entière confiance en elle, personne ne doit s'en émerveiller, vu que plus prochaine ne nous pourrait être par lignage ne plus fiable par amitié[21].

Cet amour et cette confiance réciproques qui unissent le frère et la sœur sont les fondements de toute légitimité. Ils reposent sur l'amitié et sur la proximité lignagère, deux concepts directement tirés de l'*Éthique* d'Aristote. De la proximité lignagère découlent un amour, une amitié, d'autant plus indissolubles et véritables qu'ils sont fondés sur des liens charnels tout aussi indestructibles que perpétuels.

Anne est en effet « la plus prochaine par lignage » de Charles VIII, c'est-à-dire par le sang. Le sang est tout aussi fondamental dans le processus de légitimation, surtout dans un contexte qui voit les théoriciens du politique affirmer de manière unanime que la légitimité du roi repose sur la naissance et non sur le sacre. La valeur du sang fonde ainsi le pouvoir du roi et celui de la régente qui s'ancre dans une logique dynastique. Émerge dans le discours royal en faveur d'Anne de France une sorte de « théologie du sang royal[22] », que Charles VIII nomme la « proximité de lignage », véritable clé de voûte du processus de légitimation. Une semblable rhétorique est reprise par François Ier qui évoque pour sa part « la chair et le sang » partagés avec Louise de Savoie, conférant alors à cette dernière un statut politique auquel nul autre ne peut prétendre. Ainsi, le sang partagé avec le souverain justifie à lui seul le choix royal, puisque « selon raison écrite et naturelle, la mère », et par extension la sœur, « aime plus tendrement ses enfants et a le cœur plus doux pour les garder avec soin et les élever avec amour que toute autre personne, même proche de lignage »[23]. Louis d'Orléans a beau être le premier dans l'ordre de succession, c'est-à-dire l'homme le plus proche par le sang, cela ne compte pas face à la sœur du roi. Ce sont donc des arguments bien fourbis qu'utilise Charles VIII. Ce dernier amplifie d'ailleurs dans son discours le caractère légitime des Beaujeu par l'emploi récurrent des termes de « frère » et « sœur » pour les qualifier, procédé qu'il n'utilise pas pour le duc d'Orléans, son autre beau-frère. Le sentiment et l'amour ont toute leur importance dans les choix politiques du souverain, au même titre que la loi et le droit, dans la mesure où ils découlent de la raison naturelle.

Cet éloge du sang et du lignage, présent dans le discours épistolaire royal, scande aussi les *Enseignements* qu'Anne rédige au début du XVIe siècle pour sa fille : on retrouve dans ce miroir les mêmes termes que ceux employés une décennie auparavant dans les lettres de Charles VIII. La princesse insiste en effet dans son opuscule sur la nécessité d'être avant tout « fidèle à son propre sang et lignage », qu'il faut « aimer, avancer et honorer sur tous autres, et jusqu'à la dernière goutte »[24].

En pleine guerre de propagande, c'est avec adresse que les Beaujeu exhibent, par la voix du roi, les multiples arguments qui font d'eux les légitimes détenteurs d'un pouvoir que le roi est trop jeune pour exercer. Jusque-là très discrets sur ce pouvoir qu'ils détenaient, ils l'exposent désormais au grand jour, pleinement légitimés par le roi. Le discours royal impose ainsi pour la première fois une femme à la tête de l'État par le déroulement d'un arsenal rhétorique parfaitement construit. Les Beaujeu offrent une réflexion sur le pouvoir et la légitimité qui se lit, plus que dans les ordonnances et dans le droit, dans le discours épistolaire.

« Fille de France » : un nom de pouvoir

Anne de France reprend à son compte cette rhétorique fondée sur le sang afin de renforcer sa légitimité à exercer le pouvoir et à demeurer aux côtés du jeune Charles VIII. Sa naissance a fait d'elle une fille de roi. On utilise au XVe siècle les belles expressions de « fille des fleurs de lys » ou encore de « fille de France »[25]. En dépit de son mariage avec le cadet de Bourbon Pierre de Beaujeu, par lequel elle est devenue dame de Beaujeu et comtesse de Clermont, puis duchesse de Bourbonnais et d'Auvergne en 1488, elle demeure toute sa vie Anne de France, une princesse de sang royal, une fille de roi de France. Anne est bien plus que l'épouse de Pierre de Beaujeu, pourtant de lignage princier et descendant de saint Louis.

Jamais elle ne conclut autrement ses lettres ou d'autres documents que par cette signature aussi simple que symbolique et puissante : « Anne de France », perpétuant une tradition en vigueur chez les filles de roi depuis deux siècles et demi. Jamais elle n'utilise de titulature pour commencer ses missives. Sa signature impose à tous sa dignité et son autorité. Jamais elle ne perd ni n'abandonne ce titre de « fille de France » : en effet, « ce nom de pouvoir » implique que celle qui l'utilise jouisse d'une « domination symbolique sur le royaume »[26].

Colette Beaune remarque que les filles de roi vont après la reine en titre seulement. Or, jusqu'au début de la décennie 1490, Anne de France est pour ainsi dire la première femme du royaume, Marguerite d'Autriche étant trop jeune pour se voir attribuer le rôle cérémoniel et symbolique qui sied à une reine de France et qui revient par la suite à Anne de Bretagne. Le prestige dont bénéficie Anne de Beaujeu, « porteuse du sang royal », est unique en France en cette fin de xve siècle. Nul ne saurait la surpasser et elle sait en tirer une légitimité extraordinaire.

Une princesse entre ombre et puissance

La nature du pouvoir de la dame de Beaujeu et la question essentielle de la légitimité, sans cesse soulevée, conditionnent sa pratique gouvernementale et font d'elle à la fois une princesse de l'ombre et une princesse puissante.

Grâce aux sources et à travers le prisme du regard extérieur, on sait à quel point son pouvoir fut immense dans les années 1480. Tous ses contemporains, fidèles ou ennemis, français ou étrangers, voient en elle le pilier de l'édifice monarchique, l'actrice principale de la prise de décision pendant les premières années du règne de Charles VIII. L'auteur de *L'Ainsnée fille de fortune* décrit une princesse dominant la scène politique du royaume :

> Celle-ci gouverne tout en France,
> Elle fait fleurir et grener,
> Et tout le monde trembler.
> Oncques [jamais] ne vîtes la pareille,
> Vous voyez comment elle domine[27].

À coup sûr, la fille de Louis XI est la véritable détentrice du pouvoir, l'initiatrice des décisions, la clé de voûte du royaume. Elle renvoie l'image d'une princesse puissante dans tous les domaines, quels qu'ils soient. Et pourtant, il existe une distorsion évidente entre le pouvoir réellement détenu et celui manifesté par Anne dont l'action dépasse de loin le cadre de la tutelle accordée par les États généraux et s'apparente à une véritable régence.

Peut-on parler d'un « pouvoir masqué » qu'elle veut déguiser et dissimuler ? Reprenant l'opinion de Michelet, Éliane Viennot avance l'idée selon laquelle Anne écrivait les lettres de son frère afin de cacher son influence[28]. En fait, la princesse a recours aux services des mêmes secrétaires royaux que Charles VIII, sans pour autant être à l'origine des lettres de ce dernier. Le peu de sources émanant directement de la dame Beaujeu résulte d'une vision selon laquelle le régent est avant tout le conseiller d'un roi pleinement souverain, dans un contexte qui la pousse à la discrétion. C'est le signe de sa prudence, de sa fidélité indéfectible à la Couronne et de son réalisme politique fondé sur la raison.

La manière dont la princesse exerce le pouvoir est inhérente au contexte : le couple se substitue au roi, trop jeune pour décider, et le relaie dans ses fonctions régaliennes. Cependant, pour conserver la fiction d'un roi souverain, les documents officiels font apparaître ce dernier comme la source des décisions, ce qui ne correspond pas à la réalité. Dans les faits, le pouvoir d'Anne de France est immense, bien qu'il ne se dise qu'entre les lignes : c'est elle qui décide.

De surcroît, en tant que femme, Anne de France n'apparaît pas au Conseil, qu'il s'agisse du Conseil provisoire de régence mis en place à la mort du roi dans l'attente de l'ouverture des États généraux ou bien du Conseil du roi qui lui succède en 1484. Cela ne signifie pas pour autant qu'elle n'y fait pas régner son influence, bien au contraire, puisque Pierre de Beaujeu n'en manque aucune séance. Ce retrait n'est que symbolique.

Cette dimension nébuleuse, sans titre officiel ni définition de ses prérogatives, lui offre un spectre d'action extrêmement large et lui confère une puissance sans pareille. Très manifestement, il ne lui manque que le titre de régente. Elle conduit le royaume à la manière d'une souveraine, pendant plus d'une décennie, guidant et conseillant Charles VIII et lui insufflant sa politique, à l'intérieur comme à l'extérieur du royaume. On peut parler d'une régence de fait : c'est pourquoi le gouvernement d'Anne constitue la dernière étape avant l'institutionnalisation de la régence féminine en 1515, sous le règne de François Ier, avec Louise de Savoie. Si cette quasi-régence s'apparente en premier lieu à une gestion administrative du royaume, elle va néanmoins bien au-delà.

Anne de France s'affirme en effet comme une princesse en quête de souveraineté. Cela se lit dans ses échanges épistolaires avec les gens du Parlement qu'elle tente régulièrement d'infléchir en faveur de ses fidèles lors de procès. Une cinquantaine de lettres d'Anne de France nous sont parvenues : aux côtés du roi, elle apparaît comme un partenaire privilégié du Parlement de Paris, ce qui est tout à fait inédit. Avec la princesse surgit l'exceptionnel : aucun autre personnage de son temps ne s'illustre par de telles pratiques, ni les grands princes présents au Conseil ni même la reine Anne de Bretagne.

La quantité de missives adressées au Parlement atteste de ce que l'exceptionnel devient la norme, un mode de gouvernement en soi. La dame de Beaujeu, comme nulle autre personne, fait ainsi irruption dans le champ de la souveraineté, procédé qui témoigne à la fois de l'immensité de son pouvoir et de ses prétentions politiques. En effet, la justice est une fonction régalienne et le fait de rendre justice est une prérogative royale. Or, Anne de France intervient à de très nombreuses reprises en faveur de ses fidèles et de ses proches, pour lesquels elle requiert des dons et des récompenses, en échange des services qu'ils lui ont rendus. Parfois, elle demande au Parlement de faire avancer tel ou tel procès et de le conclure, à sa convenance, comme peut le faire le souverain. L'envoi récurrent de ces lettres constitue une marque de puissance hors du commun, Anne s'adressant aux gens de la Cour en fille et sœur de roi, avec autorité et sans hésiter à faire appel au personnel de la chancellerie royale pour les rédiger, ce que ne fait jamais Pierre de Beaujeu, pourtant auteur de plusieurs dizaines de missives. Ce recours aux secrétaires royaux constitue un acte de pouvoir, tandis que l'intercession systématique de la princesse auprès du Parlement s'impose de manière tout à fait inédite comme un acte d'exercice de la souveraineté.

CHAPITRE 6

Une diplomatie européenne

On a longtemps prêté des « vertus pacificatrices aux femmes qui s'engagent pour la paix[1] ». Le rôle de « moyenneresse », ou médiatrice, de paix et de concorde s'est développé aussi bien en Europe, à la faveur de la guerre de Cent Ans qu'à l'échelle du royaume, lorsqu'il s'est agi d'apaiser les tensions parfois exacerbées entre le roi et ses princes.

Plusieurs modèles légitiment ce rôle particulier dévolu aux femmes dans la quête de la paix : le premier provient de l'Ancien Testament et met en scène Esther se jetant aux pieds du roi Assuérus, au péril de sa vie, afin de sauver son peuple. La Vierge, médiatrice entre Dieu et les hommes, semble être quant à elle un exemple parfait d'amour, en plus d'être celle qui obtient le pardon. Dans *Le Livre des trois vertus*, Christine de Pizan développe l'idée selon laquelle la vertu de concorde est spécifiquement féminine. Boccace, dont on connaît l'influence sur les dames de la noblesse des XVe et XVIe siècles, propose quant à lui le modèle de Griseldis comme princesse pacificatrice. Les exemples de femmes de paix ne manquent pas et chaque princesse a à cœur de s'intégrer dans leur continuité.

Princesse de paix

Certains aspects de la politique sont considérés au Moyen Âge comme proprement féminins. L'influence des femmes s'exerce ainsi traditionnellement dans plusieurs domaines tels que la diplomatie, la politique matrimoniale, qui en fait partie, et enfin la médiation et l'intercession, deux aspects essentiels de la société du Moyen Âge et de la Renaissance.

Nous avons déjà évoqué l'importance de Christine de Pizan dans l'imaginaire politique d'Anne de France et de bien d'autres princesses de son temps. L'Italienne encourage la reine de France et, plus généralement, la dame de pouvoir, à jouer un rôle spécifique dans les domaines d'influence qui la font apparaître, non comme subordonnée au pouvoir du roi, du prince, du seigneur, mais comme complémentaire. Dans *L'Épître à la Reine* qu'elle adresse à Isabeau de Bavière, au tout début du XVe siècle, la suppliant d'intervenir pour empêcher la guerre civile, Christine de Pizan écrit ainsi ces phrases demeurées célèbres :

> Il appartient à haute princesse et dame d'être moyennerresse de traité de paix. [...] Très haute dame [...] encore vous dis-je que, tout ainsi comme la reine du ciel, mère de Dieu, est appelée mère de toute chrétienté, doit être dite et appelée toute sage et bonne reine mère et conffortarresse et avocate de ses sujets et de son peuple[2].

Christine de Pizan requiert ainsi l'intervention concrète de la reine dans la sphère politique. La nouveauté du *Livre des trois vertus* est de faire « sortir de l'ombre toutes les princesses » et de leur « ouvrir des voies jusque-là inconnues »[3]. Ces voies sont largement empruntées par Anne de France dont l'esprit est imprégné de tels écrits. Elle sait donner corps et existence aux conseils théoriques lus dans les divers ouvrages de l'Italienne.

Ainsi, en tant que princesse diplomate, Anne de France affirme-t-elle son pouvoir dans toute sa spécificité féminine : doté de son essence propre, il s'associe au pouvoir masculin, sans pour autant en découler, ce qui explique qu'il ne soit pas circonscrit dans le temps et qu'elle continue à l'exercer après la mort de Charles VIII et de son époux Pierre.

La princesse est mue par un idéal de paix qui oscille entre une quête concrète, qui s'incarne dans sa pratique politique, et une rhétorique qui vise à la faire apparaître comme l'incarnation de la princesse pacifique modèle. C'est pourquoi le discours sur la paix scande véritablement son action et ses paroles. Œuvrer à la paix représente l'espoir de parvenir à la concorde, qui illustre l'harmonie du ciel sur terre et qui traduit « dans la cité terrestre le dessein divin[4] ». Anne de France, comme ses contemporaines, cherche à se faire l'intermédiaire entre le monde céleste et le monde terrestre, entre le divin et l'humain, occupant une position liminaire tout à fait décisive. C'est ce dont témoigne sa politique diplomatique particulièrement dynamique.

Anne de France, femme de guerre parfois implacable, ne méprise pas pour autant la valeur de la pacification et de la réconciliation, qui est source de stabilité et ne peut que renforcer le pouvoir qu'elle exerce. C'est pourquoi elle s'évertue à gagner à sa cause certains des rebelles par la paix, plus que par la force, comme son père avant elle. En outre, elle sait imposer la paix comme un acte de puissance qui affaiblit ses ennemis.

Le contexte particulièrement mouvementé de la décennie 1480 contraint la dame de Beaujeu à mener une diplomatie très active à laquelle elle accorde de toute évidence une place privilégiée pendant les dix années où elle exerce le pouvoir à la tête de l'État, ce qui l'inscrit dans le double héritage de son père et des princesses diplomates. Sa part personnelle est incontestable, comme en témoignent les propos du seigneur de La Vauguyon qui affirme qu'« ambassade en France n'est venue / Ce temps durant sans à elle adresser[5] ».

La menace vient de toutes parts : de Flandre, d'Espagne, de Bretagne ou encore d'Angleterre. C'est pourquoi il est nécessaire de former des alliances avec les contrées voisines et d'y envoyer des ambassades et des observateurs qui recueillent des informations visant à anticiper d'éventuelles attaques extérieures. La dame de Beaujeu entretient une correspondance active avec les puissances étrangères, elle qui croit en la supériorité de l'écrit sur la parole pour faire aboutir sa quête de paix.

Anne apparaît comme l'unique destinataire des ambassadeurs qu'elle missionne partout en Europe, ce qui met en lumière son rôle prééminent par rapport à son mari. Afin de mener une politique étrangère active et efficace, Anne de France s'appuie sur un réseau diplomatique qui double les liens épistolaires et permet d'entretenir des relations d'amitié ou de paix avec les pays voisins. L'utilisation de ces réseaux s'impose comme le volet européen de la stratégie de la gouvernante, fondée sur les liens de fidélité à l'échelle du royaume. Des lettres de la princesse permettent de reconstituer en partie son personnel diplomatique en Europe et de cerner quels pays retiennent particulièrement son attention[6]. Celles qui nous sont parvenues, sans doute une infime part de sa correspondance diplomatique, concernent l'Angleterre, l'Écosse, la Suisse, la Savoie ou encore l'Italie. Les ambassadeurs lui rendent des comptes comme à leur propre maîtresse dont ils s'affirment les « humbles serviteurs ». Certains sont promis à un bel avenir, qu'il s'agisse de l'humaniste Robert Gaguin, envoyé en Angleterre, ou d'Antoine de Carpi, présent en Suisse.

Les contours d'une diplomatie

Conceptrice de la politique diplomatique du royaume, la princesse a pour visée stratégique majeure l'annihilation de la menace impériale. Sa politique extérieure se construit en réaction au danger incarné par Maximilien d'Autriche, qu'il s'agit de contrecarrer. Dans cette optique, l'alliance avec l'Angleterre est essentielle. Le royaume d'outre-Manche doit être le pivot de la politique étrangère française, tant le risque est grand de voir son roi s'allier avec le duc d'Autriche.

La princesse tente tout d'abord de négocier avec Richard III, sans succès. Elle se tourne alors vers le comte de Richmond qui cherche à s'emparer du pouvoir. En 1485, elle apporte à ce dernier une aide militaro-financière qui lui permet de débarquer en Angleterre, de renverser le roi Richard, allié de François II de Bretagne, et de monter sur le trône sous le nom de Henry VII. Alain Bouchart rapporte le rôle primordial joué par Anne de France dans l'installation au pouvoir du premier souverain de la dynastie Tudor : « Par le moyen de ladite madame de Beaujeu furent audit de Richemond baillés [donnés] navires et gens de guerre en si bon nombre qu'il conquit son royaume d'Angleterre[7]. »

C'est cette réalité qu'évoque également l'auteur de *L'Ainsnée fille de fortune.* Le poète, s'adressant fictivement aux Anglais, leur préconise la méfiance à l'égard de celle qui est « pis que la Pucelle », Jeanne d'Arc, et si puissante, écrit-il, qu'« elle a fait votre Roy / Avoir lui fit si bon secours / Que l'autre Roy finit ses jours[8] ».

Une lettre de Robert Gaguin, datée de 1485, met en lumière le rôle d'Anne de France dans les relations avec l'Angleterre. L'ambassadeur rapporte avoir fait part au nouveau souverain anglais de la bonne volonté du roi et de celle de sa sœur. Cette dernière apparaît comme le commanditaire des lettres de négociations avec Henry VII, « lequel s'est montré fort désirant de témoigner de l'amitié qu'il a toujours eue devers le roi et [elle][9] ». Aux yeux du roi d'Angleterre lui-même, Anne de France constitue la pièce maîtresse du couple politique qu'elle forme avec le roi.

Les souverains étrangers n'ignorent rien de l'autorité de celle qui transmet des messages de paix et qui œuvre à l'amitié avec les puissances européennes. Dans une lettre du sire de Rieux, un seigneur breton, on apprend qu'Anne est avertie de l'arrivée d'ambassadeurs anglais à la cour de Charles VIII, ce qui témoigne de la richesse des liens diplomatiques entretenus entre la France et l'Angleterre[10]. En 1489, Robert Gaguin évoque une nouvelle fois des lettres adressées par la princesse au roi d'Angleterre qui confirme pour sa part sa volonté de « fortifier l'amitié » qu'il a toujours eue à son égard[11]. En l'occurrence, la stratégie anglaise d'Anne de France est couronnée de succès, Henry VII ne cherchant pas à reconquérir les territoires perdus en France par ses prédécesseurs.

De même Anne se tient-elle informée des difficultés politiques du roi d'Écosse, Jacques III, contre lequel s'élève une ligue nobiliaire fomentée par les comtes d'Angus, d'Argyll et de Huntly, en 1486-1487. Le second fils du roi, Jacques, duc et évêque de Ross, lui écrit une longue lettre, espérant son appui[12], preuve de l'idée que l'on se fait de sa puissance, de son influence et de sa capacité d'intervention en Europe.

Dans cet écheveau diplomatique et dans leur lutte contre l'ennemi impérial, le roi et les Beaujeu ne négligent pas l'alliance bretonne. Si François II de Bretagne est résolument hostile au parti royal, certains seigneurs se laissent convaincre par les propositions pacifiques de Charles VIII que lui a inspirées sa sœur. Le roi signe ainsi, dès le mois d'octobre 1484, un traité d'alliance avec quatre nobles bretons qui lui prêtent en retour serment d'obéissance et de service, le qualifiant même de « souverain seigneur[13] ». L'intérêt porté à la Bretagne est double : le duché est allié à l'Empire, ce qui représente une menace pour le royaume. Au-delà, la notion de souveraineté qui sous-tend le traité de 1484 témoigne de l'attention que les Beaujeu accordent à la Bretagne et à la quête d'intégration du duché à la France. À la suite de Louis XI, Anne de France se présente comme le défenseur d'un État monarchique qui doit sans cesse s'accroître au détriment des petites principautés. Le roi défunt avait obtenu la Bourgogne au traité d'Arras en 1477. Le traité de 1484 prévoit pour sa part le rattachement du duché de Bretagne à la France à la mort du duc François II, « à défaut d'héritiers mâles[14] ». La volonté d'intégrer la Bretagne à la France naît précocement dans l'esprit de la dame de Beaujeu. Elle trouve par la suite son prolongement et sa concrétisation dans l'union matrimoniale réalisée en 1491 entre le jeune souverain français et la duchesse Anne.

De manière immédiate, ce traité d'alliance signifie l'entrée en guerre desdits seigneurs bretons contre leur duc, aux côtés de l'armée royale : il s'agit donc d'un soutien militaire de premier ordre dans le conflit franco-breton, l'un des principaux théâtres de la guerre folle. On constate à quel point diplomatie et guerre sont intrinsèquement liées. Ces seigneurs « offrent tout service » à Anne dont ils obtiennent ainsi la « grâce »[15], ce qui n'empêche pas la rupture quelques mois plus tard.

Celle-ci intervient au terme d'un différend entre la princesse et le sire de Rieux au sujet du non-respect par la France de certaines clauses du traité de 1484. Les barons bretons repassent alors au service de leur seigneur naturel François II. Une nouvelle fois, Alain Bouchart évoque le rôle de la sœur du roi dans le dénouement de cette affaire et, surtout, son refus total de plier face aux seigneurs bretons. Il s'agit d'un véritable acte d'autorité de sa part :

> Ce gentil homme [envoyé par le sire de Rieux] ici fut longuement à la cour attendant avoir réponse de sa légation, remontra de bouche à ma dame de Beaujeu que le roi n'avait pas tenu à son maître [Rieux] les promesses qu'il lui avait faites [...]. Et tellement pressa celui du Boys ladite dame, qui lors toutes les ardues affaires du royaume expédiait, qu'elle lui répondit et dit : « Mon ami, dites à mon cousin de Rieux votre maître que le roi n'a point de compagnon et que, puisque l'on s'est mis si avant, il faut qu'il continue. » Et autre réponse n'en eut[16].

La princesse exprime ainsi sa vision du pouvoir et de la relation qu'il est possible d'entretenir avec le roi, qui « n'a pas de compagnon » et se place au-dessus de tous par sa souveraineté et son autorité. La défection des seigneurs bretons fut néanmoins sans conséquences sur l'issue de la bataille de Saint-Aubin-du-Cormier, remportée en 1488 par les troupes royales.

Anne de France, qui ne néglige aucun territoire dans sa politique diplomatique, se tourne très naturellement vers les villes flamandes. Nous l'avons dit, la principale menace extérieure pour le royaume vient de Flandre et du duc Maximilien d'Autriche. Le fait est structurel, puisque le grand ennemi de Louis XI avait été ce même duc, vaincu mais non terrassé par le traité d'Arras de 1482. Alors que Maximilien est en proie à l'hostilité des cités flamandes et à la rébellion de son propre fils Philippe, comte de Flandre, les Beaujeu se positionnent sur l'échiquier flamand par la conclusion du traité de Montargis[17] avec les villes de Gand, Bruges et Ypres, le 25 octobre 1484. Ce dispositif diplomatique se double d'une action militaire confiée au seigneur d'Esquerdes. Il s'agit très ouvertement d'une alliance militaire avec ces villes qui « ont fait savoir qu'elles désirent avoir et entrer en bonne amitié, intelligence et alliance » avec les Beaujeu, afin de « s'employer au service de [leur] seigneur le roi et au bien aussi et entretènement de sa Couronne ». Les époux Beaujeu nouent ainsi « vraie et bonne amitié, intelligence et confédération, ferme et stable alliance » avec ces « Membres de la

Comté de Flandre », de manière réciproque, donnant leur « parole de prince et princesse » de les aider à conserver la mainbournie, c'est-à-dire la tutelle, sur le comte Philippe, que revendique Maximilien[18]. Le soutien aux villes flamandes participe de l'œuvre de défense et de renforcement de la souveraineté royale entreprise par les Beaujeu, puisque le comté est rattaché au royaume en 1484.

Afin de manifester leur soumission à leur roi pleinement souverain, les Flamands se présentent en sujets soucieux de servir leur « très redouté et souverain Seigneur le Roy et [leur] très redoutée et souveraine Dame la Reine » Marguerite, et de leur obéir. L'alliance se noue à titre personnel et non au nom du roi : les Beaujeu, toujours préoccupés de montrer qu'ils le laissent maître de ses actes et de ses décisions, n'impliquent pas le souverain dans cette coalition. Le traité de Montargis reprend les clauses de celui d'Arras, qui prévoyaient une entraide mutuelle entre le roi de France et le comte Philippe de Flandre. Bien que ne l'ayant pas signé personnellement, Charles VIII le considère quelques mois plus tard comme sien, signe que sa politique se confond avec celle de sa sœur. Comme en Bretagne, l'alliance est sous-tendue par des prétentions territoriales. Les Beaujeu ne se contentent pas de faire la guerre, ils agissent encore et toujours en faveur de la conservation et de l'accroissement de la Couronne. Dans les pas de son père, Anne de France poursuit un double objectif de pacification à l'échelle européenne et d'extension territoriale. Elle cherche à apparaître comme celle qui défend le bien commun et qui protège la Couronne, dans sa dimension souveraine et territoriale.

Anne de France s'efforce d'être présente sur tous les fronts. D'autres contrées l'intéressent. Parmi elles, la Suisse, qui fournit de manière traditionnelle des mercenaires aux armées des rois de France. La princesse sait qu'ils sont essentiels à la victoire et courtise les cantons suisses afin d'obtenir leur soutien, également convoité par Maximilien d'Autriche. Antoine de Carpi, ambassadeur de la princesse, évoque cette compétition entre le camp royal et le camp impérial, et annonce à Anne l'arrivée imminente « à Zurich des ambassadeurs du roi des Romains et de la grande ligue de l'Empire » pour y trouver un appui militaire et, surtout, pour dissuader les Suisses de fournir des hommes à la France[19].

Par ailleurs, dès son arrivée au pouvoir, elle semble avoir saisi la dimension stratégique essentielle du duché de Lorraine dans la guerre folle. Déjà son père en avait perçu l'importance en fiançant Anne avec Nicolas de Calabre qui en était l'héritier. En dépit d'une brève période d'atermoiements de la part du duc René II, la Lorraine s'impose comme l'un des piliers de la lutte contre les princes. Des lettres de la duchesse de Bourbon montrent qu'au début de la décennie 1490, elle entretient encore une correspondance régulière avec celui auquel elle a fait épouser sa nièce Philippe de Gueldre, dont elle est restée proche[20].

Partout en Europe, Anne tisse des liens diplomatiques qui doivent permettre d'obtenir la victoire contre Maximilien d'Autriche et François II de Bretagne, ses deux grands ennemis. Les Beaujeu sont tous deux liés par le sang aux princes de Savoie. Le duc Charles Ier n'est autre que le cousin germain d'Anne, par sa mère Yolande de France, sœur de Louis XI, et par son père Amédée IX de Savoie, frère de la reine Charlotte de Savoie. Dans la décennie 1480, le roi de France est opposé au duc de Savoie sur la question du « fief et hommage du marquisat de Saluces » que l'un et l'autre revendiquent. Si ce marquisat est territorialement restreint, il n'en demeure pas moins un enjeu stratégique, comme l'un des principaux points de passage vers l'Italie. Lorsque Charles Ier envahit la petite principauté en 1487, le marquis Ludovic II de Saluces trouve tout naturellement un protecteur en la personne du roi de France qu'il soutient dans sa politique et, plus tard, dans ses menées italiennes. Il convient cependant de rétablir de bonnes relations avec la Savoie. Les tractations diplomatiques sont menées par Pierre de Beaujeu, désormais duc de Bourbon, pour le compte du roi de France, et par l'archevêque d'Auch, François de Savoie, pour le compte du duc de Savoie. Les émissaires du roi et du duc parviennent à un accord qui fait apparaître Pierre de Bourbon comme le pivot de la diplomatie française cisalpine[21]. Le prince, qualifié dans le document de « frère et cousin » du roi, se voit attribuer, en plus d'un rôle de négociateur et de diplomate, celui de garant de la neutralité des différentes villes du marquisat qui « seront toutes mises en la main [du] seigneur de Bourbon, comme neutre, pour les tenir en la forme et manière que le seigneur de Bourbon tient la ville de Saluces[22] ». Cette mission est tout à fait unique, puisque Pierre de Beaujeu est non seulement désigné comme arbitre, mais encore comme garant de la paix, l'accord de mai 1488 prévoyant qu'aucune guerre ne soit entreprise dans un délai d'un an. Si Anne de France n'est pas officiellement mise en avant dans cet accord, sa participation aux négociations ne fait aucun doute, attestée par la lettre qu'elle adresse à son cousin Charles Ier de Savoie le 10 juillet 1488[23]. Comme il convient à une princesse, elle y invite son cousin à œuvrer pour la paix et à respecter l'accord et la neutralité des places dont Pierre de Beaujeu est garant. Une semblable missive est envoyée à François de Savoie, archevêque d'Auch.

Pierre de Beaujeu s'impose ainsi comme homme de paix, pratique que l'on retrouve en 1491 pour la Bretagne dans le traité de Rennes. Le beau-frère du roi est alors désigné garant de la neutralité des villes bretonnes. Ce rôle de pacificateur rejaillit directement sur son épouse Anne de France. Tous deux apparaissent comme des faiseurs de paix dont la politique diplomatique n'a d'autre perspective et d'autre enjeu que la conservation de la Couronne et la préservation du bien commun dans le royaume et en Europe.

Ce caractère assumé de médiateur se lit au sujet du Roussillon, également au cœur des préoccupations du couple. Le Roussillon et la Cerdagne, acquis par Louis XI en 1463, demeurent convoités et revendiqués par la couronne espagnole. Cet objet de discorde ressurgit à la faveur des événements européens de la décennie 1480. Maximilien d'Autriche encourage le roi d'Aragon à revendiquer ces territoires. Alors que l'alliance entre Ferdinand II d'Aragon et Isabelle de Castille constitue le premier pas vers l'unité espagnole, cette dernière demeure sujette à l'intégration des comtés de Roussillon et de Cerdagne. Ferdinand se laisse convaincre et adopte rapidement une position antifrançaise. Or, Anne de France est au cœur des relations avec l'Espagne. En 1501, dans ce contexte très tendu, elle accepte de ployer le genou devant l'archiduchesse

Jeanne de Castille, reçue à Blois, en signe d'humilité, dans une perpétuelle quête de réconciliation[24].

Enfin, l'Italie est très tôt au cœur des préoccupations de la princesse qui y recherche des appuis : à Florence, Laurent de Médicis est l'un de ses principaux alliés et Anne de France sait pouvoir compter sur le soutien des ducs de Ferrare, très francophiles.

Anne de France est ainsi présente partout en Europe par le biais de ses émissaires et ambassadeurs, et grâce aux liens épistolaires qu'elle tisse minutieusement avec les souverains et nobles étrangers. Elle mène pendant une décennie une politique diplomatique ambitieuse, se montrant capable de préserver le royaume de la guerre après l'extinction de la guerre folle.

Le rayonnement diplomatique de la princesse

Une question se pose : que reste-t-il de la politique diplomatique de la princesse lorsque son frère s'émancipe de son influence ? Bien que partageant dès lors le pouvoir avec un plus grand nombre de personnes après 1491, Anne de France n'en reste pas moins une princesse dotée d'ambitions diplomatiques. Pendant les guerres d'Italie, elle demeure ainsi très impliquée dans l'avancée de l'expédition royale et dispose d'informateurs dans la péninsule. Le lien épistolaire est tout à fait fondamental, comme en témoignent les très longues lettres de son cousin Louis de Bourbon-Vendôme, prince de La Roche-sur-Yon, qui auraient dû être brûlées à sa demande, tant les informations qu'elles recèlent sont confidentielles. Certainement datée de 1499, l'une d'elles fait référence aux événements qui se déroulent à Naples, Gênes, Milan, Venise ainsi qu'au rôle joué par des hommes tels que Trivulce ou le maréchal de Gié. Et le fidèle Louis de Bourbon de conclure : « Madame, survenant autre chose de nouveau, vous en serez avertie[25]. »

Sans maintenir de personnel diplomatique, comme au temps de son gouvernement, Anne n'en reste pas moins un élément majeur de la scène diplomatique européenne. Un fait en atteste :

les ambassadeurs étrangers en visite dans le royaume viennent la saluer et lui parler où qu'elle se trouve. Elle les attire immanquablement et rayonne à travers tout le royaume. En effet, lorsqu'elle séjourne à Moulins, elle diffuse une puissance symbolique et irradiante telle que les étrangers viennent lui rendre hommage, sans parler des rois Louis XII et François Ier qui ne manqueront pas de s'arrêter dans la capitale bourbonnaise. Ainsi, l'ambassadeur mantouan Frédéric Gonzague, fils du marquis de Mantoue et de son épouse Isabelle d'Este, fait une halte à Moulins en juillet 1516, lors de son voyage en France. Le prince affirme s'être vu offrir un logement au palais ducal par madame de Bourbon en personne, signe de l'intérêt qu'elle porte aux bonnes relations avec les étrangers.

Il faut lire dans les nombreuses visites des ambassadeurs à Moulins la marque du pouvoir symbolique de la princesse, fille de France et femme de pouvoir, bien après la mort de Charles VIII en 1498 et celle de Pierre de Beaujeu en 1503. Elles illustrent la réputation dont elle jouit en France et au-delà des monts dans l'imaginaire des princes et de leurs représentants, pour lesquels elle s'impose comme une étape incontournable sur la route qui les conduit vers le roi. Moulins est à l'évidence un point nodal.

Dans leurs récits et leurs lettres, les ambassadeurs s'attardent sur le personnage d'Anne de France comme sur aucun autre et laissent percevoir les égards exceptionnels dont elle fait l'objet à la cour de France et auxquels seule la reine est en droit de prétendre. Par ailleurs, ils parlementent avec elle sur des sujets politiques, tels que l'entreprise de Milan, comme l'ambassadeur mantouan Jamet de Nesson qui évoque ses discussions avec madame de Bourbon[26].

Duchesse et fille de France, Anne de France n'abandonne jamais la place qui lui revient de droit dans la sphère aulique. C'est pourquoi elle suit les pérégrinations de la cour à travers le royaume, en dépit de son âge, se voulant à la fois spectatrice et actrice des cérémonies du pouvoir.

Dans ses *Enseignements*, elle livre sa vision des relations que toute princesse digne de ce nom se doit d'entretenir avec les ambassadeurs, qui recevront de sa part un discours de conciliation et de pacification :

> Vous devez aussi honorer étrangers, s'ils vous viennent voir dans votre hôtel, ou ailleurs, si vous les trouvez, et les devez premièrement entretenir comme nuls autres, et deviser avec eux [...] et touchant leurs propos, tant en vos demandes qu'en vos réponses vous leur devez complaire[27].

Cette réflexion théorique apparaît comme en parfaite adéquation avec son comportement à la cour, ainsi décrit dans *L'Ainsnée fille de fortune* :

> Laissez toutes gens venir
> De tout pays, de toute terre,
> Elle les sait entretenir
> Soit de la paix ou de la guerre[28].

Anne de France apparaît ainsi comme une figure de paix aux yeux de ses contemporains, du moins ceux qui louent ses vertus. C'est le cas de son secrétaire Guillaume de Jaligny ou encore du seigneur de La Vauguyon qui, dans sa déploration, ne cesse de vanter les qualités de la princesse de concorde :

> Puisqu'elle était moyen des bons accords
> Bien mérita le nom de pacifique,
> Car quand savait [la] cause formait discorde,
> Toujours cherchait amiable pratique [...]
> Prouver je veux que concorde a aimée
> Bonne union, mansuétude et paix
> Et qu'elle fut en clémence estimée
> En charité et pitié si famée [renommée]
> Qu'impossible est en dénombrer les faits[29].

Surtout, son statut spécifique de femme de paix se manifeste très précisément dans les négociations au sujet du marquisat de Saluces. Anne endosse le rôle de « médiatrice de paix » qui sied aux princesses, affirmant souhaiter la pacification et la résolution du différend avec la France « ainsi que tout son cœur elle le désire », alors que les missives de Charles VIII et de Pierre de Beaujeu ne font pas allusion à cette quête de paix.

Qu'Anne ait été réellement une femme de paix ou que les écrivains aient tenté de dresser d'elle un portrait qui coïncide avec l'image idéale de la princesse pacifique, toujours est-il qu'elle apparaît dotée de toutes les vertus que l'on peut attendre de la bonne reine : elle est celle qui aime la paix et la conciliation, la figure de clémence dont les poètes s'accordent à dire qu'elle n'usa jamais de vengeance ni de cruauté à l'égard de ses ennemis.

Une politique matrimoniale

La négociation et la conclusion d'alliances matrimoniales sont constitutives de l'œuvre diplomatique, qu'elles parachèvent le plus souvent, scellant unions et réconciliations. Ces alliances matrimoniales ont pour vocation d'être des gages de paix entre deux royaumes, deux familles ou deux lignées. C'est dire toute l'importance accordée aux mariages comme instruments de paix, de pouvoir et d'enrichissement. Si l'élaboration et la négociation d'alliances ne sont pas strictement réservées aux femmes, il arrive souvent que ces dernières y soient mêlées. C'est particulièrement le cas d'Anne de France qui s'affirme comme une princesse marieuse à nulle autre pareille. La princesse se trouve doublement au cœur de la politique matrimoniale : tout d'abord en tant qu'objet jusqu'à son propre mariage, puis en tant qu'actrice et négociatrice.

Anne s'inscrit dans un double héritage : le legs théorique de Christine de Pizan et l'héritage paternel qu'elle poursuit avec ardeur. Elle fait des mariages un instrument de sa politique en France et en Europe, tout comme son père avant elle. Louis XI avait mécontenté plus d'un prince en scellant des unions jugées désavantageuses par les parties en présence, mais profitables au roi. L'alliance de sa fille Jeanne avec Louis d'Orléans, futur Louis XII, en est l'illustration.

Sylvène Édouard a utilisé la formule de « reine de la Paix » pour montrer comment Élisabeth de Valois, fille de Catherine de Médicis et d'Henri II, servit la paix et accomplit son rôle de princesse royale en épousant Philippe II d'Espagne, s'offrant au royaume comme objet de négociation, dans une sorte de sacrifice politique[30]. Anne de France a activement participé à la conception et à la réalisation de deux mariages royaux, conçus comme des mariages de paix, entre 1483 et 1491 : celui de Charles VIII avec Marguerite d'Autriche, puis avec Anne de Bretagne.

Le traité d'Arras de 1482, scellé entre Louis XI et Maximilien d'Autriche, comportait en effet une clause matrimoniale prévoyant l'alliance du dauphin Charles avec Marguerite d'Autriche, deux très jeunes enfants. Le roi de France, alors à la fin de sa vie, délégua à sa fille préférée la réalisation de ce mariage qu'il avait négocié. On a vu Anne de France s'imposer en 1483 comme maîtresse des cérémonies lors de la réception de la petite princesse à Hesdin, jusqu'à la cérémonie nuptiale d'Amboise, et devenir à cette occasion une actrice de premier plan à la cour et dans le royaume, avec pour premier rôle officiel la mise en œuvre d'un mariage royal. Elle se portait garante et témoin de cette alliance, rompue moins d'une décennie plus tard par une autre de ses œuvres matrimoniales : le mariage de Charles VIII avec la duchesse Anne de Bretagne. Ces deux unions sont intrinsèquement liées par la volonté d'obtenir la paix. Celle de Charles avec Marguerite l'assure au nord et à l'est du royaume ; celle avec Anne la rend possible à l'ouest.

On a vu à quel point la Flandre et la Bretagne représentent les principales menaces extérieures pour la France tout au long de la guerre folle. Longtemps, Anne de France a considéré que l'alliance bourguignonne était primordiale. À ce titre, la petite Marguerite fut traitée comme la reine, disposant dès son arrivée dans le royaume d'un hôtel indépendant de celui de Charlotte de Savoie et établi avec soin par Anne[31]. La conjoncture politique explique le revirement de Charles VIII qui tourna son regard vers Anne de Bretagne dès la fin de la décennie 1480, sous l'influence de sa sœur qui prit une part active à la négociation de ce nouveau mariage. Cependant, c'est avec un certain déplaisir qu'Anne de France se résolut à rompre l'alliance avec l'Empire et qu'elle accepta de se tourner vers la Bretagne. Sans doute la princesse ne figure-t-elle pas au nombre de ceux qui conçurent dès l'origine l'alliance bretonne.

La fille de Louis XI comptait toutefois dans son entourage de nombreux partisans de la paix avec la Bretagne, pour lesquels la seule issue envisageable était l'alliance entre Charles VIII et la duchesse Anne. À l'évidence, ils surent convaincre Anne de France de la nécessité de cette union, car elle se rallia à leur cause et s'engagea dès lors dans sa réalisation avec conviction. Le contexte était très particulier dans la mesure où Charles VIII était encore marié à Marguerite d'Autriche, tandis qu'Anne de Bretagne était l'épouse par procuration de Maximilien d'Autriche. La situation exigea une réelle adresse et beaucoup de discrétion. Le rôle d'Anne de France fut primordial. Elle mena les négociations dans le plus grand secret et organisa ce mariage qui permit à la France de rompre celui avec le duc d'Autriche qui aurait provoqué l'encerclement du royaume par l'ennemi impérial[32].

Bien que ne souhaitant pas ce mariage, Charles VIII consent à une entrevue avec la duchesse de Bretagne, le 15 novembre 1491. Il entre dans Rennes en compagnie d'hommes d'armes et surtout de sa sœur, sous prétexte d'un pèlerinage à la Vierge. Ce même jour, Anne de France rencontre la jeune duchesse, qui subit en sa présence un examen gynécologique concluant à sa probable aptitude à concevoir et à engendrer des héritiers pour la Couronne[33]. Une date de mariage est très rapidement arrêtée et, dès le 28 novembre, Anne de Bretagne fait son entrée dans le royaume. La première étape sur le chemin de Langeais, où doit être célébré le mariage avec Charles VIII, est La Flèche. Comme en 1483 à Hesdin, c'est Anne de France, désormais duchesse de Bourbon, qui l'accueille[34].

Le 5 décembre, Anne annonce en personne aux ambassadeurs étrangers la nouvelle du mariage prévu le lendemain. En même temps qu'elle leur fait part de l'union à venir, elle en développe les motifs. De manière purement rhétorique, elle présente cette union comme le fruit d'un amour mutuel et comme la meilleure garantie de paix entre la France et la Bretagne. C'est accorder une vertu de persuasion bien efficace à la parole. Brasca ne s'y trompe pas et ne semble pas avoir accordé un grand crédit à ces propos, puisqu'il écrit quelques semaines plus tard à son seigneur qu'il ne paraissait pas y avoir beaucoup d'amour entre les époux. La sœur du roi s'emploie également à démontrer le caractère légal de l'alliance et de la rupture de l'engagement entre Charles et Marguerite, au sujet duquel elle conçoit des craintes.

Ce faisant, elle charge l'ambassadeur florentin Cosimo Sassetti de demander l'avis de son allié Laurent de Médicis au sujet de la nécessité d'une dispense pour Anne de Bretagne, encore mariée à Maximilien d'Autriche. Le 12 décembre 1491, Sassetti s'adresse ainsi à Laurent de Médicis : « [Madame de Bourbon] m'a dit de vous écrire à ce sujet pour savoir quelle était votre opinion sur cette question. [...] Ils s'adressent à vous comme à celui en qui ils ont le plus confiance par-delà, afin que, la vérité étant connue de vous, vous purifiiez la renommée[35]. »

C'est à la fois la preuve des inquiétudes de la princesse quant à la validité du mariage de son frère et de sa place dans la politique diplomatique européenne. Le matin même de la cérémonie, le cortège nuptial quitte le Plessis-lès-Tours et prend la direction de Langeais par la Loire. Trois protagonistes sont présents sur l'embarcation : « monseigneur d'Orléans, monseigneur de Bourbon et madame de Bourbon[36] ». Quelques heures plus tard, on trouve au premier rang de ces royales épousailles Anne de France dont la présence reflète la puissance symbolique et le pouvoir politique qui l'a conduite à orchestrer ce mariage.

En l'espace d'une décennie à peine, la princesse s'est ainsi consacrée à la réalisation de ces deux mariages royaux qui devaient l'un et l'autre affermir l'autorité du roi de France, sa souveraineté et apporter la paix au royaume. Quelles que furent ses convictions personnelles, Anne de France déploya tout son art politique et diplomatique pour une cause supérieure : celle de la Couronne.

Si ces deux alliances revêtent un caractère particulier, en tant que mariages royaux, Anne de France s'investit dans la réalisation de bien d'autres unions. Elle mène une politique matrimoniale très dynamique, organisant au moins une vingtaine d'unions matrimoniales. Elle tente, dans la mesure du possible, de faire coïncider les intérêts des maisons de Bourbon et de France auxquelles elle se rattache, sans les opposer. En effet, ces alliances s'inscrivent dans une politique globale qui a pour vocation de consolider son pouvoir en renforçant ses réseaux, d'où l'intérêt porté aux femmes de sa parentèle.

L'un des premiers mariages qu'elle réalise ainsi personnellement est celui de sa nièce Gabrielle de Bourbon-Montpensier qu'elle donne en mariage au vaillant homme de guerre Louis II de La Trémoille, en qui elle place de nombreux espoirs. Célébré en 1485, il permet de renforcer la maison de Bourbon et la Couronne par la même occasion. Il apporte satisfaction aux Bourbon-Montpensier, dont l'appui politique est indispensable à Anne de France, et aux La Trémoille, dont la fidélité se révèle sans faille pendant la guerre folle.

D'autres alliances se situent dans la même perspective : elles se succèdent et sont l'œuvre de la dame de Beaujeu. Cette dernière marie en effet une autre de ses nièces, Philippe de Gueldre, fille du duc de Gueldre et de Catherine de Bourbon, avec le duc René II de Lorraine[37]. Catherine de Bourbon se trouve être la sœur de Pierre de Beaujeu, ce qui explique l'intérêt porté à la petite Philippe, arrivée à la cour de France en 1483 pour y recevoir une éducation digne d'une princesse de haut rang. L'union est célébrée en septembre 1485, en pleine guerre folle. Elle doit une fois de plus servir les intérêts d'Anne de France qui tente d'intégrer le duc de Lorraine, bien difficile à convaincre, dans sa vaste parentèle et dans son réseau d'alliés, en lui proposant une alliance qui l'apparente à l'une des grandes familles princières du royaume. Le contrat de mariage, qui témoigne du rôle de premier plan joué par la princesse dans son élaboration, couronne les traités d'alliance passés par les époux Beaujeu avec le duc de Lorraine à l'automne 1484.

Le mariage de Louise de Savoie avec Charles d'Angoulême s'intègre dans de semblables perspectives. La fille de Philippe de Bresse et de Marguerite de Bourbon est une autre nièce d'Anne de France et de Pierre de Beaujeu. Cousine germaine de Philippe de Gueldre, elle sert comme elle de pion sur l'échiquier politique européen de la fin du XVe siècle. Sa réception à la cour de France, en 1483, à la mort de sa mère est un grand honneur pour son père, alors simple cadet de Bresse. L'implication d'Anne de France dans la négociation de son mariage avec un grand prince du royaume, Charles d'Angoulême est une marque supplémentaire d'attention de la part de la puissante Anne de France. Qu'attend-elle en retour ? La réponse est simple : elle est en quête du soutien politique de Philippe de Bresse. Ce mariage, réalisé en 1488, permet de renforcer les liens préexistants entre les maisons de Savoie et de France, et d'assurer le roi de France de la fidélité de son voisin savoyard, ce qui n'est pas sans importance au moment où l'on commence à évoquer la question italienne à la cour. Anne aurait-elle espéré secrètement le ralliement du tumultueux comte d'Angoulême, pour lequel l'alliance avec la jeune Louise n'était pas aussi avantageuse qu'il l'aurait certainement souhaité ? Nul ne peut l'affirmer.

La maison de Bourbon occupe une place centrale dans la politique matrimoniale d'Anne de France, comme le prouve encore l'union de François de Bourbon, comte de Vendôme, scellée en 1487 avec Marie de Luxembourg, cousine germaine des enfants de Louis XI. Ce mariage, encouragé par Anne, doit permettre d'œuvrer à la réconciliation de la maison de Luxembourg, mise à rude épreuve sous le règne de Louis XI, avec la royauté en lui offrant une réhabilitation officielle. En même temps, la princesse offre à son fidèle neveu une alliance avec la riche héritière de cette maison princière.

On pourrait citer bien d'autres mariages qui furent l'œuvre d'Anne de France et qui s'intégrèrent dans ces mêmes visées stratégiques, qu'il s'agisse de celui de Charlotte de Bourbon avec Engilbert de Clèves en 1489 ou encore de Renée de Bourbon-Montpensier avec le duc Antoine de Lorraine, en 1514. Et il ne faudrait pas omettre d'évoquer les alliances plus modestes qu'Anne de France s'efforça de conclure en faveur des nombreuses demoiselles de sa maison, fidèle à la conception du mariage qu'elle exprime dans ses *Enseignements* : « [C'est] une ordre tant belle et si prisée [...] que l'on ne la pourrait trop honorer ni assez louer[38]. »

Après avoir offert à ces jeunes filles une éducation à la cour ducale de Moulins, il lui paraissait cohérent d'accomplir jusqu'au bout son rôle de patronnesse en leur offrant une position stable et sûre, témoignage de sa reconnaissance à l'égard des familles qui lui offraient loyauté et soutien. L'exemple de Diane de Poitiers, issue d'une famille de fidèles de la maison de Bourbon, s'il est le plus éloquent et le plus célèbre, est loin d'être unique.

Les multiples mariages qu'Anne de France orchestre témoignent de sa précellence à la tête du royaume et du duché : elle s'impose en modelant à son gré l'échiquier matrimonial, et donc politique, de la noblesse de son temps. Il en ressort plusieurs éléments caractéristiques de sa politique en général. Elle cherche inévitablement à consolider le parti royal, en offrant des alliances matrimoniales convenables à ses fidèles. Elle multiplie les mariages avec les trois branches de la maison de Bourbon, ainsi liée indéfectiblement à la plupart des grandes familles nobles du royaume et renforcée dans sa position de pivot et de soutien à la royauté. Enfin, elle sait se montrer généreuse, attentionnée ou reconnaissante à l'égard de ses parents, de ses fidèles et de ses protégés, par l'octroi de dots ou de douaires auxquels il lui arrive de participer financièrement.

CHAPITRE 7

Princesse au temps des guerres d'Italie

Si les années 1480 ont été, pour Anne de France, celles de la prise de pouvoir et de sa construction à la tête du royaume, la décennie suivante est certainement celle de l'apogée de sa puissance. Au pouvoir quasi souverain qui s'apparente à une régence, conforté par la victoire royale à la bataille de Saint-Aubin-du-Cormier, s'ajoute désormais la couronne ducale dont les Beaujeu ont hérité en 1488. Pierre et Anne jouissent de toute la confiance du roi Charles VIII, en même temps qu'ils se trouvent à la tête d'un véritable État princier, situé au cœur du royaume. Anne de France doit désormais conjuguer les intérêts de la Couronne et ceux du duché de Bourbon : elle a pour mission de les faire coïncider, sans les opposer.

Les prémices de l'entreprise de Naples

Après les affres de la guerre folle, la stabilité est revenue en France. Le royaume s'avance dans le monde de la Renaissance et son regard se porte vers l'Italie. En 1490, Charles VIII est dans la fleur de l'âge. Il a vingt ans, c'est le temps des rêves, des espérances et de l'action.

L'année 1491 constitue un tournant décisif pour le roi et son entourage. C'est celle de la libération inopinée de Louis d'Orléans, suivie de sa réconciliation forcée avec les Bourbons. C'est aussi celle de l'arrivée de princes napolitains en exil qui trouvent refuge à la cour de France et qui ne sont pas étrangers à l'attrait de Charles VIII pour l'Italie.

Peu à peu, le souverain se détache de l'influence de sa sœur : d'autres voix le séduisent, qui lui parlent du mirage italien. Sans cesse, on évoque autour de lui cette terre paradisiaque, aux villes somptueuses où l'or coule à flots et où règne une suave odeur de fleur d'oranger, aux cours florissantes où les tournois rivalisent d'éclat et où les arts s'épanouissent comme nulle part ailleurs. Charmé, le jeune roi se laisse convaincre de ses droits à la couronne de Naples face aux Aragon. L'attirance pour l'Italie devient irrépressible : au rêve de découverte se greffe celui de conquête. L'influence des princes avides d'aventures devient prépondérante.

À la suite de la réconciliation de Charles VIII avec Louis d'Orléans, toute une noblesse autrefois rebelle et désormais pardonnée a fait son retour dans les plus hautes sphères du pouvoir. Pierre et Anne ne sont plus les seuls conseillers écoutés du roi. Cette jeune noblesse compte de fervents partisans d'une expédition italienne à laquelle sont opposés les Beaujeu qui craignent pour la stabilité d'un royaume se relevant à peine de la guerre.

Les premières guerres d'Italie jouent un rôle de canalisateur des élans belliqueux de la noblesse française, désormais tournée vers l'étranger. Plus encore, elles permettent de la fédérer autour d'un roi, autrefois combattu et contesté à travers les personnes de Pierre et Anne de Bourbon. La plupart des nobles disgraciés pendant la décennie 1480 se trouvent ainsi aux côtés de Charles VIII dans le voyage italien. On peut y voir le signe de l'accroissement notable de l'influence de Louis d'Orléans, qui introduit ses fidèles dans le cercle royal, ce qui va à l'évidence à l'encontre des intérêts des Beaujeu. Mais ces conflits peuvent également apparaître comme une manière de détourner leurs ambitions vers l'étranger, ce qui sert le couple ducal, bientôt seul maître du royaume.

L'entreprise italienne est loin de plaire à Anne de France. Non que la princesse dédaigne les nouveautés artistiques venues d'Italie, bien au contraire. Cependant, la sœur de Charles VIII est avant tout une femme prudente et avisée qui sait que toute entreprise guerrière comporte des risques pour le roi et son royaume. Il lui a fallu près de dix ans pour asseoir son pouvoir et réduire les princes rebelles au silence ; le royaume a retrouvé depuis peu stabilité et prospérité.

Elle ne peut approuver l'entreprise napolitaine. Pourtant, rien n'y fait : ni Anne ni Pierre ne parviennent à raisonner Charles qui n'a plus l'âge de leur céder. Qu'importent les finances du royaume ? Qu'importe même le danger représenté pour sa propre personne ? Il lui faut partir.

De Florence, Savonarole en appelle au roi de France pour rétablir la justice, tandis que François de Paule, mystique calabrais particulièrement influent à la cour de France, lui enjoint de rétablir la morale dans la péninsule. Toute la diplomatie conçue habilement par Anne depuis plus d'une décennie pour apaiser les voisins belliqueux est mise à mal. Les Anglais voient d'un mauvais œil les prétentions françaises sur le royaume de Naples : Henry VII est tenté par un débarquement à Calais, évité par l'octroi de 745 000 écus d'or et par un accord signé à Étaples, le 3 novembre 1492. Que dire de Maximilien d'Autriche et de Ferdinand d'Aragon, demi-frère du roi de Naples, qui s'insurgent contre l'entreprise italienne ? Pour calmer leur colère, Charles VIII fait renvoyer Marguerite d'Autriche à son père, avec pour conséquence la perte de la Franche-Comté et de l'Artois, tandis qu'il signe avec l'Espagne le traité de Barcelone, ratifié le 3 janvier 1493, concédant le Roussillon et la Cerdagne tenus par la France depuis Louis XI, en échange de la promesse du roi d'Aragon de ne pas entrer en guerre contre lui, promesse que ce dernier ne tiendra pas.

Dès avant l'entreprise italienne, le coût est lourd pour la France, territorialement parlant, et l'œuvre de Louis XI et d'Anne de France d'accroissement des possessions royales est comme balayée d'un revers de main. Si la princesse regrette la politique de son frère, elle maîtrise cependant ses sentiments et ses paroles, gardant en tête son souhait de demeurer dans l'entourage du roi et d'agir pour le bien de la Couronne. On sait à la cour que le couple ducal désapprouve l'entreprise de Naples, mais Pierre et Anne, avec leur prudence habituelle, se gardent de clamer haut et fort leur opposition. C'est une question de dignité, de respect de la personne royale aussi.

Au sein des sujets, nul ne s'y trompe. Anne de France apparaît comme la garante de la souveraineté et comme la protectrice du royaume. C'est donc naturellement à elle que s'adressent en juin 1493 les consuls de Perpignan, désireux de rester français. L'intervention de la princesse n'y fait rien. Pierre de Beaujeu, gouverneur général du Languedoc, se voit sommé le 7 juillet de remettre sans délai la ville aux Espagnols, preuve que l'influence du couple sur le roi n'est qu'un souvenir.

Toutefois, l'aura de la princesse est telle en Europe que les princes étrangers ne cessent de la solliciter. Ludovic le More lui fait donc proposer par voie de chancellerie secrète la somme de 1 200 ducats par an, au titre de sa reconnaissance comme duc de Milan, titre usurpé au fils de Bonne de Savoie, cousin d'Anne. La fille de Louis XI, furieuse d'un tel procédé, refuse, tout comme elle s'oppose quelques mois plus tard au projet d'alliance de sa petite Suzanne à un membre de la famille Sforza.

Pourtant, l'attitude des Bourbons connaît un revirement au mois de novembre 1493. Les faits ont été notés par un ambassadeur milanais qui évoque une invitation de Pierre de Beaujeu à Amboise auprès du roi. Il rapporte que le duc « est tout en faveur ». Surtout, un Florentin remarque chez le couple présent à la cour une sorte d'exaltation : « On a rendu visite à Monsieur de Bourbon et Madame et nous les avons trouvés tout bons, tout doux et tout agréables. Bourbon ne loue pas l'entreprise ; mais il y participe car il voit qu'il serait seul[1]. »

Faut-il attribuer ce retournement soudain des Beaujeu en faveur de la conquête de Naples à la promesse du roi de leur déléguer le pouvoir en son absence ? Cette invitation à Amboise n'est pas sans rappeler l'entrevue organisée en 1482 par Louis XI avec son fils, au cours de laquelle il avait désigné les Beaujeu comme gardiens du dauphin et futur roi.

De fait, les préparatifs s'accélèrent au début de l'année 1494 : le roi quitte le Val de Loire et se hâte vers Lyon, point de ralliement des troupes royales avant le passage outremonts. En chemin, il lui paraît tout naturel de faire une halte à Moulins, chez sa sœur, en compagnie de la reine Anne de Bretagne. Il s'agit notamment de régler les dernières dispositions relatives à la gouvernance du royaume, comme en témoigne la tenue d'un conseil royal au château ducal. Le cortège royal, auquel se sont agrégés Pierre et Anne, se remet en route vers Lyon, où Charles VIII demeure cinq mois, au lieu des quelques jours initialement prévus.

Les époux Bourbon s'impatientent et quittent Lyon, avant d'y revenir quelques semaines plus tard : la désignation de Pierre à la régence demeure officieuse. Ce n'est qu'à la fin du mois de juillet 1494 que Charles VIII annonce enfin son départ imminent, en même temps que la nomination de son beau-frère comme lieutenant général du royaume. Aux dires de Commynes, le duc de Bourbon aurait ainsi semoncé le souverain : « Vous allez en Italie, ce qui ne m'a jamais plu. Dieu vous donne le succès. Je fais des vœux pour l'honneur de la couronne de France. Mais si tout va mal, le premier qui vous montrera le poing, c'est moi[2]. »

Un pas vers la régence : la lieutenance générale du royaume de 1494-1495

La délégation du pouvoir qui vient d'avoir lieu a été peu remarquée par les historiens, alors qu'elle est d'un grand intérêt dans la construction de la régence. Le roi nomme le duc de Bourbon lieutenant général du royaume par une ordonnance qui règle à la fois l'administration du royaume et les mesures de finances. Charles VIII confère à son beau-frère des prérogatives parfaitement circonscrites et définies :

> Charles à tous salut comme pour la juste cause qu'avons au royaume de Naples depuis détenu par Alphonse d'Aragon, avons par grande et mûre délibération fait lever armées. [...]
> Et aussi se doit [le lieutenant] administrer justice à nos sujets et les faire vivre en bonne union [...] sous ma dite obéissance. [...]
> Et à cette fin, avons avisé prendre et choisir notre très cher et très aimé frère monsieur le duc de Bourbonnais et d'Auvergne comme celui à qui avons le plus de confiance. En considération que feu notre dit très cher seigneur et père que Dieu absolve tant par lui bailla la charge conduite et administration de notre personne durant notre dit bas âge où il fut vertueusement conduit. [...]

> Savoir faisons que notre dit frère le duc de Bourbon par la grande considération et par l'avis des autres seigneurs de notre sang, avons établi, faisons et établissons par les présentes, lieutenant général représentant notre dite personne ici et dans tout notre royaume durant notre absence[3].

Cette ordonnance est assortie d'une lettre du roi aux bonnes villes, dans laquelle il leur recommande une obéissance totale à son lieutenant[4]. Les Beaujeu, inspirateurs de la missive, n'ont rien négligé pour asseoir confortablement le pouvoir qu'ils s'apprêtent à exercer. D'après les injonctions du souverain, il conviendra d'obéir au duc de Bourbon comme au roi qu'il représente, d'autant qu'il est doté du pouvoir d'« administrer justice » et d'« entretenir paix », c'est-à-dire des fonctions régaliennes relatives à la conservation du royaume.

Une évolution significative s'est produite entre 1484 et 1494 : elle est de nature institutionnelle. La grande différence tient au caractère écrit et désormais explicite de la désignation du représentant du roi, et non à la nature même des pouvoirs qui lui sont conférés, certainement plus restreints que ceux exercés auparavant. Cette année de lieutenance apparaît comme un moment charnière et non comme une simple parenthèse dans la construction progressive de cette institution qu'est la régence, telle que la conçoit et l'instaure François Ier par la suite.

La lieutenance de 1494-1495 consacre la sortie de l'informel ainsi que la puissance désormais accordée à l'écrit et au droit, comme instruments de légitimation. Pour la première fois, les prérogatives sont clairement définies (et de fait, limitées) et correspondent à un titre, qui n'est pas celui de régent en l'occurrence. Le mouvement d'invention institutionnelle de la régence moderne est amorcé et, une fois encore, ce sont les Beaujeu qui en sont à l'origine.

Une question se pose : pourquoi avoir préféré le terme de lieutenance générale à celui de régence ? La définition précise et officielle des fonctions du duc de Bourbon n'est pas synonyme d'accroissement des pouvoirs. Bien au contraire, elle fixe des limites auxquelles la régence officieuse exercée auparavant par Anne de France n'avait jamais été confrontée. Ce pouvoir qui se dit ouvertement est bien plus restreint que celui qui s'exerçait dans l'ombre. Le terme insiste beaucoup plus sur le caractère de représentation du roi que celui de « régence », qui, lui, s'apparente à l'exercice du pouvoir royal, avec ce que ce dernier comporte de souveraineté, d'autorité. Cette entreprise de normalisation d'une situation de vacance momentanée du pouvoir a pour double vocation de permettre à celui qui représente provisoirement le roi de gouverner le royaume en toute légitimité, tout en affirmant la pleine souveraineté royale.

Moulins, capitale du royaume

Le temps d'une année, Moulins devient ainsi le cœur du royaume, accueillant la reine Anne de Bretagne, la chancellerie et le Grand Conseil. Cette courte période de mise en pratique d'un pouvoir de substitution institutionnalisé voit de manière inédite la coexistence de deux gouvernements, l'un à Moulins, l'autre en Italie. Le Conseil devient bicéphale, avec une partie itinérante qui suit le roi, tandis que l'autre demeure à Moulins, pendant toute l'expédition. Charles VIII y fait allusion dans ses lettres. Tantôt il dit avoir fait lire les lettres de Pierre de Bourbon « en conseil », c'est-à-dire par les conseillers qui participent à sa campagne militaire ; tantôt il prie ce dernier de se rapprocher de l'Italie et d'« amener le chancelier et autres gens de son conseil tant de robe longue que courte qui sont avec lui » à Moulins[5].

Seul le petit sceau est demeuré dans le royaume, tandis que le grand accompagne Charles VIII en Italie. Cela implique l'impossibilité d'émettre des actes officiels de grande envergure pour le duc de Bourbon et signifie la volonté royale de conserver la mainmise sur les décisions, comme le montre l'absence d'actes normatifs signés de la main de Pierre de Bourbon, confiné dans un rôle très administratif. À Moulins, on expédie les affaires courantes.

Dès le départ, la relation qui s'instaure entre Charles VIII et Pierre de Bourbon est celle d'une intense et étroite collaboration.

Les échanges épistolaires sont quotidiens. C'est très clairement une vision géographique qui anime l'idée que le roi se fait de la répartition des pouvoirs, ce dernier prenant en charge les affaires italiennes, son lieutenant celles de « par-delà » les Alpes, c'est-à-dire françaises. Il lui donne en effet la plus grande liberté d'action, l'autorisant à « donner ordre par-delà en tout ce qu'il [lui] semblera être nécessaire pour le bien de [son] royaume[6] ».

Les manifestations de confiance émaillent la plupart des lettres que le roi adresse à son lieutenant. En des termes très élogieux, il l'assure de l'appui et de la satisfaction du Conseil qui l'accompagne en Italie à propos de son action en tant que lieutenant. Le duc semble toujours exercer une influence sur le roi auquel il prodigue des conseils. En témoigne la réponse de Charles VIII, pressé par Pierre de revenir en France : « En ensuivant votre avis, j'ai fait et fais la meilleure diligence qu'il n'est possible pour m'en retourner[7]. »

Certes, ce gouvernement dédoublé peut apparaître comme le signe d'une perte d'influence, mais il semble être la preuve de la capacité des Bourbons à se maintenir au pouvoir et à avoir su conserver la confiance du souverain.

Les finances et la justice sont les deux domaines favorisés par le roi. Cela rejaillit très naturellement sur la pratique du pouvoir, telle que la met en œuvre le duc de Bourbon, qui privilégie les priorités établies par Charles VIII. Les objectifs de la mission dévolue à Pierre de Beaujeu sont doubles : il s'agit de préserver la paix à l'intérieur et de servir la guerre par tous les moyens à l'extérieur. Le duc de Bourbon a donc pour vocation de maintenir une sorte de *statu quo* dans le royaume, puisque tous les efforts sont tournés vers l'Italie, comme l'attestent les lettres de Charles VIII. En France, le rôle des Beaujeu est du ressort de l'exécutif plus que du décisionnel.

La guerre est coûteuse, et ses effets se font particulièrement sentir quelques années seulement après la fin de la guerre folle qui a vidé les caisses de l'État. Depuis Naples, le roi ne cesse d'insister sur la nécessité d'appuyer l'effort de guerre, en participant à son financement et en levant des troupes susceptibles d'intervenir rapidement en Italie pour y soutenir les armées royales. C'est également ce que souhaite le duc d'Orléans dans les nombreuses lettres qu'il adresse à Pierre de Beaujeu et dans celle qu'il envoie à Anne de France[8]. Alors que Charles VIII se concentre sur le royaume de Naples, Louis d'Orléans combat en Milanais dont il revendique l'héritage, en tant que descendant de Valentine Visconti. Le temps passant, les missives se font de plus en plus pressantes et, n'obtenant pas l'aide escomptée, Louis d'Orléans se tourne vers Anne de France, toujours influente, qu'il supplie d'œuvrer pour soutenir le roi en Italie.

Les époux Beaujeu, garants des finances royales, sont plus que réticents à l'idée d'engager toujours plus de dépenses pour l'expédition italienne qu'ils n'ont jamais soutenue. Le couple préfère s'occuper de la gestion administrative du royaume en y conservant la paix et en luttant contre les pilleries des gens d'armes inoccupés et sans solde. Parfois, le duc intervient auprès du Parlement pour obtenir la résolution d'un procès et, le plus souvent, pour donner des nouvelles des affaires italiennes. Son rôle est avant tout de maintenir le lien et le dialogue entre Charles VIII et ses officiers, et d'exalter la figure d'un roi vainqueur et conquérant, en renforçant par la même occasion l'autorité politique et symbolique de ce dernier.

Charles VIII attend aussi de son beau-frère un rôle de représentant et de diplomate au niveau international, notamment auprès des deux puissances ennemies que sont l'Empire et l'Espagne. Aux dires du souverain, le lieutenant doit se comporter en faiseur de paix, sans toutefois empiéter sur le domaine des négociations de traités qui reste de son ressort. C'est donc à Moulins, en compagnie de son épouse, que Pierre de Bourbon reçoit les ambassadeurs étrangers. Le couple a pour tâche essentielle d'apaiser les éventuelles tensions qui pourraient envenimer le conflit franco-impérial. Le duc et la duchesse de Bourbon apparaissent dans le rôle de faiseur de paix dont ils sont coutumiers et Charles VIII sait mettre à profit leurs talents de diplomates. Dans une lettre du 12 août 1495, il fait part de sa satisfaction sur l'accueil réservé par les Bourbons aux envoyés de Maximilien concernant les négociations de paix[9].

L'Espagne représente une véritable menace : Charles VIII charge ainsi son lieutenant de protéger le royaume face aux gens d'armes que le roi d'Aragon masse en Roussillon. Une fois de plus, la guerre menace le royaume sur ses frontières, et c'est aux Beaujeu qu'il revient d'apaiser les voisins européens.

Quelle place pour la duchesse au cœur de la lieutenance ?

L'ordonnance de Charles VIII permet de revisiter sous un nouvel angle la question de la place des Beaujeu à la tête de l'État durant la décennie 1490. Dans un tel dispositif, deux questions se posent, toutes deux intimement liées. Pourquoi ne pas faire référence à Anne de France ? Quel rôle revient à la princesse, autrefois si puissante qu'il est difficile de l'imaginer soudainement exclue du pouvoir par son frère et son époux ?

Il semble que le choix d'un homme pour gouverner le royaume s'inscrive dans une logique historique qui consiste à ne pas attribuer le pouvoir à une femme mariée. Or, Anne de France est l'épouse d'un fidèle du roi, expérimenté dans l'art du gouvernement et, de surcroît, l'un des plus importants princes du royaume depuis son accession au titre de duc de Bourbonnais et d'Auvergne. Pierre est désormais le chef d'un illustre lignage, aux ramifications très denses et très bien implanté dans le royaume. Il paraît presque naturel de confier ce dernier à ce prestigieux personnage qui incarne l'image du grand seigneur, rempart de la royauté, par sa fidélité et son efficacité qui ne sont plus à démontrer. En outre, il est l'un des seuls grands princes à ne pas quitter le royaume pour l'Italie.

Un manuscrit, contenant un exemplaire enluminé de l'ordonnance royale de 1494, mérite d'être mentionné, car il apporte des renseignements sur la place d'Anne au cœur de la lieutenance générale[10]. Il aurait pu être commandé par les Bourbons ou bien leur être offert par le roi en personne. Il s'ouvre par une enluminure qui présente le souverain, assis en majesté sous un dais fleurdelisé, tenant dans ses mains les *regalia*, les insignes du pouvoir. Si Charles VIII est entouré des représentants des trois ordres du royaume, deux personnages se détachent nettement du décor.

Pierre et Anne de Bourbon se tiennent debout côte à côte, à la droite du roi qui délègue le gouvernement du royaume à son beau-frère, figuré avec le collier de l'ordre de Saint-Michel autour du cou et la main levée, en signe d'acceptation de ces pouvoirs extraordinaires. C'est le couple, et non Pierre de Beaujeu seul, qui se trouve ainsi mis en avant par le miniaturiste anonyme de ce manuscrit. À la lecture de cette miniature, il apparaît que le duc et la duchesse ont travaillé de pair à l'administration et à la conservation du royaume, pendant l'année d'absence du roi, de septembre 1494 à octobre 1495. Du moins est-ce l'image que tous deux cherchent à véhiculer à travers ce manuscrit.

Il ne fait nul doute qu'Anne de France a exercé le pouvoir, comme elle l'a toujours fait jusque-là, tout en restant prudemment et discrètement en retrait par rapport à son époux, distingué par le roi. Les lettres qui lui sont adressées afin d'obtenir sa faveur ou son intercession couvrent sans distinction l'ensemble du règne de Charles VIII, ce qui témoigne de la permanence de son influence jusqu'en 1498, et même après. Ces quelques vers du seigneur de La Vauguyon sont éloquents :

> Le roi absent avec son armée,
> Le bon duc Pierre en France régenta
> Où il n'acquit pas moindre renommée
> Qu'auparavant ni de gloire famée
> Tant sagement en tout diligenta
> Madame aussi point ne négligea
> De s'y montrer en bien affectueuse[11].

Surtout, comme le prouvent des lettres[12] adressées par les membres de la famille de Bourbon à Anne de France, cette dernière est tenue systématiquement au fait de tout ce qui se passe en Italie pendant l'expédition. Louis de Bourbon-Vendôme, prince de La Roche-sur-Yon, rassure Anne sur le fait que ses volontés ont été satisfaites et que le roi pense à elle : « Il ne faut ça croire que le roi ne vous ait oublié de tout ainsi que lui-même nous a dit[13]. »

Signe de sa puissance, de nombreux nobles, tels que le seigneur de Ravenstein, ne manquent pas de se recommander à elle à travers la plume de Louis de Bourbon. Encore en 1494-1495, Anne demeure de toute évidence un personnage d'autorité en dépit de l'émancipation du roi qui coïncide avec l'intérêt grandissant du couple ducal pour les affaires de Bourbonnais et d'Auvergne, celles-ci les accaparant de plus en plus, particulièrement depuis la naissance de la petite Suzanne en 1491.

Anne de France, duchesse de Bourbonnais et d'Auvergne

Au même moment, le couple ducal se tourne vers l'administration de son vaste duché. Revenons quelques années en arrière. En pleine guerre folle, lorsque la nouvelle de la mort de Jean II de Bourbon, le 1er avril 1488, parvient aux Beaujeu, Anne de France voit son destin s'accomplir et la fortune lui sourire. L'année 1488 lui est décidément faste à tous points de vue. Certes, Charles de Bourbon est encore vivant, mais sans descendance légitime. Anne sait qu'elle sera bientôt duchesse de Bourbonnais et d'Auvergne. Comme il serait dangereux d'abandonner le roi et le théâtre des hostilités alors que la guerre est à son comble et que se prépare l'ultime assaut contre la Bretagne, la princesse quitte seule la cour le 10 avril pour rejoindre Moulins, tandis que Pierre de Beaujeu demeure aux côtés de Charles VIII.

Le 12 avril, elle assiste aux funérailles de son beau-frère dans la nécropole des Bourbons de Souvigny et fait une entrée remarquée dans Moulins, où elle impose sa grandeur aux yeux des habitants du duché. Elle fait dépêcher deux émissaires auprès du cardinal Charles de Bourbon à Lyon. À l'héritier légal de la couronne ducale, Anne propose une transaction : l'échange des revenus du Beaujolais, estimés à 20 000 livres, auxquels s'ajoute une pension d'un montant équivalent, contre la renonciation au duché en faveur de Pierre de Beaujeu. Le cardinal malade et aux abois cède aux propositions de sa belle-sœur, avant de mourir en septembre de la même année. Voilà les Beaujeu duc et duchesse de Bourbon.

Avisée et prévoyante, Anne de France avait fait réviser son contrat de mariage avec le sire de Beaujeu en 1487, par des lettres dérogatoires de Charles VIII qui autorisaient les deux époux à se consentir des donations réciproques. En l'absence d'héritier, comme c'est alors le cas, de telles dispositions permettent à Anne de France de recevoir tous les biens de Pierre, sans que les fiefs de ce dernier ne reviennent à la Couronne en tant qu'apanages à sa mort.

Dès la fin de la décennie 1480, la duchesse de Bourbon commence à tourner le regard vers son duché, sans pour autant y effectuer de longs séjours. Puis, elle prend goût à Moulins. Ambitieuse, la princesse est en mesure d'y offrir à son frère une entrée en 1490 : les séjours du couple s'y font de plus en plus réguliers et le roi lui-même semble apprécier la capitale ducale, à tel point qu'il y revient pour la Noël, accompagné de la petite Marguerite d'Autriche.

Si l'année 1488 a représenté celle de la victoire et de l'apogée de la puissance des Beaujeu à la tête du royaume, l'année 1491 n'en constitue pas moins un tournant pour ces derniers. Anne, après avoir perdu un fils et héritier en 1476, n'a pu offrir jusque-là de descendance à la maison de Bourbon. C'est chose faite le 10 mai 1491 avec la naissance de Suzanne qui va dès lors cristalliser toute l'attention et tous les espoirs sur sa frêle et chétive personne. Dieu a-t-il exaucé le couple ducal par l'intercession de saint François de Paule, ce moine calabrais dont le charisme et l'influence à la cour sont inégalés depuis le règne de Louis XI ? Cela ne fait aucun doute aux yeux de la princesse. Dès lors, Anne de France n'aura de cesse de consolider l'édifice bourbonnais pour sa fille.

En 1488, Anne et Pierre de Bourbon héritent d'un duché à l'apogée de sa puissance et de sa gloire. Il s'agit plutôt d'un véritable État princier, constitué non seulement du Bourbonnais, mais encore de l'Auvergne, du Forez, du Beaujolais, de la Marche et d'autres comtés et seigneuries, reçus ou acquis par les époux[14]. Anne de France apporte le comté de Gien et la vicomté de Thouars et de Châtellerault, donnés par son père. De même qu'elle a toujours œuvré à l'accroissement de la Couronne, elle acquiert avec son époux la baronnie de Bourbon-Lancy en décembre 1489, première étape vers l'agrandissement du duché qui constitue l'œuvre de la dernière partie de son existence. Poursuivant sa politique d'extension territoriale, le couple se porte acquéreur des vicomtés de Murat et de Carlat, tandis que Suzanne reçoit en héritage la seigneurie de Roche-en-Régnier de Mathieu de Bourbon en 1505. À la tête de cet État princier si vaste, Pierre et Anne de Bourbon s'affirment comme le couple le plus puissant après le roi et la reine de France.

Le bon gouvernement de la duchesse

Anne de France, conformément à l'idéal de bon gouvernement qui est le sien, s'engage dans la modernisation de ses terres. Cet élan novateur, qui doit renforcer sa puissance, concerne l'administration et l'économie.

La gestion et le contrôle du duché passent tout d'abord par l'amélioration des voies de communication et par l'aménagement de nouveaux itinéraires. Un axe qui relie Moulins à Lyon, par Roanne et Lapalisse, voit ainsi le jour et permet au duché de connaître un essor économique grâce à la proximité des foires de Lyon. Une autre route essentielle, reliant les deux capitales (Moulins en Bourbonnais et Riom en Auvergne), *via* Saint-Pourçain, Montferrand et Le Puy, est aménagée, au même titre que les axes reliant le duché à Bourges et au Val de Loire, sans compter les voies fluviales menant à Tours, Orléans et même Paris.

Grâce à cette politique de modernisation, les Beaujeu font de Moulins une étape incontournable au cœur du royaume, ce qui ne peut que contribuer au rayonnement de leur capitale. En parallèle, la duchesse s'efforce de sécuriser les routes par des mesures visant les brigands et autres routiers. La nomination d'un prévôt des maréchaux, chargé de la répression des crimes, par un édit royal de 1491, concourt à la lutte contre le banditisme, tandis qu'Anne rappelle aux villes la nécessité de s'entourer de fortifications pour prévenir d'éventuelles attaques. Une ordonnance ducale, datée du 25 août 1494, renouvelle l'obligation pour chaque habitant du Beaujolais de faire le guet à tour de rôle dans les châteaux et les villes fortes, afin de se prémunir des dangers possibles[15]. Comme à la tête de l'État, la paix et la stabilité représentent une priorité pour Anne de France, en ce qu'elles sont les piliers d'un bon gouvernement.

Le couple ducal ne néglige pas le développement économique de ses territoires. En témoigne l'exploitation des mines de sulfate de fer, de cuivre et de zinc, situées à Valtorte en Beaujolais, et exploitées en condominium par Pierre de Bourbon et le chapitre de Beaujeu, jusqu'en 1514[16]. En témoignent encore l'exploitation de leurs domaines forestiers, situés dans le nord de la même seigneurie, et la mise en place d'une chasse aux loups qui dévorent « les bestiaux et même les hommes[17] », sous l'impulsion de la duchesse en 1517. En témoigne enfin l'attention portée au commerce des grains, essentiel en cette période où les famines étaient coutume. En 1501, année de disette dans le Beaujolais, Pierre de Beaujeu envoie un auditeur des comptes de Moulins qui fait vendre le blé disponible et s'enquiert des pauvres à qui l'on doit fournir les céréales à crédit et à moindre prix. Elles doivent même être distribuées gratuitement aux plus démunis et pour l'ensemencement des terres. Enfin, le duc interdit l'exportation des grains vers Lyon, afin d'endiguer l'inflation et la famine dans sa seigneurie, mais cette interdiction mécontente le gouvernement de la cité rhodanienne qui en demande la suspension. Par ces mesures, le duc fait figure de « bon prince » auprès de ses sujets, comme son épouse.

La question fiscale est également fondamentale dans le gouvernement ducal. Après la mort de Pierre en 1503, la duchesse traverse les bonnes villes et convoque les États provinciaux, dans l'objectif de maintenir un lien de collaboration et d'amitié avec ses sujets. Dans le contexte de la revendication du duché par la branche Montpensier, elle se montre dans toute sa splendeur et sa puissance pour s'affirmer aux yeux de tous comme la duchesse légitime. Si Anne de France concède des avantages aux bonnes villes et intervient volontiers en leur faveur auprès du Parlement de Paris pour le règlement d'affaires judiciaires, elle attend en retour le paiement régulier des taxes, sans lesquelles son État ne peut ni fonctionner ni subsister. C'est pourquoi elle réclame en septembre 1513 le règlement des cens, puis convoque la réunion des

États en septembre 1516 à Riom afin de percevoir les impôts qui lui sont dus. En septembre 1521, elle exige une nouvelle fois les arriérés de taxes, signe de la difficulté qu'elle rencontre pour faire valoir ses droits, en dépit de sa puissance[18]. Elle doit en outre faire face à une concurrence royale en matière de fiscalité. Les habitants du duché d'Auvergne préfèrent négocier avec le bailli du roi, présent à Montferrand, qu'avec le sénéchal de Riom, qui représente la duchesse[19].

Au-delà de la seule question fiscale, la duchesse tente de préserver ses droits et ses avantages face à un pouvoir royal qu'elle a elle-même autrefois contribué à consolider, mais dont les intérêts sont désormais opposés aux siens.

Réformes administratives et institutionnelles

Après avoir autrefois participé à la modernisation de l'État royal, Anne de France procède à celle de l'économie et de l'administration de son duché. L'immensité de l'État princier du duc et de la duchesse de Bourbon implique une diversité culturelle, linguistique et juridique qui est un frein à l'unification et à l'établissement d'une administration que l'on veut efficace et moderne.

Qu'entend-on par « moderne », terme qui peut paraître quelque peu anachronique ? Vers 1500, à l'aube de la Renaissance, est moderne ce qui est fondé sur l'écrit et sur le droit. Nous avons évoqué cette réalité au sujet de l'institutionnalisation de la régence, mais cette dynamique est globale. Une femme de pouvoir aussi fine d'esprit qu'Anne de France a perçu très tôt la force de l'écrit. Dans un duché où l'on parle au moins trois langues, la princesse s'efforce d'encourager l'utilisation du français par l'ensemble des habitants. Les comptes doivent être tenus en français, les officiers sont recrutés à condition de le parler couramment et les notaires sont incités à en préférer l'usage à celui du latin[20]. Une ordonnance de 1518, relative au Beaujolais, témoigne de l'importance que revêt l'unification linguistique aux yeux de la duchesse. Dans cette ordonnance, qui a pour objectif de réformer la justice dans ladite seigneurie, Anne de France impose notamment l'utilisation du français pour la rédaction de tous les actes de procédure. La duchesse apparaît comme précurseur dans sa gestion administrative et politique, puisqu'une telle décision intervient près de vingt ans avant l'édit de Villers-Cotterêts de François Ier instituant le français comme langue officielle des actes administratifs[21].

Surtout, il est tout à fait remarquable d'observer qu'en 1518, alors que Pierre de Bourbon est mort depuis quinze ans déjà et que Charles de Bourbon-Montpensier lui a succédé sur le trône ducal en 1505, c'est à Anne de France que revient l'initiative d'une telle réforme, preuve de sa mainmise sur les affaires gouvernementales jusqu'à la fin de sa vie.

Anne fait également réaliser un inventaire des archives de Moulins à partir de 1501 par Jean d'Argillière, receveur général du comté de Clermont-en-Beauvaisis[22]. Cette entreprise est encore le signe de l'importance accordée à l'écrit par la princesse et de la conscience qu'elle a de la nécessité des archives pour faire valoir ses droits, quels qu'ils soient.

On a vu à quel point les relations d'Anne de France avec les parlementaires sont étroites et bonnes, à quel point ses interventions sont nombreuses aussi. La justice est l'un des piliers du gouvernement royal : rendre justice répond à l'idéal de bon gouvernement dont est pétrie la duchesse et qu'elle transpose en ses terres. C'est ainsi que dans une ordonnance du 13 juillet 1511, elle institue la tenue d'assises judiciaires dans le Beaujolais chaque année et non plus tous les trois ans, comme c'était le cas jusque-là. Cette réforme doit permettre d'accélérer le cours de la justice[23].

Comme celle de l'écrit, la place du droit est fondamentale dans l'esprit des Beaujeu. En témoigne la rédaction des coutumes qu'ils entreprennent très peu de temps après leur arrivée sur le trône ducal. En 1493, avec l'autorisation de Charles VIII, le duc de Bourbon engage le duché dans la rédaction des coutumes, pratiques et usages fondés sur la tradition qui avaient force de loi. Des commissaires missionnés par Pierre traversent le duché pour recueillir de la bouche des hommes d'Église, des bourgeois, des nobles ou encore des hommes de loi les coutumes de leurs cités. Elles sont ensuite compilées et mises par écrit[24]. L'on imagine le travail représenté par une telle démarche qui aboutit à leur rédaction à Moulins, en présence du duc Pierre de Bourbon. Lecture en est faite dans la sénéchaussée du Bourbonnais en septembre 1500. Le duc ne juge pas nécessaire de faire enregistrer ces lois du duché par le Parlement de Paris, comme le stipulait l'ordonnance de Charles VIII. C'est donc Anne de France qui doit se plier à cette obligation en 1520, à la demande de François Ier, plus soucieux d'affirmer son autorité que son prédécesseur.

Enfin, le gouvernement ducal n'a de cesse de s'imposer face aux bonnes villes, qu'il s'agisse de Moulins, de Montluçon, de Riom et d'autres encore. Le duc et la duchesse renforcent leur pouvoir sur les instances municipales de Moulins, ce qui aboutit à la réforme de 1518, dont la plus importante des dispositions est l'instauration pour les habitants du droit d'élire un maire. En outre, l'ordonnance prévoit que le duc et ses officiers soient convoqués à toutes les assemblées générales de la ville, symbole de l'emprise ducale sur la capitale[25]. Preuve de cette dernière, en 1518, le maire désigné par Anne de France n'est autre que son secrétaire, Jean Chanteau, l'un de ses plus fidèles serviteurs[26]. Moulins est le centre de l'autorité princière, d'où l'importance d'avoir la mainmise sur les hommes qui dirigent la ville. Plus encore, la capitale est devenue « le cadre idéologique de l'exaltation du pouvoir princier[27] ».

Les réseaux de fidèles à l'œuvre

Comme autrefois à la tête de l'État, le couple ducal exploite les réseaux de fidélité pour asseoir son pouvoir. Si les fidèles sont sensibles aux dons d'offices et à la faveur dispensée par le prince ou la princesse, ils ne le sont pas moins aux honneurs. C'est pourquoi le duc et la duchesse de Bourbon récompensent la valeur et la fidélité de leurs officiers en les intégrant à l'ordre de l'Escu d'or et en les autorisant à porter la ceinture « Espérance », symbole des Bourbons.

Les officiers des ducs de Bourbon sont très nombreux et l'administration ducale obéit à une organisation stricte et efficace. Certaines familles ont marqué l'histoire du duché entre la fin du XVe et le début du XVIe siècle : les Robertet, avec notamment François, trésorier du Bourbonnais puis maître de la Chambre des comptes à partir de 1510. Plusieurs des Robertet sont promis à une belle carrière dans l'administration royale après avoir fait leurs débuts au service des Bourbons. Les Popillon sont particulièrement fidèles aux Beaujeu : l'officier des finances Charles Popillon fut récompensé de sa fidélité par Anne qui l'autorisa en 1495 à rendre justice dans la seigneurie du Ryau, proche de Moulins, dont il venait de faire l'acquisition. Son fils Pierre servit les Bourbons comme chancelier de Bourbonnais à partir de 1515. Un autre officier, le fidèle Philibert de La Platière, fit ériger une cheminée portant la devise des ducs dans sa demeure du Beaujolais en hommage à ses protecteurs.

Le couple savait faire preuve de reconnaissance à l'égard de ceux qui l'avaient servi : c'est pourquoi à son accession au trône, Pierre de Beaujeu ne manqua pas de récompenser ses fidèles serviteurs du Beaujolais et du gouvernement royal qui s'ajoutèrent aux officiers déjà en place. Jean Cueillette fut nommé trésorier général des finances dès 1488. Quant à Jean Damont, secrétaire du roi Charles VIII qui avait mis ses talents au service des Beaujeu lors de l'offensive épistolaire des princes, il fut engagé comme garde des sceaux aux contrats du duché de Bourbonnais[28].

En 1503, à la mort de Pierre, la princesse, qui n'a rien perdu de sa puissance, de sa superbe et de son influence, conserve un rôle évident dans la nomination des officiers ducaux, comme autrefois à la tête de l'État. Elle choisit et nomme personnellement les gens de son hôtel et ses secrétaires, tels que le fidèle Guillaume de Jaligny. Elle se retrouve seule titulaire du pouvoir, puisque Suzanne est âgée de onze ans seulement. Pour la troisième fois, Anne de France exerce une sorte de régence, conservant l'ensemble des prérogatives ducales. Elle procède alors à la confirmation de tous les officiers nommés par son mari, fait unique dans l'histoire du duché[29], mais la princesse, on le sait, ne craint ni la nouveauté ni les situations inédites. Ce n'est qu'en 1505, avec le mariage de Suzanne et de Charles, qu'elle devient duchesse douairière, titre qui apparaît officiellement dans les sources en 1507[30]. Elle continue cependant d'assurer la gouvernance du duché et conserve la main sur les décisions, comme en témoignent les nominations aux divers offices auxquelles elle procède entre 1505, date de l'avènement de Charles III de Bourbon, et 1522, date de sa propre mort[31]. À son tour, Charles III de Bourbon fait entrer de nouvelles figures dans l'administration ducale, venues de ses terres de Montpensier, Guillaume de Marillac et Jean de L'Hôpital, sans que sa belle-mère ait à congédier ses plus fidèles serviteurs.

Au regard de la pratique du pouvoir, il est très intéressant de noter le parallèle qui peut être établi entre le gouvernement d'Anne de France à la tête du royaume et celui qu'elle exerce à la tête du duché. Ses pratiques politiques sont similaires, mues par des idéaux semblables et des objectifs identiques que l'on peut résumer en ces termes : efficacité, pragmatisme et bien commun. En couple, puis seule, la duchesse a contribué à la structuration d'un État surpuissant au point de déranger le pouvoir royal, lui-même en quête d'extension et d'affirmation. L'État absolu en gestation peut-il admettre l'existence de ce dernier État princier au cœur du royaume ?

Assurer la survie du duché

C'est une question à laquelle Anne de France est rapidement confrontée et à laquelle elle réfléchit de manière précoce. Elle met ainsi tout en œuvre pour garantir la survie de son duché.

En 1498, dès l'accession au trône de Louis XII, la princesse s'assure de pouvoir conserver le duché de Bourbon. C'est pourquoi elle fait signer au roi un accord qui permet à Pierre de lui faire donation de tous ses biens.

Après la mort de Pierre de Bourbon, Anne apparaît comme la duchesse en titre aux yeux des habitants : si elle fait elle-même

❶ Jean Hey, *Pierre II de Bourbon et saint Pierre,* volet gauche du *Triptyque eucharistique,* v. 1492-1493, huile sur bois (chêne), 84 cm × 77 cm, Paris, Musée du Louvre, département des Peintures, inv. 9071.

❷ Jean Hey, *Anne de France et saint Jean l'Evangéliste,* volet droit du *Triptyque eucharistique,* v. 1492-1493, huile sur bois (chêne), 73 cm × 53 cm, Paris, Musée du Louvre, département des Peintures, inv. RF 535.

❸ Jean Hey, *Suzanne de Bourbon dit Enfant en prière,* v. 1492-1493, huile sur bois (chêne), 27 cm × 16 cm, Paris, Musée du Louvre, département des Peintures, inv. RF 1754.

Jean Hey, *Triptyque de la Vierge en gloire*, v. 1498-1500, huile sur bois (chêne), 189 cm × 331 cm, Moulins, cathédrale Notre-Dame, 1898/06/14. Sur le volet droit, sainte Anne présente Anne de France et sa fille Suzanne de Bourbon, sur le volet gauche, saint Pierre présente Pierre II de Bourbon.

EVLOGIA · SOLE · AMICTA
IT · CORONARI · DVODENIS

Anonyme, *Anne de France et Pierre de Bourbon avec sainte Anne et saint Pierre* (recto), v. 1500, or sur émail translucide, 4,5 cm × 3,7 cm, Londres, The Wallace Collection, inv. W34. Au verso sont représentés Charlemagne et saint Louis, illustres ancêtres du couple.

Jean Guilhomet dit Jean de Chartres, *Sainte Anne éduquant la Vierge*, v. 1500-1503, pierre calcaire, 192 cm × 78 cm × 49 cm, Paris, Musée du Louvre, département des Sculptures, inv. R. F. 1158. Le groupe de trois statues auquel elle se rattache provient de la chapelle du château de Chantelle (Allier).

Symphorien Champier, *La Nef des dames vertueuses*, scène de dédicace à Anne de France, BnF, RLR, Vélins 1972. Cette miniature était accompagnée de la légende suivante : « Ici commence un petit livre intitulé *Les louanges, fleurs et deffenssoir des dames* : composé par maître Symphorien Champier, dédié et envoyé à la très noble et très vertueuse princesse Anne de France, dame et duchesse de Bourbon et d'Auvergne. »

Le pavillon d'Anne de Beaujeu, aile neuve du château des ducs de Bourbon à Moulins.

Bas-relief aux armes des Bourbons, entre 1488 et 1503, noyer ou bois fruité, polychromie et dorure, 58 cm × 92,5 cm × 3,5 cm, Moulins, musée Anne-deBeaujeu, inv. 95.112.1.

Horae ad usum Romanum, dites Heures d'Anne de France à l'usage de Rome, Anne de France en prière, détail, v. 1473, enluminure de Jean Colombe, New York, The Morgan Library and Museum, ms. M. 677, fol. 42v°-43r°.

Psalmi poenitentiales, Anne de France en prière devant la Vierge à l'Enfant avec sa suite, enluminure de Jean Pichore, après 1503, Paris, BnF, ms. Latin 3637, fol. 1r°-2°.

Ordonnance de Charles VIII pour le bon gouvernement du royaume à l'occasion de son départ en Italie, Charles VIII en compagnie du couple Bourbon et des trois États du royaume, v. 1494-1495, BnF, ms. Français 5743, fol. 1.

Statuts de l'ordre de Saint-Michel, Charles VIII et Pierre II de Bourbon face à saint Michel, enluminure de Jean Hey, v. 1493-1494, BnF, ms. Français 14363, fol. 3.

référence à sa fille Suzanne et à son gendre le connétable de Bourbon dans sa correspondance, ce n'est pas le cas des villes d'Auvergne qui savent qui détient réellement le pouvoir[32]. Mais Anne pense au duché qu'elle veut léguer à son héritière.

Le mariage de Suzanne avec Charles de Bourbon-Montpensier, en 1505, couronne l'œuvre et la stratégie de renforcement de la principauté bourbonnaise menées par la duchesse. D'après Claude de Seyssel, en autorisant cette union entre les deux cousins, le roi Louis XII permit que « la maison de Bourbon soit et demeure plus grande et plus puissante que jamais ne fut en nul temps[33] ».

Le mariage de Suzanne donna lieu à l'un des rares désaccords entre Pierre et Anne de Bourbon. Le duc souhaitait en effet marier sa fille au duc Charles d'Alençon, premier prince du sang, mais Anne n'épousa pas ses vues et préféra à ce dernier, peu brillant il est vrai, un Bourbon-Montpensier. Le projet d'alliance était avant tout stratégique, en l'absence de fils. Sur l'unique héritière du couple reposaient tous les espoirs de perpétuation d'une auguste et vénérable lignée dont elle était la seule à pouvoir éviter l'extinction. La négociation et la conclusion de ce mariage furent marquées par de vives tensions qui sous-tendirent les relations entre la branche aînée et celle de Bourbon-Montpensier, à la tête de laquelle se trouvait Gilbert, père du futur gendre des Beaujeu, Charles III.

La pomme de discorde concernait tout d'abord l'héritage du duché de Bourbon en cas d'absence d'héritier mâle, affaire qui se poursuivait depuis plusieurs décennies et ressurgissait régulièrement. En 1473, lorsqu'il avait épousé Anne de France, Pierre de Beaujeu avait admis le principe d'un retour de tous les domaines possédés d'ancienneté par la maison de Bourbon dans le giron royal, si son frère Jean II ou lui-même mouraient sans héritier mâle. L'avènement de Louis XII fut favorable au couple ducal. Par des lettres de mai 1498, le roi décréta l'abolition de tous les engagements pris à défaut d'héritier mâle. Il accorda à Suzanne le droit d'hériter des biens de ses parents et de transmettre ainsi le duché à ses propres enfants. Les Bourbon-Montpensier se sentirent lésés et firent entendre leur désapprobation par la voix de Louis, fils aîné de Gilbert et frère de Charles.

Il semble que le choix par Pierre de Beaujeu du duc Charles d'Alençon comme fiancé de Suzanne puisse être lu comme une volonté de représailles à l'égard des Montpensier. Cependant, un mariage d'une telle portée pouvait-il se fonder sur ce seul désir ? L'argument n'est guère plausible. Pierre devait avoir des motifs d'ordre politico-stratégique, alors que son épouse préférait pour sa part Louis de Bourbon-Montpensier au duc d'Alençon. La pression royale pourrait expliquer la célébration des fiançailles de Suzanne avec Charles d'Alençon le 21 mars 1501, en présence de Louis XII. En effet, ce dernier n'avait aucun intérêt à voir la conclusion d'une alliance entre deux membres de la maison de Bourbon. En provoquant l'union au cœur du royaume de territoires accolés les uns aux autres, elle aurait inévitablement renforcé cette maison princière, potentiellement dangereuse pour le roi dont elle comptait en son sein d'anciens ennemis.

En revanche, l'alliance d'une Bourbon avec le duc d'Alençon représentait à ses yeux moins de risques. Cela s'expliquait tant par l'éloignement géographique de leurs possessions respectives que par des motifs politiques, puisque le précédent duc, René d'Alençon, avait été l'ami et fidèle allié de Louis XII pendant la guerre folle. Plus que d'un simple désir de vengeance, dont Pierre de Beaujeu ne semble pas avoir été coutumier, le projet de marier sa fille au duc d'Alençon pourrait lui avoir été imposé par le roi, en échange des concessions relatives à l'héritage ducal.

Le soutien d'Anne de France à l'union de Suzanne avec Louis de Bourbon-Montpensier, alors héritier de sa branche, s'explique quant à lui par son désir de renforcer la maison de Bourbon. Il est très probable qu'elle n'ait guère apprécié Charles d'Alençon, issu d'une lignée connue pour ses multiples rébellions à l'égard du pouvoir royal. Très naturellement, à la mort de Louis de Bourbon-Montpensier, en août 1501, elle reporta son intérêt sur son cadet Charles. Elle recueillit ce dernier en 1503 à la cour de Moulins à la mort de sa mère Claire de Gonzague, suivie en octobre 1503 par celle de Pierre de Beaujeu.

Aussitôt, Anne de France s'empressa de faire rompre les fiançailles de Suzanne avec Charles d'Alençon et organisa le mariage avec Charles de Montpensier. Le contrat de mariage du 26 février 1505 ne laisse aucun doute sur la volonté de la duchesse de Bourbonnais de conserver l'unité de ses possessions : en effet, l'une des clauses stipule qu'elle fait don de ses biens à Suzanne et à son gendre Charles, tandis que les deux époux se lèguent mutuellement l'ensemble de leurs biens.

L'historien Denis Crouzet émet des doutes quant à la réalité du vœu de la duchesse d'unir Suzanne aux Montpensier. Pour lui, cette alliance est le fruit de pressions exercées par les sujets du duché, séduits par le jeune comte. Souhaitant tous demeurer sous l'autorité de la maison de Bourbon, ils auraient pressé Anne de France afin d'obtenir la rupture des fiançailles de Suzanne et du duc d'Alençon.

Il ressort pourtant du récit de Guillaume de Marillac concernant l'officialisation de la décision de la duchesse la volonté de cette dernière d'utiliser la rumeur pour propager la nouvelle qu'elle ne souhaitait pas présenter comme émanant directement d'elle. Anne de France, toujours sensible au maintien de la paix et de la concorde, aurait ainsi souhaité éviter toute tension avec la famille d'Alençon et rompre les fiançailles en douceur, en apparaissant elle-même comme l'objet de pressions multiples de la part des sujets bourbonnais. Ce mode d'action prudent et empreint de dissimulation lui est habituel. « Elle fait donc déclarer au duc d'Alençon qu'elle a pris sa décision non pas par hostilité à sa personne, mais pour éviter une crise entre elle-même, ses sujets et le comte de Bourbon[34]. » Du moins est-ce ainsi que Guillaume de Marillac rapporte les événements. La prudence de la princesse fut donc de préserver la paix et le bien commun. Elle déploya à l'échelle locale cette rhétorique bien connue de la princesse modèle se refusant à toute pratique tyrannique du pouvoir, en suivant la parole de ses conseillers.

Quoi qu'en dise Marillac, il est probable que la duchesse de Bourbonnais ait été favorable au mariage de sa fille avec le jeune comte de Bourbon-Montpensier, pour des considérations avant tout stratégiques, et éventuellement affectives. Une lettre d'Anne de France présente d'ailleurs l'alliance des deux cousins comme le résultat d'une volonté politique harmonieuse, puisque partagée par la duchesse, Louis XII et Anne de Bretagne, ainsi que par l'ensemble des sujets du duché. Les fiançailles y apparaissent comme le fruit d'une convergence et d'une unité de vues de la part des divers détenteurs du pouvoir (royal, ducal et seigneurial), et comme vecteurs d'une harmonie politico-sociale : « Nous fîmes, mercredi dernier, faire les fiançailles, par paroles de présent de notre neveu de Montpensier et de notre fille, par le bon vouloir et plaisir du roi, de la reine et de grand nombre de nos parents et amis[35]. »

Si l'on replace cette alliance matrimoniale dans la lignée de celles organisées par Anne de France depuis le début de la décennie 1480, elle y trouve logiquement sa place comme l'aboutissement d'une politique et d'une stratégie visant à consolider la maison de Bourbon. Que Suzanne soit fille unique renforce son poids en tant qu'héritière : elle figure comme un pion essentiel sur l'échiquier matrimonial à l'aube du XVIe siècle, à tel point qu'Anne de France espéra un temps la marier avec le fils de Maximilien d'Autriche et futur empereur Philippe le Beau.

Surtout, son union avec le futur connétable mettait fin à deux menaces : les contestations territoriales de la branche cadette de Montpensier et l'absorption du duché de Bourbonnais par celui d'Alençon. Ainsi furent sauvegardés, du moins provisoirement, les intérêts de Suzanne et ceux de la maison de Bourbon. Cette alliance entre un prince et une princesse de cette lignée apparaît comme la dernière pierre d'un édifice savamment et patiemment érigé par Anne de France. Claude de Seyssel a raison : à l'orée du XVIe siècle, la maison de Bourbon était certainement la plus puissante principauté du royaume, grâce à la redoutable efficacité de la politique menée par la dame de Beaujeu.

Le duché vécut donc ses très riches heures au temps du duc Pierre et de la duchesse Anne de Bourbon, dotés d'une immense puissance : le couple put battre monnaie, rendre justice et lever les impôts sans en référer au roi, alors qu'il s'agissait de prérogatives constitutives de la souveraineté royale.

Signe des progrès de l'autorité monarchique aux dépens de celle des grands feudataires, de telles pratiques devinrent impossibles sous le règne de François Ier. Anne de France assista impuissante au renforcement inexorable du pouvoir royal face au sien, qu'elle vit s'affaiblir dans le même temps. Pour rendre exécutoires ses décisions, elle dut désormais recourir à la sanction de l'autorité royale. Surtout, la princesse autrefois si puissante se vit obligée de faire rédiger une fois de plus un nouveau recueil de coutumes, approuvé par François Ier « de notre pleine puissance et autorité royale », en mars 1521, quelques mois seulement avant sa mort.

CHAPITRE 8

Éducatrice et humaniste

Anne de France est, nous l'avons déjà évoqué, une princesse lettrée et savante. Elle a reçu une éducation de qualité à la cour de France, sous le regard de sa mère Charlotte de Savoie, elle-même bibliophile, et de son père Louis XI.

La princesse idéale, miroir de vertu

L'éducation et la culture sont considérées comme essentielles pour les reines et les princesses. Durand de Champagne, auteur du *Miroir des dames* au tout début du XIVe siècle, écrit ainsi que « la femme sage édifie sa maison[1] ». Ces propos liminaires à son miroir dédié aux princesses médiévales s'offrent comme la quintessence de la pensée de l'époque. La sagesse, au sens de la connaissance, qui est le fruit d'une bonne éducation, répond à une exigence éthique. La femme doit être sage pour elle-même, afin d'agir prudemment et en bonne chrétienne. Elle doit aussi l'être pour les autres, en tant que mère, chargée de l'instruction de ses propres enfants. C'est ainsi une lourde tâche qui incombe à toute femme que de transmettre une éducation chrétienne digne de ce nom. Surtout, cette maison, à laquelle Durand de Champagne fait référence, bien plus vaste que le simple foyer, dépasse la seule sphère privée et s'étend à la cour et au royaume, lorsqu'il s'agit de celle de la princesse ou de la reine.

L'auteur ne manque pas de rappeler que reines, dames et princesses sont des « personnes publiques ». Anne de France entre très manifestement dans cette catégorie de dames dont le rayonnement dépasse la simple sphère familiale pour se diffuser à la cour et, au-delà, au royaume. Une telle position est source d'obligations. L'exigence de sagesse passe par une nécessaire instruction, puisque « toute noble femme est instruite » et « doit être par acquisition studieuse de vertueuses opérations »[2]. En outre, l'auteur va plus loin encore en affirmant que la « dame prudente doit se connaître » elle-même, ce qui répond à une aspiration néo-platonicienne d'introspection que reprendront les humanistes à la Renaissance. Cette connaissance de soi est nécessaire à un équilibre vertueux.

La dame de Beaujeu a ainsi à l'esprit cet idéal d'une sagesse qui est à la fois prudence et connaissance. Celui-ci comporte deux objectifs. La reine (et toute grande princesse) doit être un modèle pour ses sujets par son comportement et sa parole. À l'exemple de la Vierge, cette « femme vêtue du soleil » apparue dans le ciel et décrite par saint Jean dans l'*Apocalypse*, la reine, femme de lumière, « répand sa radiation au monde[3] » par sa vertu et sa culture. Par ailleurs, la princesse est tenue d'avoir une culture suffisante pour mener à bien ses différentes missions à la tête du royaume et, principalement, celles qui relèvent de la pratique du gouvernement.

Christine de Pizan, dont nous connaissons l'influence sur Anne de France, se place dans la droite ligne de la pensée de Durand de Champagne. Dans son *Livre des trois vertus*, elle fait prononcer à « fille d'étude », qui s'exprime au nom des trois « dames de vertus », Raison, Droiture et Justice, les propos suivants :

> Il est de nécessité que ceux et celles, tant femmes que hommes, que Dieu a établis en hauts sièges de puissance et de domination, soient mieux morigénés qu'autres gens afin que leur réputation en soit plus vénérable et qu'ils puissent être à leurs sujets et à ceux qui les fréquentent et hantent comme miroir et exemple de toutes bonnes mœurs[4].

Anne de France s'inscrit très fidèlement dans cette tradition qui met l'éducation au cœur du développement moral et intellectuel de tout prince et de toute princesse. En témoignent les propos, selon lesquels « il n'est rien plus délectable à voir en femme noble que vertueux savoir[5] », qu'elle tient à sa fille Suzanne dans ses *Enseignements.* Et d'insister sur l'apprentissage du savoir et des vertus qui ne doivent pas être feints et qui sont indissociablement liés à ses yeux :

> Par quoi je vous conseille de les ficher en votre cœur, afin qu'à jamais elles vous puissent servir, et être votre règle en votre âge, sans lors commencer à apprendre quand vous devrez savoir (combien que ce n'est pas honte d'apprendre toujours). Et pour ce, fréquentez les sages, pour apprendre et retenir quelques bons enseignements et doctrines. Et ne soyez pas de ces folles outrecuidées, que, quand on les reprend ou enseigne doucement, elles prennent à dépit et en font pis, car de leur outrecuidance, elles cuident êtres des plus sages et savantes, et ainsi se noient en leur propre sens[6].

La vision d'Anne est également marquée par la nécessité de se connaître pour grandir en sagesse et en vertu. C'est par de tels conseils que la duchesse de Bourbon clôt l'opuscule qu'elle dédie à sa fille, par amour, comme elle l'écrit elle-même. C'est donc par amour que la princesse accomplit sa vocation d'éducatrice ancrée dans sa nature de femme. Elle se place ainsi dans le sillon de grandes reines et princesses, telles que Blanche de Castille, érigée en modèle d'éducatrice et de piété, de Jeanne de France, reine de Navarre, ou encore de Marguerite d'York, qui, l'une après l'autre, ont conféré toute son importance au rôle d'éducatrice.

Une maternité spirituelle et culturelle

Très tôt, Anne de France prend ainsi ce rôle très à cœur, sans même être mère. C'est une maternité spirituelle et culturelle symbolique qui caractérise son action auprès de la multitude d'enfants royaux et princiers présents autour d'elle à la cour de Charles VIII. Cette fonction d'éducatrice n'est pas anodine ; au contraire, elle est essentielle puisqu'il s'agit de construire la *persona* de petits princes et princesses, mais surtout d'un roi de

France, Charles VIII, et de deux futures reines, Marguerite d'Autriche et Anne de Bretagne[7].

Tout commence ainsi à la cour de France, au début des années 1480. La cour, itinérante, séjourne le plus souvent en Val de Loire, où se trouve en outre Jeanne de France, la propre sœur d'Anne, qui s'offre à tous comme modèle de princesse sage et vertueuse. Deux filles de France guident ainsi les nombreux enfants royaux et princiers qui évoluent autour d'elles à la cour.

Anne de France assume pleinement cette mission d'éducatrice qui lui revient en tant que fille de France et au sein de laquelle religion, humanisme et visées politiques se mêlent et s'enchevêtrent, sans qu'il soit possible de les séparer. Si l'on sait peu de choses précises sur la manière dont cette éducation était transmise, on en connaît en revanche les fondements. Le rôle imparti aux filles de France est de « guider les princes » et les princesses « vers la grâce divine »[8]. À l'aube de la Renaissance, la principale préoccupation de toute personne, quel qu'en soit le rang, est de faire son salut. Dans cette perspective, l'acquisition de la vertu constitue naturellement la quintessence de l'éducation offerte aux enfants qui entourent Anne à la cour de France. Ses *Enseignements* à sa fille Suzanne, bien qu'ultérieurs, constituent une source de premier plan en ce qu'ils permettent d'appréhender le contenu de l'éducation dispensée à ses protégés. En effet, ils expriment l'idéal de vie de la princesse, parangon de vertu et de bonne éducation, dont ils représentent la somme théorique. Fruit d'années d'expérience du pouvoir et de la cour, ce miroir se présente comme un recueil de piété, de morale et de vertu destiné à Suzanne, mais bien plus largement à toutes les demoiselles évoluant dans la sphère aulique. La religion prime, ce qui est légitime et banal, pour une princesse de la fin du Moyen Âge qui se revendique de surcroît de Blanche de Castille, modèle de foi et de piété pour son saint fils. L'éducation est aussi fondée sur l'apprentissage des lettres ainsi que sur une initiation à la vie de cour dont Anne de France a une parfaite connaissance.

Il convient d'évoquer le cas de Charles VIII, ce jeune roi de France qui, lorsqu'il accède au trône en 1483, est à peine âgé de quatorze ans. Sa pieuse mère, Charlotte de Savoie, vient de mourir et l'éducation du jeune garçon reste à parfaire. Les États généraux insistent sur la nécessité de le confier à des personnes vertueuses qui sauront lui apporter une nourriture morale, spirituelle et matérielle. Qui mieux que sa sœur pourrait s'acquitter d'une telle mission, en tant que gardienne et tutrice ? La princesse fait office de mère et d'éducatrice pour ce jeune frère, de huit ans son cadet, qu'elle instruit en lui inculquant les vertus chrétiennes indispensables au salut et à la pratique du bon gouvernement.

En plus de Charles, de nombreuses petites princesses sont confiées à la garde de la dame de Beaujeu à la cour de France, afin d'y recevoir ce que l'on pense être la meilleure éducation. Il en est une à laquelle Anne s'intéresse tout particulièrement, puisque sa vocation est d'être un jour reine. C'est Marguerite d'Autriche, arrivée en France en 1483. Sa destinée exceptionnelle justifie l'intérêt très particulier qui lui est porté, ainsi que les égards dont elle fait l'objet. Dès son installation à la cour, la future reine se voit offrir une Maison, séparée de celle de Charlotte de Savoie : son hôtel compte une centaine de personnes, ce qui est loin d'être négligeable. Surtout, elle est entourée de dames, de demoiselles et de filles d'honneur, toutes de haut rang, choisies pour leur vertu et leur éducation, qui doivent lui servir d'exemples. C'est le cas de madame de Courraudon, dame de Segré, sa première dame d'honneur ou de Jeanne de Bousanton, sa nourrice. Ces femmes vertueuses servent les membres de la famille royale les uns après les autres : ainsi, madame de Bussières, proche d'Anne de France, a été au service de la reine Charlotte avant de devenir dame d'honneur de Marguerite, puis gouvernante du dauphin Charles-Orland, fils de Charles VIII et d'Anne de Bretagne.

Le rôle d'ordonnateur d'Anne de France se lit dans le compte établi par Louis Ruzé. L'argentier de celle que l'on nomme alors la « petite reine » y a notamment consigné que sa nourrice a reçu soixante livres « par l'ordonnance et le commandement de madame de Beaujeu pour employer en deux robes à son plaisir[9] ». Au-delà des contingences matérielles, la maternité intellectuelle d'Anne de France est très visible auprès de Marguerite d'Autriche. Aux côtés de Marguerite d'York, troisième épouse de Charles le Téméraire, elle a sans doute été pour la jeune princesse un exemple à de multiples égards. En 1484, la fille de Louis XI offre ainsi à la très jeune enfant une bible, don qui fait explicitement référence à la vocation première de tout chrétien de faire son salut. Cependant, il pourrait également avoir contribué à faire de la jeune Marguerite la princesse bibliophile qu'elle a été. En effet, l'inventaire réalisé dans ses collections en 1523 fait état de plus trois cents ouvrages, pour la plupart enluminés. Anne lui inculque l'amour des livres, mais aussi celui des beaux-arts, lui affectant Jean Perréal, l'un des meilleurs artistes de la cour et peintre officiel de Charles VIII, comme professeur de dessin, dès 1484.

Dans son sillage, Marguerite éleva par la suite ses neveux et nièces, enfants de Philippe le Beau et de Jeanne de Castille, ainsi que d'Isabelle et de Christian de Danemark, parmi lesquels le futur Charles Quint, Éléonore d'Autriche, future reine de France, et Marie de Hongrie, gouvernante des Pays-Bas. À l'image d'Anne de France, elle fut célébrée comme modèle parachevé d'éducation et comme princesse humaniste par des écrivains tels que Jean Molinet, dans *Le Retour de madame Marguerite*, ou Jean Lemaire de Belges, dans *La Couronne margaritique* et le *Palais d'honneur*. Comme Anne de France, dont elle s'inspira sans doute, elle devint une grande femme de pouvoir des débuts de la Renaissance.

Un lien presque maternel se tisse rapidement entre la fille de Louis XI et celle de Maximilien d'Autriche, orpheline de mère. Une lettre que Marguerite adresse à sa « bonne tante » laisse paraître la nature de leur relation. Lorsqu'elle lui écrit, le 17 mars 1492, Marguerite a été répudiée par Charles VIII, mais demeure en France, au château de Melun, comme otage. Anne apparaît comme celle en qui Marguerite d'Autriche place tous ses espoirs de recevoir un meilleur traitement :

> Madame ma bonne tante, il faut bien que je me plaigne à vous comme en celle en qui j'ai mis mon espérance, de ma cousine que l'on a voulu ôter, qui est tout le passe-temps que j'ai, et quand je l'aurai perdue, je ne sais plus que je ferai. Par quoi je vous prie que veuillez tenir la main pour moi qu'elle ne me soit ôtée, car plus grand déplaisir ne me

> saurait-on faire. Lachault est venu, qui m'a apporté lettres s'adressant à ma dite cousine, par lesquelles le Roy lui écrivait qu'elle s'en allât. Toutefois, je ne l'ai pas voulu souffrir jusqu'à ce que vous en eusse avertie, en espérant que m'y seriez en aide, comme j'ai en cela et en d'autre chose ma parfaite confiance, vous priant, madame ma bonne tante, que, quelque part que je sois, ne parte point de votre bonne grâce. [...] Monsieur de Molitart m'a dit que voulez que je sois mieux traitée que je ne fus jamais, et qui est une chose qui m'a fort réjouie puisque avez encore souvenance de moi. [...] Votre bonne humble et loyale nièce. Marguerite[10].

La première phrase fait sans doute référence à la devise Espérance des Bourbons, mais il ne s'agit pas d'un simple jeu de mots. C'est en Anne qu'elle croit pour retrouver sa liberté et une vie digne de son rang en France et peut-être à la cour de Malines, sur ses terres. Dans sa correspondance, Marguerite regrette qu'on lui ait enlevé sa demoiselle d'honneur pour la mettre au service d'Anne de Bretagne. Il s'agit de Charlotte d'Aragon, princesse de Tarente, protégée de Louis XI dont elle est la nièce, et qui dispose à ce titre d'un hôtel au sein de la cour de France. Cette fille de Frédéric II de Sicile, roi de Naples, et d'Anne de Savoie, perçoit une rente de 12 000 livres tournois de Louis XI, eu égard à son rang de fille de roi et de petite-fille de fille de France à la cour. La proximité des deux fillettes se lit dans cette lettre comme dans celle que Charlotte adresse à Anne de France sa protectrice, qu'elle prie de bien vouloir la laisser auprès de Marguerite[11]. Il semble que la sœur du roi ait prêté une oreille attentive à la requête de ses deux protégées, puisque la princesse de Tarente rejoignit la maison de la nouvelle reine de France en 1493, après le retour de Marguerite d'Autriche en Flandre.

Beaucoup de petites princesses arrivent à la cour en 1483, année même de la prise de pouvoir d'Anne de France. L'on imagine le rôle fondamental qu'elle joua dans la formation éthique et culturelle de ces princesses qui, toutes, eurent des responsabilités politiques de premier ordre au cours du premier XVIe siècle.

Louise de Savoie et Philippe de Gueldre furent toutes deux accueillies à la cour cette année-là, très peu de temps après Marguerite d'Autriche. Louise de Savoie est la fille du comte Philippe de Bresse, futur duc de Savoie, et de Marguerite de Bourbon, sœur de Pierre de Beaujeu. À la mort de sa mère, elle est reçue à la cour de France où elle retrouve sa cousine germaine, Philippe de Gueldre, fille du duc de Gueldre et d'une autre sœur de Pierre, Catherine de Bourbon. L'accueil réservé aux deux petites princesses à la cour, sous la protection de leur tante Anne de France, procède de la conjonction de trois paramètres. En leur offrant l'hospitalité, Anne agit en fille de France qui se doit de proposer protection et éducation aux petites princesses issues de maisons alliées. Ce faisant, elle obéit également à des considérations politico-diplomatiques, puisqu'en agissant ainsi, elle affermit les liens avec les pères de ces dernières, dans le contexte tendu de la succession de Louis XI. Enfin, cette action s'inscrit dans la politique de renforcement de la maison de Bourbon dont sont issues les deux fillettes : cette œuvre de longue haleine est particulièrement chère à Anne de France. Jusqu'à leur mariage, lui-même orchestré par la princesse, la présence de Louise et de Philippe à la cour de France est comme la métaphore de la relation privilégiée que la dame de Beaujeu entretient avec la parentèle bourbonienne. Si ces petites princesses sont certes traitées avec moins d'égards que Marguerite, puisqu'elles ne sont pas destinées à devenir reines, Anne pourvoit toutefois à leurs besoins élémentaires. Elle accorde par exemple à la jeune Louise de Savoie la somme de 80 livres par an pour la confection de ses robes[12]. Anne de France se trouve confrontée à de telles préoccupations vestimentaires quelques années plus tard, comme on le lit sous la plume de sa propre fille, Suzanne, qui lui écrit avec une certaine naïveté :

> Madame, je me recommande très humblement à votre bonne grâce, je fais bonne chère et me porte bien, Dieu merci, car je suis devenue bien grande et vous le verrez quand vous serez venue, car mes robes me sont tant courtes quelles ne me vaillent plus rien, et quand mon père et vous serez venus vous m'en donnerez de plus belles toutes neuves. [...]
> Votre très humble fille Suzanne.
> À madame ma mère[13].

Au-delà de ces considérations matérielles, comme Marguerite d'Autriche, Philippe de Gueldre et Louise de Savoie s'illustrent par la suite en tant que femmes cultivées et bibliophiles, dispensatrices de savoir, de sagesse, de vertu et d'éducation auprès de leurs enfants et dans les cours où elles évoluent. À ce titre, elles s'inscrivent donc dans le sillage de celle qui les a élevées.

Marguerite, Louise et Philippe ont pour compagnes de jeux de nombreuses fillettes, princesses ou filles de serviteurs royaux, telles que Catherine et Anne de Brézé, fille du fidèle sénéchal Jacques de Brézé, lui-même auteur d'un poème de louanges en l'honneur de la dame de Beaujeu.

L'intérêt qu'Anne porte aux enfants n'est pas réservé aux filles. Pendant l'expédition italienne de 1494, les époux Beaujeu demeurent en France dont ils assurent la gestion administrative, nous l'avons dit. La reine Anne de Bretagne est auprès d'eux à Moulins, sans son fils, gardé par le fidèle couple du Bouchage. Sans doute est-ce Anne de France qui a pris la décision de le leur confier, considérant que le petit dauphin Charles-Orland appartenait au royaume plus qu'à sa mère. Au même titre que la reine, la duchesse envoie une lettre à madame du Bouchage pour prendre des nouvelles de l'enfant. Anne de Bretagne écrit toutefois sur un registre plus affectif qu'Anne de France, qui renouvelle sa confiance à madame du Bouchage et lui dispense des recommandations. La reine est reléguée dans sa fonction strictement maternelle quand sa belle-sœur se comporte en fille de France, dotée d'une autorité symbolique sur Charles-Orland et sur ceux qui le gardent en l'absence du roi. La princesse agit en garante de la perpétuation du sang royal de France qui coule dans ses propres veines et s'assure de la continuité de la Couronne, dont le petit prince représente le seul espoir. Elle jouit d'une sorte de monopole et de regard sur les enfants royaux et sur tous ceux qui sont liés d'une manière ou d'une autre à la couronne de France.

Anne de France, « mémoire vive[14] » des pratiques curiales

À ce titre, deux autres princesses reçoivent de grandes attentions de la part de la dame de Beaujeu : il s'agit d'Anne de Bretagne et de Marie d'Angleterre, qu'elle doit former aux usages de la cour et au métier de reine de France.

Arrivée à la cour de France en 1491, à l'âge de quatorze ans, pour épouser Charles VIII, Anne de Bretagne a déjà reçu une éducation axée sur la vertu et l'humanisme, sous le regard de sa gouvernante Françoise de Dinan, comtesse de Laval. S'il est difficile d'évaluer l'influence qui revient à Anne de France dans l'éducation de la reine, il est vraisemblable qu'elle ait poursuivi auprès de la jeune Bretonne l'œuvre de formation ébauchée par madame de Dinan. L'Italien Erasme Brasca remarque la présence continue de la sœur de Charles VIII aux côtés de la jeune souveraine, à son entrée dans le royaume : « Madame de Bourbon ne la quitte jamais d'un pas, ce qu'elle n'avait pas l'habitude de faire avec l'autre [Marguerite][15]. »

L'enjeu est certes stratégique, dans la mesure où Anne de France craint probablement un enlèvement de la duchesse de Bretagne, mais il s'agit aussi de lui transmettre un capital de pratiques politiques et curiales dont la fille de Louis XI s'estime être, sans doute à juste titre, la légitime détentrice et la mémoire vivante. Par la suite, pour parfaire son éducation et sa formation intellectuelle, Anne de Bretagne dispose des centaines d'ouvrages de la librairie royale, considérablement enrichie par les apports italiens, à la faveur des guerres d'Italie menées par ses deux époux successifs, Charles VIII et Louis XII[16].

À la suite de la dame de Beaujeu, l'épouse de Charles VIII s'illustre comme une grande bibliophile et accueille en sa cour de nombreuses dames et demoiselles qu'elle éduque en leur transmettant les principes d'une vie vertueuse, fondée sur la quête du salut et sur une éthique chrétienne et humaniste. L'influence culturelle d'Anne de France sur sa jeune belle-sœur est évidente :

ses commandes artistiques sont très marquées par les goûts de la duchesse de Bourbon. Anne de Bretagne utilise les services de nombreux artistes qui travaillent pour son illustre belle-sœur : l'écrivain Jean Lemaire de Belges déjà cité, le peintre Jean Perréal et bien d'autres, nous y reviendrons.

Qui mieux qu'Anne de France maîtrise le savoir-vivre à la cour ? Sans doute personne. Cela justifie que la princesse conserve un rôle de premier odre dans la transmission des pratiques auliques bien après la mort de Charles VIII, en 1498. À ce titre, elle joue un rôle de premier plan lors de la visite de l'archiduc Philippe le Beau et de son épouse en France en 1501. La place décernée à Anne de France au cœur de cette réception diplomatique, qui donne lieu à un intense déploiement symbolique, est tout à fait exceptionnelle. Dans le récit qui en a été fait, on la voit recevoir et accompagner l'archiduchesse Jeanne de Castille, et la conduire dans les dédales du château de Blois, de la reine aux princesses, des princesses aux grandes dames[17]. Elle est également celle qui désigne les princesses dignes d'être embrassées par Jeanne. Le chroniqueur rapporte même que la duchesse de Bourbon appuya sur le bras de l'archiduchesse afin de la forcer à s'incliner devant la reine de France, plus que Jeanne n'aurait souhaité le faire. À la vue d'Anne de Bretagne « ma dite dame [l'archiduchesse] lui fit l'honneur seulement en ployant le genou. Madame de Bourbon qui la tenait par le bras le fit jusqu'à terre et [l'archiduchesse] acheva ses honneurs un peu plus bas[18] ».

Dans l'esprit d'Anne de France, le service de la Couronne l'emporte sur le reste : la grandeur et la souveraineté de la royauté française doivent être préservées, alors même qu'elle n'est plus au pouvoir. Elle s'impose comme chef du protocole et servante de l'État monarchique, qu'elle exalte et rehausse par son geste à l'égard de l'archiduchesse.

Louis XII, pourtant ennemi d'Anne de France, sait pouvoir compter sur sa fidélité indéfectible à la Couronne, à laquelle elle se rattache par le sang. Il sait qu'elle est cette « mémoire vive » de l'art du bon comportement à la cour ; il sait encore qu'elle est « de bon conseil, à chacun profitable[19] », pour reprendre les termes du fidèle Jacques de Brézé. C'est pourquoi, en 1514, c'est de nouveau à la fille de France, détentrice de la mémoire de cour, qu'il fait appel pour recevoir sa jeune et nouvelle épouse, Marie d'Angleterre, âgée de dix-huit ans. À Anne de Beaujeu, dont le prestige demeure intact, en dépit de la mort de son frère et de son mari, il incombe de familiariser la jeune fille avec les normes curiales qu'elle ignore. La princesse l'accueille et la rassure, elle l'introduit dans ce monde étranger auquel il lui faudra rapidement s'initier et dont elle devra faire l'apprentissage pour conquérir le statut de « reine des cérémonies » qui sied à la souveraine. Selon l'historien Guillaume de Marillac, Louis XII en personne place Anne de France auprès de Marie pour « l'instruire des façons de France[20] ». La duchesse de Bourbon goûte à l'évidence ces faveurs dont elle est l'objet : elle apprécie la fréquentation des hautes sphères du pouvoir et de la cour dont elle ne s'éloigne jamais vraiment. Sans cesse, pouvoirs féminin et masculin se rejoignent et se mêlent : d'Anne émane un prestige inégalé puisqu'elle est placée par le roi aux côtés de la reine, des reines. C'est pour elle l'occasion de conserver cette proximité tant appréciée avec le pouvoir. Anne de France, duchesse surpuissante, espère même recevoir à Moulins Marie d'Angleterre dont la visite contribuerait par sa symbolique à alimenter la gloire de sa cour ducale, si souvent fréquentée autrefois par Charles VIII et Anne de Bretagne. La mort de Louis XII, le 1er janvier 1515, ne lui en laisse pas l'occasion.

Moulins, « escolle de vertu », école d'humanisme

La cour de Moulins est devenue un espace d'humanisme et d'instruction où Anne de France, désormais duchesse de Bourbon, nourrit de ses savoirs de nombreux princes et princesses, comme jadis à la cour royale. Anne accueille ainsi chez elle le jeune orphelin Charles de Bourbon-Montpensier, fils de Gilbert de Montpensier et de Claire de Gonzague, proches parents du couple ducal. Il y reçoit une excellente éducation aux côtés de Suzanne, sa cousine et future épouse. Guillaume de Marillac en détaille le contenu et évoque la volonté de la princesse de lui transmettre une formation princière qui relève à la fois d'un idéal humaniste et courtois :

> Bien faisait-elle nourrir et entretenir ledit comte Charles, lui faisant apprendre le latin à certaines heures du jour et quelques fois à courir la lance, piquer les chevaux, tirer de l'arc où il était enclin ; autrefois aller à la chasse ou à la volerie, et aussi en tous autres passe-temps où l'on a accoutumé d'induire les grands seigneurs[21].

Ces propos illustrent une pratique féminine du pouvoir non exempte de motivations politiques : la réputation, l'honneur et la puissance de la maison de Bourbon dépendent de la qualité de l'enseignement dispensé. Celui auquel Anne de France pense déjà comme futur duc de Bourbon doit maîtriser aussi bien le latin des humanistes que les valeurs chevaleresques et nobiliaires. Moyen Âge et Renaissance se fondent et se confondent. Quant à l'éducatrice, ses desseins sont multiples : son œuvre d'instruction relève de sa double identité de fille de France et de princesse de la maison de Bourbon qui doit être exaltée pour la vertu et la connaissance des arts et des lettres de ceux qui y reçoivent un enseignement.

Les ambitions de la duchesse se lisent au fil des lettres de la jeune Suzanne à ses parents, à la même époque. Relativement courtes, elles n'en reflètent que plus ce qui est important aux yeux de l'enfant qui cherche à rassurer Pierre et Anne sur sa bonne santé et sur la poursuite studieuse de son instruction :

> Madame, je me recommande très humblement à votre bonne grâce, Madame j'écris bien de mes nouvelles à mon père comme j'ai vu chasser le renard, comme j'ay été au jardin et fait [nourrir] le singe, aussi prendrai-je mon vin chaud [...] et lui mande comment je me porte bien et fais bonne étude [...] votre très humble fille Susanne[22].

Quelques jours plus tard, elle adresse à son père une lettre dans laquelle elle fait part de ses activités :

> Mon père, je me recommande très humblement à votre bonne grâce. [...] Je vous assure que nous ne fîmes jamais si bonne étude que nous

faisons et irons chasser et y mènerons toutes nos popines pour nous accompagner [...] Votre très humble fille Suzanne[23].

Signe d'une possible proximité affective avec son père, la lettre destinée à Pierre de Bourbon porte au revers la mention « À mon père mon ami », tandis que celle adressée à Anne de France porte de manière plus conventionnelle la formule « À madame ma mère ».

La cour de Moulins est, pour reprendre les propos du confesseur d'Anne de France, Pierre Martin, une « escolle de vertu » dont Suzanne est la première à bénéficier[24]. Désormais, le lien maternel n'est plus symbolique, mais bien réel, Anne de France cherchant à transmettre ce qu'elle peut de mieux à la seule de ses enfants qui ait survécu.

Le défi est de taille : il s'agit d'éduquer, d'instruire la seule héritière du couple ducal afin d'en faire une princesse vertueuse et capable d'un bon et juste gouvernement si la situation se présente un jour à elle. C'est dans cette perspective qu'Anne de France lui dédie ses *Enseignements*, rédigés vers 1505, alors que Suzanne, âgée de quatorze ans, s'apprête à épouser le comte de Bourbon-Montpensier. Consciente de l'importance de renforcer sa fille dans la vertu et la foi, elle fait en outre rédiger un traité d'éducation par son confesseur Pierre Martin, en 1517[25]. Suzanne porte alors en elle « un commencement de lignée », c'est-à-dire un enfant ; plus encore, l'héritier tant attendu qu'elle doit s'appliquer à « bien instruire et conduire », en suivant l'exemple de sa prestigieuse et exemplaire mère[26]. Pierre Martin est ainsi élogieux dans le portrait qu'il dresse de la maison de Bourbon :

> Est rumeur commune que la maison de Bourbon est une des singulières de toute chrétienté pour bien nourrir et instruire en bonnes mœurs, vertus et dévotion, pudicité et honnêteté, les enfants des nobles soient hommes ou femmes. Car c'est une escolle de vertu et de perfection et où plusieurs nobles désirent leurs enfants être nourris[27].

À Suzanne, il revient donc de faire perdurer cette belle éducation qui se perpétue de génération en génération et que Pierre Martin fait naturellement remonter à Blanche de Castille, sans oublier de rappeler l'éducation humaniste apportée par le duc Charles Ier de Bourbon, grand-père de Suzanne, et par son épouse Agnès de Bourgogne, qui avaient appris à quatre de leurs enfants « la langue latine laquelle ils parlaient et entendaient[28] ».

La réflexion politique et éthique des Enseignements

Bien éduquer ses enfants correspond donc à un devoir de la princesse : Anne de France s'y consacre personnellement avec ses *Enseignements à sa fille*, véritable testament spirituel qui s'inscrit dans l'héritage du Moyen Âge en même temps qu'il annonce la Renaissance[29]. Si certains ont vu dans les *Enseignements* un texte de peu d'intérêt, trop ancré dans les aspects concrets du quotidien, une relecture attentive se révèle susceptible de faire changer d'avis. Certes, Anne de France n'est pas Christine de Pizan. Cependant, les ambitions de la princesse en matière politique sont perceptibles à travers ce miroir qu'elle dédie par amour à sa fille. Éducation et politique sont intrinsèquement liées, car les fondements d'un bon gouvernement s'enracinent dans une vertueuse éducation. En effet, la princesse est susceptible de se retrouver seule ou veuve à un moment de son existence. Dans de telles situations, il lui faudra « se gouverner sagement » et « se conduire doucement et craintivement ». Certes, la dévotion doit être la principale occupation des femmes veuves, ce qui n'a rien d'inédit, bien au contraire. Cependant, c'est aussi un devoir de gérer personnellement ses possessions, sans rien déléguer de ses prérogatives : « Et du gouvernement de leurs terres et besognes, ne s'en doivent attendre qu'à elles [les veuves], touchant la souveraineté, ni n'en doivent donner puissance à nul qui soit[30]. »

La princesse doit ainsi allier à la vertu et au bon comportement chrétien des compétences intellectuelles pour pallier l'absence ou la disparition éventuelle de son époux, ce qui ne manque pas de se produire lorsque Charles de Bourbon part combattre aux côtés de François Ier en Italie.

Si les *Enseignements* n'évoquent pas plus précisément la question du gouvernement, on y perçoit en revanche une véritable réflexion sur les stratégies politiques développées à la cour par la femme de pouvoir que fut Anne de France. Elle offre une réflexion qui va bien au-delà de la quête d'une vertu salutaire, essence même de la vie chrétienne. Bien sûr, le concept de vertu sous-tend tout le discours de la princesse, mais cette dernière propose sa pensée politique et son expérience à celle qui lui est la plus chère, s'inscrivant tout particulièrement dans le sillage de Christine de Pizan et d'Aristote, dont elle maîtrise les écrits et les idées : « Gentillesse de lignage sans noblesse de courage [cœur] doit être comparée à l'arbre sec auquel n'a verdeur ni fruit[31]. »

Tels sont les propos tenus par Anne de France à sa fille : ils témoignent de la place essentielle de la vertu dans la vie de toute dame et de toute chrétienne, puisque l'une et l'autre sont indissociables. Elle constitue la quête d'une existence, comme le rappelle Anne de France à Suzanne[32]. Tout ce qui a trait à la vertu est mis en lien avec la condition de Suzanne, qui est avant tout d'être une princesse vivant à la cour. Il convient en toute situation de parer aux revirements inopinés de la fortune, en ancrant sa vie dans les vrais biens qui sont immuables. Au monde « déceptable », « tant vil et corrompu », au caractère incertain de l'existence car « des biens de fortune n'y a rien ferme ni stable », il s'agit d'opposer la vertu, ce « bien à acquérir », « ce bon fruit », qui, seul, peut apporter la stabilité.

Prudence et sagesse doivent caractériser le pouvoir royal et, plus largement, toute forme de pouvoir qui s'y apparente. De telles qualités sont attendues chez les princesses qui régissent le royaume ou leur duché, dans le cas de Suzanne. Avant sa propre fille, la sœur de Charles VIII transmet cet art du pouvoir prudent à sa nièce Louise de Savoie qui l'applique concrètement et lui confère une tournure symbolique et allégorique inédite. L'exemple d'Anne de France ainsi que ses *Enseignements* constituent pour la mère de François Ier le fondement d'un pouvoir vertueux et prudent qui apparaît par la suite comme l'idéal de la duchesse d'Angoulême[33]. Sous le vocable de prudence, ce sont de nombreuses vertus qui sont déclinées et qui doivent trouver leur application concrète dans l'exercice du pouvoir : les pratiquer devient un art et une stratégie de pouvoir à part entière. Le gouvernement obéit à une exigence de prudence qui est la vertu par excellence : elle est la princesse des vertus, au même titre que la princesse est vertu. De manière très intéressante, André Chastel la définit comme la « capacité d'action efficace[34] » : à ce titre, elle occupe une place essentielle dans les stratégies politiques de ceux qui gouvernent, hommes ou femmes. Christine de Pizan écrit dans *L'Epistre d'Othea* que la prudence est « la Mère et guide de toutes vertus[35] ». Elle affirme en outre dans *Le Livre de la Cité des dames* que les femmes en jouissent au même titre que les hommes au sein du foyer, mais aussi pour gouverner l'État[36], ouvrant par ses propos les portes du pouvoir aux femmes, du moins en théorie.

Anne de France, que l'on sait inspirée de la pensée de Christine de Pizan, fait de la prudence un idéal qu'elle exalte dans sa pratique gouvernementale et dans son discours littéraire. Dans ses *Enseignements*, la dame de Beaujeu fait l'apologie d'une attitude vertueuse et dresse, avec une maîtrise du comportement qui est le fruit de son expérience, un art de vivre à la cour. C'est une science de la prudence qu'elle veut inculquer à sa fille et qui lui vient de la somme des pratiques politiques héritées de son père et de la lecture de Christine de Pizan. Dans l'opuscule qu'elle rédige au tout début du XVIe siècle, Anne laisse entrevoir sa perception d'une cour où il faut savoir demeurer sur ses gardes, avec discrétion et prudence, tant elle est cruelle et impitoyable.

Les *Enseignements* font l'éloge de la vertu et du « moyen état », c'est-à-dire du juste milieu, qui reposent sur la prudence, la sagesse et l'humilité complaisante, sources de la bonne renommée[37]. Il convient donc avant tout d'éviter la « folie » et de se « montrer en toutes choses vertueuse et prudente »[38]. S'il est fondamental pour toute dame d'« avoir bon et honnête bruit[39] », un thème qui scande les *Enseignements*, on conçoit à quel point la dame de Beaujeu a pu y être sensible dans l'exercice de son pouvoir. Ce bruit, c'est-à-dire cette renommée, est étroitement lié à la vertu et conditionne tant l'amour des sujets à l'égard de la princesse que la paix au sein du royaume.

D'autres questions sont abordées dans les *Enseignements*, qu'il s'agisse de l'éloquence ou encore de l'humilité, qui toutes se rejoignent en ce qu'elles sont des vertus. L'humilité est certainement la vertu chrétienne par excellence, puisqu'elle s'oppose à l'orgueil qui représente la voie à fuir. Sans cesse, Anne de France rappelle la dichotomie entre « fols et sages », humbles et orgueilleux, péché et vertu, châtiment divin et salut. L'humilité est une déclinaison de la sagesse en ce qu'elle est le signe que celui qui la pratique n'oublie pas sa nature pécheresse de simple créature de Dieu.

Pour Anne de France, ce ne sont pas de vains mots. Durant son existence, elle s'est efforcée de n'offenser personne par un orgueil mal placé, cherchant au contraire à n'humilier quiconque. Cette posture se perçoit dans les relations qu'elle a entretenues avec ceux qui l'entouraient. Sans renoncer à son autorité, elle a su adopter une attitude discrète et humble, ce qui explique que la vertu d'humilité apparaisse dans ses *Enseignements* comme l'une des principales qualités de la dame de pouvoir, en lien étroit avec « l'office d'amour » qui cimente et unit la société. Sans cesse associée à la « vertu de douceur » et à la courtoisie, l'humilité est essentielle à la bonne entente de la princesse avec son entourage, dans la sphère privée, des gens de sa maison, ou dans la sphère publique, des serviteurs de l'État et des ambassadeurs étrangers. Anne, tout autant que Pierre de Beaujeu, érige ainsi sa capacité de retenue et de maîtrise de soi en véritable art du gouvernement.

Anne de France développe les formes que doit revêtir cette humilité qui se lit dans l'apparence, miroir de l'âme, et transparaît dans le regard. Surtout, la princesse doit traiter chacun avec simplicité, afin de n'humilier personne et d'éviter la rancœur du peuple dont elle doit au contraire rechercher l'amour. Cette attitude est conforme au cinquième enseignement de Prudence qui, dans *Le Livre des trois vertus*, conseille à la « sage princesse » de « mettre peine comment elle soit en la grâce et bienveillance de tous les états de ses sujets »[40]. Christine invite ainsi la princesse à recevoir les gens du Conseil afin de les « tendre en amour » et d'obtenir leurs louanges, leur amitié et leur faveur. L'exemple qu'Anne de France donne à sa fille est à la fois pratique et théorique : il se trouve autant dans son exercice du pouvoir que dans son traité d'éducation. Il se résume ainsi :

> Et pourtant ma fille, quelqu'avancement que puissiez avoir, si vous voulez honorable bruit acquérir, gardez-vous toujours de ce présomptueux vice d'orgueil, et croyez qu'il n'est de plus plaisante chose, ni de quoi on gagne autant l'amour des gens, que pour être humble, douce, et courtoise. [...] Je vous conseille que, envers les autres, de quelque petite lieu qu'elles soient issues, vous y usiez de la plus grande courtoisie et humilité que vous pourrez, en leur portant partout honneur[41].

L'on retrouve cet « effort à n'offenser personne et à ne s'offenser d'autrui », cette « capacité à se mettre au niveau de chacun » une fois encore chez Catherine de Médicis, au pouvoir une cinquantaine d'années plus tard[42]. Aurait-elle lu les *Enseignements*, ce « texte canonique » qui fait la somme de toutes les vertus que l'on est susceptible d'attendre de la princesse idéale, et dont Marguerite de Navarre et Diane de Poitiers ont possédé tour à tour un exemplaire ?

Les *Enseignements* exaltent ainsi la prudence qui englobe la sagesse, la retenue, le discernement, l'intelligence, la maîtrise de soi, sans omettre la ruse et la dissimulation. Que de vertus à maîtriser pour la jeune Suzanne qui se voit offrir l'expérience de toute une vie à la cour, où la pratique de la prudence est un art, un véritable *modus vivendi*. Cette « prudence mondaine » de la princesse se veut l'équivalent féminin de la sagesse que l'on souhaite trouver en chaque roi : elle est un travail de chaque jour, une sagesse calculée qui ne laisse aucune place au naturel et à l'expression des sentiments, et où la représentation et l'apparence priment.

La dissimulation, prônée aussi bien par Christine de Pizan dans *Le Livre des trois vertus* que par Louis XI dans le *Rosier des guerres*, est l'une des déclinaisons de la prudence en ce que son objectif ultime est la conservation de la paix, de la concorde et de la réputation de la princesse. La « juste cause » justifie l'emploi de ces pratiques extraordinaires en des temps extraordinaires. Cet empirisme et ce pragmatisme, cette capacité d'adaptation aux conditions du moment, se lisent chez Anne de France, tant dans sa pratique du pouvoir que dans la théorie qu'elle élabore à l'usage de la jeune Suzanne. Cette idée était déjà très présente dans les conseils proférés à son frère. Dans une lettre datée de 1488, elle exhorte le souverain à ne pas se fier « aux belles paroles » de ses « sujets rebelles », en l'occurrence les grands princes[43]. La méfiance est le corollaire de cette dissimulation et toutes deux font partie des « règles du jeu » en politique et à la cour, comme elle le rappelle sans détour à sa fille : « Pour ce ma fille, choisissez bien à qui vous vous fierez, et à nulle personne ne découvrez la chose que devez celer[44]. »

Il est frappant de constater à quel point les conseils prodigués à Suzanne dans les *Enseignements* se font l'écho des pratiques de la princesse, qui recommandait à La Trémoille, dans une lettre de 1488, la méfiance à l'égard des ambassadeurs du duc d'Orléans, s'exprimant ainsi à leur sujet : « Ils font bonne mine, je ne sais quel en sera l'effet[45]. »

Ces propos illustrent la tendance qu'ont les hommes de la fin du XVe siècle à dissimuler la réalité de leur être pour parvenir à leurs fins, en fondant leurs actions sur la feinte. En princesse de son temps, Anne de France connaît l'art de la dissimulation qu'elle a pratiqué elle-même. Les recommandations qu'elle adresse à son frère et au chef des armées La Trémoille trouvent ainsi leur écho dans les *Enseignements* où, en princesse avisée, elle met sa fille en garde contre l'hypocrisie qui règne dans les milieux curiaux.

La prudence comportementale est enfin étroitement liée à l'éloquence, qualité chère aux humanistes pour lesquels elle représente un don divin. Cet outil est même l'essence du politique. Le verbe est divin parce qu'il conduit potentiellement à la paix ; la parole est pouvoir parce qu'elle est sagesse, vertu et force de persuasion qui mènent à la concorde en terrassant le mal. Dans son miroir, la duchesse de Bourbon associe pleinement la parole à la prudence, dans la mesure où elle entend fournir à sa fille un guide de la parole sage et avisée. Celle-ci doit être parfaitement pesée, l'abondance comme la carence de mots nuisant à cette efficacité dont chacun est en quête dans le dialogue politique.

Ces considérations ne sont pas propres à Anne de France, mais sont partagées par tous ses contemporains. La Renaissance correspond en effet à l'émergence d'une nouvelle civilité fondée sur l'art de la parole, théorisée aussi bien dans les *Enseignements* à Suzanne que dans *Le Livre du courtisan* de Baldassare Castiglione, publié en 1528. Anne de France, dans sa réflexion sur le pouvoir et sur l'art de se conduire à la cour, est en perpétuel va-et-vient entre pensée médiévale et pensée renaissante : elle est l'héritière comme l'initiatrice et c'est ce qui la place à la charnière de deux mondes, et fait d'elle un personnage incontournable de la pensée politique des débuts de la Renaissance.

Princesses de la Renaissance : dans la filiation politique et culturelle d'Anne de France

C'est à l'époque où Anne rédige ses *Enseignements* qu'elle tend à s'identifier à sa sainte patronne, figure parfaite de la mère et de l'éducatrice, comme en témoigne notamment le groupe de sculptures représentant saint Pierre, sainte Anne éduquant la Vierge et sainte Suzanne, commandé pour le château de Chantelle vers 1500. Pour Elizabeth L'Estrange, ce recours à sainte Anne dépasse le simple cadre du patronage spirituel et permet à la duchesse d'« affirmer son pouvoir politique et dynastique[46] ». Surtout, il relève de cette *mimèsis* déjà évoquée, de ce jeu d'identification à un personnage, sainte Anne en l'occurrence, qui répond aux exigences d'un idéal éthique et intellectuel qu'il s'agit de reproduire et d'incarner.

Par l'éducation qu'elle leur dispense, par son exemple comme femme de pouvoir et comme miroir de vertu et enfin par les *Enseignements* qu'elle a rédigés, Anne de France s'illustre par sa maternité politique et culturelle auprès des nombreuses princesses que nous venons d'évoquer.

La plupart marchent dans son sillage dans l'édification d'un pouvoir au féminin. Louise de Savoie reçoit de son fils François Ier le titre de régente du royaume en 1515. Elle n'hésite pas à faire usage de prérogatives extrêmement étendues qui font d'elle une quasi-souveraine. Princesse diplomate, comme sa tante Anne de France, elle négocie et conclut avec Marguerite d'Autriche, régente et gouvernante des Pays-Bas, la paix des Dames, en qui toute l'Europe fonde ses espoirs de réconciliation entre la France et l'Empire[47]. Marguerite, tante de l'empereur Charles Quint, domine désormais la Flandre depuis sa cour de Malines, tandis que Philippe de Gueldre, devenue duchesse de Lorraine, tente de se faire attribuer la régence pour le compte de son fils à la mort de son époux[48]. On peut à juste titre évoquer l'existence en Europe d'une tradition de femmes de pouvoir dans l'héritage d'Anne de France, d'autant que ces princesses sont loin d'être des cas uniques.

Placées à la tête de grands États, elles s'acquittent à leur tour du rôle d'éducatrice que l'on attend d'elles auprès de leur progéniture, mais pas seulement. Louise de Savoie intègre à sa devise l'amour qu'elle porte à ses enfants, François et Marguerite d'Angoulême, et aux livres. À la cour de Cognac, puis à la cour de France, la comtesse d'Angoulême s'emploie à leur offrir l'éducation humaniste la plus parfaite. Marguerite d'Autriche, qui n'a pas d'enfants, n'est pourtant pas en reste tant le nombre de petits princes et de petites princesses placées sous sa protection maternelle est important. L'une éduque le roi de France François Ier, l'autre l'empereur Charles Quint.

La dame de Beaujeu leur a de surcroît inculqué son amour des livres. Toutes s'illustrent par la quantité et la qualité de leur commande livresque, ainsi que par l'intérêt qu'elles portent aux auteurs qui font la promotion du pouvoir au féminin. C'est d'ailleurs à un vivier d'auteurs commun qu'elles s'adressent en tant que commanditaires : Symphorien Champier sert Anne de France, à laquelle il dédie *La Nef des dames vertueuses* en 1503, avant de passer au service de Louise de Savoie dont il exalte le sang royal dans *Les Grandes Chroniques de Savoie*, en 1516[49]. On pourrait en dire autant d'Olivier de La Marche qui offre son *Parement des dames* à Marguerite d'Autriche et en adresse une copie à Suzanne de Bourbon. Que dire de Jean Lemaire de Belges qui glorifie Marguerite comme modèle parachevé d'éducation et d'humanisme dans *La Couronne margaritique*, après avoir exalté la vertueuse Anne de France dans *Le Temple d'honneur et de vertus* et avant de passer au service de la reine Anne de Bretagne ?

C'est encore sous l'influence d'Anne de France que les cours d'Europe se féminisent et s'étoffent, nous y reviendrons.

Par son exemple et par la réflexion qu'elle offre aux nombreuses princesses de la Renaissance, Anne de France s'affirme comme un modèle à suivre et à imiter. La postérité des *Enseignements* en témoigne. La fille de Louise de Savoie, Marguerite de Navarre, femme de lettres et humaniste, commande une version du livre qu'elle considère comme un miroir de référence. Imprimé par Eustache Mareschal et Jean Barril à Toulouse, il est dédicacé à la reine de Navarre, comparée à Anne de France pour sa vertu[50]. Cet ouvrage est jugé suffisamment digne d'intérêt pour passer par la suite dans la collection de livres de Diane de Poitiers, elle-même élevée à la cour de Moulins par la duchesse de Bourbon. Et il y a fort à parier que la grande Catherine de Médicis n'ignore rien des *Enseignements* à Suzanne dont elle reprend à son compte thèmes et idées.

Par le nombre de demoiselles qu'elle éduqua et qui occupèrent des places prééminentes dans les hautes sphères gouvernementales, Anne de France exerça une influence politique, culturelle et éthique, formant toute une génération de femmes destinées à exercer le pouvoir au début du XVIe siècle. Son rayonnement politique et intellectuel dans l'Europe du premier XVIe siècle fut tel que l'on peut considérer sans grand risque qu'elle s'imposa comme la première grande princesse humaniste de la Renaissance en France.

CHAPITRE 9

Reine de l'échiquier

Anne de France n'exerce pas seulement son influence comme éducatrice de jeunes princes et princesses. De manière théorique, Christine de Pizan a reconstitué une Cité des dames idéale dans son ouvrage éponyme, tandis que Jacques de Cessoles a évoqué la cour comme un Jeu d'échecs moralisés[1]. Anne de France n'ignore rien du contenu de ces ouvrages ; plus encore, elle s'en inspire, elle en est pétrie, ses décisions et ses actions en sont marquées. Elle sait par expérience que le nombre et la valeur des dames à la cour contribuent à rehausser le prestige et la grandeur de cette dernière.

Elle s'affirme comme une véritable reine en sa Cour des Dames. Cette cour est vaste, elle ne s'entend pas comme un espace circonscrit et clos : il ne s'agit pas d'une cour au sens spatial et physique, mais bien plutôt d'une cour au sens intellectuel et culturel. Elle s'étend ainsi, au-delà du duché de Bourbon et de la France, à une grande partie de l'Europe, véritable échiquier politique peu uni politiquement, mais doté d'une unité culturelle évidente.

De multiples réseaux féminins

Nous avons évoqué précédemment les réseaux masculins de la princesse qui obéissent à des réalités stratégiques et politiques, et s'intègrent dans le cadre du pouvoir exercé par la princesse à la tête de l'État. Anne de France domine plusieurs réseaux spécifiquement féminins qui en sont le pendant et qui ont des ramifications dans les diverses cours européennes.

La reconstitution de ces réseaux a été menée à la lumière de diverses sources, telles que les lettres envoyées ou reçues par la dame de Beaujeu ou encore les comptes très épars qui subsistent aujourd'hui. Cette enquête, puisque c'est bien de cela qu'il s'est agi, a permis de mettre en évidence l'existence de réseaux féminins structurés autour de la princesse qui les polarise, en tant que femme de pouvoir, fille de France et duchesse de Bourbon.

La place centrale qu'elle y occupe est inhérente à sa naissance royale : le sang la place sur un piédestal où nulle autre ne peut la rejoindre, hormis les deux reines Marguerite d'Autriche et Anne de Bretagne, ainsi que sa sœur Jeanne, épouse mal-aimée du duc d'Orléans. En outre, elle jouit du privilège de l'âge sur ces reines qui lui doivent le respect. Ces divers paramètres expliquent la déférence et l'humilité avec lesquelles dames et princesses s'adressent à elle dans leurs lettres. La domination symbolique et l'autorité qui émanent de sa personne font d'Anne une figure hors du commun.

La fidélité au sang de France

Dans ses *Enseignements*, Anne de France loue la fidélité au sang, se livrant à une sorte d'éloge de la famille. La fidélité est d'abord due à sa propre parentèle. Très naturellement, c'est avec les princesses de la maison de France dont elle est issue qu'Anne entretient des liens étroits.

Deux de ses tantes paternelles ont certainement exercé une influence sur Anne de France, tant par leurs idées politiques que par leur goût des livres et des arts qu'elles partagent avec Charlotte de Savoie : il s'agit de Yolande de France, duchesse de Savoie, et de Jeanne de France, seconde épouse du duc Jean II de Bourbon, respectivement mortes en 1478 et en 1482. La première s'est particulièrement illustrée comme femme de pouvoir et régente, la seconde comme mécène accomplie.

Anne côtoie sa sœur Jeanne dans le Val de Loire, à Amboise et à Blois notamment, à la cour de Charles VIII. Elle soutient cette dernière face à Louis d'Orléans qu'elle encourage à rendre visite à son épouse. Jamais elle ne remet en question la légitimité de leur union, forgée de toutes pièces par son père. Cette alliance matrimoniale lui est politiquement favorable : le duc d'Orléans est son plus redoutable ennemi et Anne a conscience autant que lui de ce que ce mariage infertile représente en termes d'affaiblissement politique et dynastique. Les lettres échangées par les deux sœurs qui nous sont parvenues, écrites dans le contexte très tendu de la captivité de Louis d'Orléans, nous renseignent sur la nature de leur relation. Plus qu'à une sœur, c'est à la femme de pouvoir que Jeanne s'adresse pour obtenir la libération de son époux auquel elle est attachée, malgré les humiliations qu'il lui fait subir et la détestation dont elle est l'objet. Elle implore pour lui le pardon de sa sœur, qu'elle supplie d'intercéder pour elle auprès du roi : « Ma sœur, je vous prie d'avoir le fait de Monsieur mon mari pour recommandé, et dont veuillez écrire à mon frère, nonobstant qu'il s'y acquitte bien, dont sommes bien obliges à lui et à vous, ma sœur[2]. »

La princesse suppliante n'obtient toutefois rien d'Anne. Intransigeante, cette dernière considère que la raison d'État ne peut s'effacer devant les liens familiaux. Aucun motif ne saurait légitimer la libération du duc qui pourrait représenter un danger pour la paix et pour sa position à la tête du royaume.

Jeanne de France n'est pas la seule princesse à placer ses espoirs en Anne de France. Sa propre tante Madeleine de France, sœur de Louis XI et reine de Navarre, requiert son intervention en faveur de sa fille Catherine de Foix, maltraitée par son époux Jean III d'Albret. On perçoit à travers sa requête toute l'influence supposée de la sœur du roi, jugée capable d'intervenir auprès d'un époux peu aimable :

> Madame je n'ai refuge à vous seule pour quoi je viens vous suppliant qu'il vous plaise avoir pitié de ma fille de Foix laquelle m'a envoyé secrètement un homme me prier que je fisse tant envers vous que son mari l'envoyât car deux ans y a qu'il ne la vit mais pis y a car elle n'a que boire ni que manger ni que vêtir et si ne fut une petite fille qu'elle a regret de laisser elle était délibérée venir à pied quérir son

> pain, ce qui m'est dure chose à porter car je n'aime qu'elle seule et plaît à Dieu que les autres deux fussent en paradis et qu'elle fût près de son maître. Madame, ne dites rien à mon fils son mari qu'elle s'est plainte à moi car elle serait malmenée. Madame s'il vous plaît, ayez pitié d'elle et la mettez en quelque place. [...] Votre très humble tante[3].

S'il est ici question d'intercession, les noms de ces deux princesses méridionales figurent aussi sur un traité d'alliance conclu avec les Beaujeu dès 1484, signe d'une alliance à la fois affective et politique. La dame de Beaujeu a tout intérêt à s'attirer la fidélité et les bonnes grâces de celles dont le soutien politique est primordial, en pleine guerre contre les princes rebelles.

Anne de France est liée à bien d'autres princesses de la maison de France. Ces dernières jouent un rôle cérémoniel de premier plan à la cour, du fait de leur rang et de leur naissance. Tantes, nièces ou encore cousines, elles sont souvent amenées à y croiser le chemin d'Anne. Ainsi, pendant les cérémonies, la présence à ses côtés de Jeanne de Valois, fille bâtarde de Louis XI, est souvent mentionnée. Désignée sous le nom de Madame l'Amirale, elle est l'épouse de Louis de Bourbon-Roussillon, lui-même bâtard de Charles Ier de Bourbon. À l'appartenance à la maison de France s'ajoute le prestige d'une alliance matrimoniale avec un Bourbon, ce qui justifie sa présence lors des baptêmes royaux, des sacres et des entrées.

Entre maison de Savoie et maison de Bourbon

La maison de France a des ramifications en Savoie, à laquelle la princesse se rattache par sa mère Charlotte. Nombreuses sont les princesses savoyardes à s'illustrer comme femmes de pouvoir ambitieuses entre la fin du XVe et le début du XVIe siècle. Leur soutien s'intègre dans la politique diplomatique européenne d'Anne de France. En témoigne l'intérêt que porte cette dernière à Blanche de Montferrat, devenue duchesse de Savoie par son mariage avec Charles Ier de Savoie, fils de Yolande de France. À la mort prématurée de ce dernier en 1490, elle assure la régence au nom de son fils Charles-Jean-Amédée, ce qui n'est pas sans mécontenter Philippe de Bresse qui revendique un partage du pouvoir qu'elle refuse vigoureusement. Blanche parvient à se maintenir au pouvoir jusqu'à la mort de son fils en 1496, grâce au soutien d'Anne de France avec laquelle elle entretient une correspondance. Liens familiaux se mêlent aux considérations politiques : la duchesse de Savoie laisse en contrepartie de cette aide la voie libre aux troupes françaises en chemin vers l'Italie sur son territoire.

Anne de France intervient aussi en faveur de sa tante Bonne de Savoie, duchesse de Milan, dont l'époux a été assassiné et qui tente de conserver le pouvoir pour son fils Jean Galéas Sforza. Dans la tourmente et ne parvenant pas à se maintenir à la tête du duché, elle est emprisonnée en Italie et exilée, avant de trouver refuge en France auprès d'Anne de France et de Charles VIII, qui ont œuvré à sa délivrance et n'ont cessé de la soutenir face à Ludovic Sforza. La sœur de Charlotte de Savoie séjourne à Tours, puis à Lyon jusque vers 1500.

Les sources épistolaires font enfin apparaître les liens d'Anne de France avec deux autres princesses apparentées à la maison de Savoie par leur mère Marguerite de Savoie, sœur de la reine Charlotte et épouse de Pierre II de Luxembourg, comte de Saint-Pol. Il s'agit de Françoise et de Marie de Luxembourg, cousines germaines d'Anne. Françoise est mariée à Philippe de Clèves, duc de Ravenstein, allié à Anne de France pendant la guerre de Flandre et ennemi de Maximilien d'Autriche. Marie de Luxembourg est d'autant plus liée à la fille de Louis XI qu'elle a épousé François de Bourbon-Vendôme, fidèle des Beaujeu. Anne entretient avec ses dernières une relation affective dont témoignent les lettres qu'elles échangent[4]. Comme Anne de France, Marie fut une femme puissante, à la tête de territoires extrêmement vastes, en même temps qu'une amatrice d'art et de livres. Son alliance avec un Bourbon-Vendôme, réalisée sous l'influence d'Anne en 1487, illustre l'attention accordée par la sœur de Charles VIII à la maison à laquelle elle se rattache par son propre mariage.

Si, comme elle l'affirme dans ses *Enseignements*, il convient d'être fidèle à son propre sang, il faut plus encore s'intégrer dans la famille de son époux et l'honorer. La princesse met personnellement en œuvre cette conception, d'autant qu'elle s'affirme dès 1488 comme le pendant féminin de Pierre, chef de la maison de Bourbon. Duchesse, puis duchesse douairière, elle polarise un réseau féminin fondé sur l'appartenance commune à un prestigieux lignage qui entretient la mémoire de son illustre ancêtre, saint Louis.

Nous avons évoqué le rôle essentiel joué par les hommes de la maison de Bourbon comme soutiens politiques et militaires du couple Beaujeu pendant la guerre folle. Au réseau masculin en répond un, féminin, qui ne fait que s'étoffer à la faveur de l'installation de la princesse à Moulins en 1488. Les nombreuses sœurs de Pierre de Beaujeu s'y intègrent, comme Jeanne de Bourbon, épouse de Jean de Chalon, qui entretient également des liens épistolaires avec Anne[5].

De la branche des Bourbon-Montpensier sont issues plusieurs princesses appartenant au cercle d'Anne de France. Toutes se croisent régulièrement à Moulins, où la duchesse de Bourbon les accueille. C'est le cas de Gabrielle de Bourbon-Montpensier, femme de lettres et bibliophile, et nièce d'Anne qui lui fait épouser Louis de La Trémoille en 1485. Les deux femmes se rendent visite pendant la guerre folle : Anne de France parle même de festoyer avec elle, ce qui est rare sous sa plume[6].

Anne se comporte en protectrice avec toutes ces princesses. Elle porte un intérêt particulier aux enfants de Gilbert de Montpensier et de Claire de Gonzague. Leur fille Louise de Bourbon, épouse de Louis II de Bourbon-Vendôme, est fréquemment présente à la cour de Moulins, où comme l'indique Guillaume de Marillac, la duchesse douairière lui « faisait bonne chère ». Sa sœur Renée de Bourbon-Montpensier est mariée au duc Antoine II de Lorraine et de Bar en 1515, par l'intercession d'Anne de France qui assiste à la cérémonie nuptiale après lui avoir négocié un douaire très favorable.

La branche des Bourbon-Vendôme n'est pas laissée de côté, comme en témoignent des lettres de Jeanne et de sa sœur Charlotte adressées à Anne. Plus que de considérations politiques, il est question de sujets personnels, tels que la santé et les grossesses. En voici un exemple qui illustre cette relation d'affection et de respect mélangés à l'égard de celle qui se comporte en protectrice et patronne vis-à-vis des dames de sa parentèle :

> Madame, tant et très humblement que faire puis à vos bonnes grâces me recommande. Madame j'ai reçu lettres que vous a plu m'écrire, vous remerciant toujours très humblement des biens que me présentez dont je me répute de plus en plus obligée à vous. Madame, puisqu'il vous a plu me faire cette offre de votre maison et des biens étant en icelles, si j'ay aucune chose à faire de ce que je ne l'épargnerai point. Madame je suis demeurée ici pour y accoucher et n'irai point à Blois tant pour ce que le roi n'en approche point et que je suis fort près de mon accouchement. Madame j'ai été bien joyeuse quand j'ai su que le roi vous a mandé de venir par devers lui et si aussi ce que vous y veniez, serai bien marrie si je ne vous puis voir pour le grand désir que j'en ai. Madame, monseigneur de Nevers mon mari se recommande toujours très humblement à votre bonne grâce et s'il est service que lui et moi, Madame, puissions faire pour vous, commandez-le nous et de bon cœur l'accomplirons à l'aide de notre Seigneur, Madame qui je prie vous donne bonne vie et longue. Écrit à Paris le dixième d'octobre. Votre très humble et obéissante servante Charlotte de Bourbon.
> À madame[7].

Les deux Anne

Dans les échanges épistolaires, les princesses liées à la dame de Beaujeu par le sang sont très majoritaires, ce qui n'exclut pas des relations avec d'autres princesses. Anne de Bretagne en est l'illustration même. Arrivée à l'âge de quatorze ans à la cour de France, elle est, nous l'avons dit, formée aux usages de la cour de France par la sœur de Charles VIII. Les lettres échangées par les deux princesses laissent paraître, du moins en apparence, une bonne entente. Le ton des missives est même chaleureux :

> Ma sœur, je vous remercie bien fort de toutes les bonnes choses que Lavril m'a dit de par vous, et du bon vouloir que je connais qu'avez à mon égard [...] et ne croyez pas ma sœur que je n'y ai ma bonne confiance, aussi pouvez-vous être affirmé qu'en ce que je pourrai faire pour vous que je le ferai de bon cœur et je voudrais bien être auprès de vous pour plus amplement vous en dire de ma volonté. [...] Je m'attends à vos petits chiens, et si j'en ai dont vous veuillez récompenser il ne vous sera pas épargné et à vous, ma sœur, je prie Dieu qu'il vous ait en sa sainte garde. Écrit ce douzième de février, votre bonne sœur Anne[8].

D'autres lettres les montrent collaborant dans l'exercice d'un pouvoir au féminin qui s'exprime notamment par l'organisation d'alliances matrimoniales en faveur de dames de leurs suites[9]. Surtout, il est fort probable qu'Anne de France ait conservé pendant plusieurs années l'ascendant sur sa belle-sœur. À l'évidence, « Madame la Grant » ne fut pas mise à l'écart du pouvoir par Anne de Bretagne, comme certains ont pu le prétendre, mais bien plus certainement par Louise de Savoie, dès 1515.

Princesses de l'Empire et d'Italie

La question des relations avec la maison impériale est essentielle : la France est encerclée de tous côtés par son ennemi irrémédiable, présent en Flandre, en Espagne et en Autriche, d'autant que le renvoi de Marguerite d'Autriche en juin 1493 s'est accompagné de la perte de territoires bourguignons que Louis XI avait eu tant de mal à obtenir. Anne de France a conscience de la nécessité de faire la paix avec la maison de Habsbourg. Dans une lettre adressée à son frère le marquis de Mantoue, François de Gonzague, Claire de Gonzague décrit le faste qui entoure le retour de Marguerite en Flandre en 1493 :

> L'illustrissime madame Marguerite s'en est allée en Flandres chez l'illustrissime seigneur son frère, avec un très grand honneur et un très

grand faste et des présents d'importance, magnifiques, comme des chariots, des lits de camp, des tapisseries et des tentures de chambre en tissu d'or et aussi un superbe buffet avec des vases en argent et en or, sa coupe à boire remplie de splendides bijoux. Les seigneurs et dames qui l'accompagnèrent sont déjà revenus si bien que ceux qui la virent en particulier disent que c'était un beau et extraordinaire spectacle de la voir avec sa noble suite[10].

Sans doute faut-il y voir l'action d'Anne de France qui tente de se faire pardonner ce renvoi si honteux, vécu par Marguerite comme une véritable trahison et une humiliation. Les deux princesses semblent avoir conservé des liens, comme en témoigne une lettre de Marguerite à la duchesse de Bourbon bien des années plus tard, en 1514, à laquelle elle présente ses condoléances à l'occasion de la mort du bâtard Louis de Bourbon, chambellan de l'archiduc Charles :

> Madame ma bonne tante, je me recommande de bon cœur à vous. Je tiens qu'êtes assez avertie du trépas de feu le bâtard de Bourbon. [...] Et vous assure, Madame ma bonne tante, qu'il est dommage de sa mort car il était homme de bien, priant Dieu qui veuille avoir son âme et vous donne, Madame ma bonne tante, ce que plus désirez[11].

Que dire de l'Italie où les princesses influentes sont nombreuses ? Dans le contexte des guerres d'Italie, on sait quel intérêt et quelles ambitions la péninsule, qualifiée de « paradis » dans une lettre de Charles VIII à Pierre de Bourbon, suscite en France. Si Anne de France n'est pas favorable aux menées italiennes de son frère, elle doit se résoudre à agir avec pragmatisme et réalisme, comme à l'accoutumée. Puisque le roi a décidé d'entreprendre ces expéditions, il faut le soutenir. L'appui des petites principautés et des duchés transalpins relève de la nécessité politique. Bonne de Savoie, déjà évoquée, aurait pu servir de relais fidèle de la politique française en Milanais, mais on l'a vue bien mal en point face au duc Ludovic Sforza.

C'est donc vers d'autres princesses qu'il faut se tourner : à Mantoue, la duchesse Isabelle d'Este, à Milan, la sœur de cette dernière Béatrice d'Este, tandis que Claire de Gonzague, épouse de Gilbert de Bourbon-Montpensier, s'affirme en France comme un relais italien qu'Anne de France peut utiliser comme bon lui semble.

Claire de Gonzague est arrivée en France au début des années 1480. Fille du duc de Mantoue, Frédéric Gonzague, elle entretient des liens épistolaires étroits et réguliers avec sa famille, à laquelle elle voue une affection véritable, qu'il s'agisse de son frère François II et de sa belle-sœur Isabelle d'Este ou de son autre sœur Élisabeth, duchesse d'Urbino, qui fait de la cour de son époux un des hauts lieux de la Renaissance. Par l'intermédiaire d'Isabelle, Claire est en lien avec la duchesse de Milan, Béatrice d'Este, ainsi qu'avec la duchesse de Ferrare, Éléonore d'Aragon, avec laquelle elle entretient des relations amicales. Cette dernière est l'épouse du très francophile Hercule d'Este, père d'Isabelle et de Béatrice, qui se range du côté français pendant les guerres d'Italie quand son gendre mantouan s'allie aux Vénitiens contre la France. Claire est à ce point attachée à sa famille qu'elle séjourne à deux reprises à Mantoue, en 1486 et en 1494 : elle se considère comme appartenant aux deux maisons de Gonzague et de Bourbon, signant de manière assez singulière Claire de Gonzague de Bourbon. Comme Anne de France, qui tente de conjuguer fidélité aux maisons de France et de Bourbon, elle cherche l'entente franco-italienne.

En France, Claire bénéficie avec son époux Gilbert de Bourbon-Montpensier de la protection bienveillante des Beaujeu et du couple royal. C'est Anne de France qui, en protectrice, place la princesse comme dame d'honneur de la nouvelle reine, à son arrivée en France en 1491 : dès lors, Claire de Gonzague fait partie du cercle d'intimes de la duchesse de Bretagne, comme de celui de la duchesse de Bourbon qui exerce sur elle une domination certaine. En témoigne le fait qu'Anne ait confisqué à Claire ses bijoux de famille, la jugeant trop dépensière et craignant pour les joyaux qui devaient être transmis à ses enfants. Le seigneur de Maumont, conseiller de Gilbert et gouverneur des enfants de Montpensier, écrit à ce sujet une lettre d'une rare éloquence à Claire :

> Madame, comme bien savez, ma dite dame de Bourbon envoya quérir madame de La Trémoille à Gien, et lui fit la plus grande chère que jamais avait fait, et de tout un jour ne lui voulut mot dire de vous ni de mes dits seigneurs, cuidant qu'elle entamât les paroles ; et après lui en dit beaucoup, et de vous et d'eux, et entre les autres choses, lui dit qu'il fallait qu'elle vint à Moulins et qu'on vous enverrait quérir et qu'il fallait mettre ordre en votre pauvre maison, et que vous étiez une très mauvaise ménagère, et qu'il valait mieux pour le bien de messeigneurs vos dits enfants que vous eussiez votre douaire, [...], et lui montra vos dites bagues en disant qu'elle les gardait pour le mariage de sa nièce, et qu'elle savait bien que si les aviez entre les mains, que vous les dépenseriez l'une après l'autre[12].

L'autorité de la duchesse s'impose ainsi aux dames de sa parentèle. Quoi que pense Anne de France de sa cousine, cette dernière représente un maillon indispensable entre la France et l'Italie. À travers celle qui séjourne de longues semaines, voire de longs mois, en sa compagnie à Moulins, Anne de France sait ce qui se passe et se dit dans les cours d'Italie du Nord, sans même avoir besoin d'entretenir de relations épistolaires régulières avec les princesses italiennes. Claire la renseigne à son insu ou consciemment et permet l'entretien de relations amicales indispensables aux visées royales en Italie, aussi bien sous le règne de Charles VIII que sous celui de Louis XII. Les objectifs français sont d'ailleurs couronnés de succès, puisque les cours de Milan et de Ferrare s'affirment comme des soutiens aux Français en Italie.

Les réseaux féminins et masculins correspondent très exactement et le couple formé par Claire et Gilbert s'intègre parfaitement dans les visées des Beaujeu, au service du roi et de la maison de Bourbon. À la mort de Gilbert, vice-roi de Naples, en 1496, ses enfants sont naturellement pris sous la protection du roi de France et, surtout, de sa sœur, alors même que leur mère se trouve à Mantoue. Les lettres adressées à François de Gonzague après la mort du comte de Montpensier sont le signe de l'intérêt que Pierre et Anne de Bourbon portent à Claire et à ses enfants : « Mon cousin, monseigneur vous écrit et à ma dite cousine et il est délibéré de se montrer bon parent envers elle et s'employer pour ses enfants, nos neveux et nièces, comme pour les nôtres propres[13]. »

Le sort de Claire de Gonzague intéresse Anne de France, pour des raisons tant affectives que stratégiques et elle demande son retour en France. Alors que le duc de Milan refuse le passage dans son duché à Claire qui souhaite retourner en France, ce sont les Bourbon qui jouent les intermédiaires[14] et obtiennent satisfaction en raison de « l'amour et de l'affection » que Sforza leur porte[15]. Le chambellan du duc de Bourbon en personne fait partie de l'escorte chargée de venir chercher la comtesse de Bourbon-Montpensier. De Lyon, où elle arrive en avril 1497, Claire accompagne Charles VIII à Moulins. Il y sera question d'alliances matrimoniales. Il est en effet envisagé de remarier la princesse au duc de Milan, Ludovic Sforza, lui-même veuf de Béatrice d'Este, morte très jeune en couches. Anne de France doit également aider à la conclusion d'une alliance entre Louise de Montpensier et André IV de Chauvigny, vicomte de Brosse. En 1510, Isabelle d'Este évoque un autre mariage, celui de sa nièce Virginie de Gonzague, dotée par Claire de Gonzague, dans une lettre empreinte de respect qu'elle adresse à Anne de France afin d'obtenir de cette dernière l'autorisation de verser les cinq cents écus de dot.

Nous l'avons vu, la mort de Charles VIII en 1498 ne signifie pas le retrait d'Anne de France des affaires diplomatiques. Au contraire, à la fin de 1499, elle propose au marquis de Mantoue, qui recherche l'alliance avec Louis XII, d'être son avocate auprès du souverain. La présence d'ambassadeurs italiens à la cour d'Anne de France après 1498 témoigne d'ailleurs de son influence politique toujours vive. Elle est pleinement investie dans les affaires italiennes, alors que Louis XII affirme ses ambitions sur le Milanais.

À travers Claire de Gonzague, la maison de Bourbon rayonne jusqu'en Italie, comme le montre le goût de la marquise Isabelle d'Este pour la ceinture Espérance qu'elle porte, associée à la formule *Nec spe nec metu*. Élisabeth de Gonzague, duchesse d'Urbino, la porte également et une semblable ceinture, « faite d'or et d'émail », a été offerte à sa fille Éléonore par Claire de Gonzague en personne. La gouvernante précise l'avoir « accrochée à son oreille sous sa coiffe où elle produit un bel effet[16] ».

Signe du rôle éminemment politique que revêtent les maisons féminines, alors que la maison de Gonzague traverse des moments difficiles et qu'Isabelle d'Este sollicite la protection de la France pour sa propre personne et sa fille Éléonore, Anne de France propose de recevoir la jeune princesse à Moulins. C'est en ces termes qu'elle s'adresse à Isabelle d'Este : « Ma cousine envoyez-la moi quand vous voudrez car je la traiterai tout ainsi que si elle était mienne[17]. » Et de proposer pour l'instruction de la petite princesse madame de Chalus, gouvernante d'Anne de France, en charge de la petite Anne de Montpensier, filleule de la duchesse dont elle porte le prénom. Si le projet est abandonné et si aucune des deux princesses mantouanes ne se rend finalement en France, la lettre de la duchesse de Bourbon en dit long sur ses ambitions ainsi que sur sa puissance symbolique, au début des années 1500, tout comme elle illustre la grandeur de sa maison ducale.

Moulins, modèle de « Cour des Dames »

Aux dires de Brantôme, qui tient ses renseignements de sa grand-mère, Louise de Daillon du Lude, « nourrie avec » la fille de Louis XI, à la cour de Charlotte de Savoie, Anne de France développe une splendide « Cour des Dames » à Moulins :

> En sa maison [de Moulins], elle faisait pourtant semblant de s'y plaire et faire valoir sa cour, qui était toujours très-belle et grand, comme disait ma grand-mère, et étant toujours accompagnée de grande quantité de dames et de filles qu'elle nourrissait fort vertueusement et sagement[18].

De tels propos coïncident tant avec ceux du seigneur de La Vauguyon, qui a fréquenté sa cour, qu'avec ceux de l'ambassadeur mantouan Grossino, présent à Lyon lors de l'entrée de Claude de France en 1516. Il décrit Anne de France comme entourée de ses ravissantes dames et demoiselles et avoue même s'être épris de l'une d'elles[19].

C'est le même Brantôme qui attribue à Anne de Bretagne l'émergence d'une « Cour des Dames » à la cour de France. Il convient de toute évidence de remettre en perspective cette affirmation pour plusieurs raisons. Tout d'abord, l'historiographie récente a montré que la féminisation des cours royales et ducales est un phénomène qui préexistait. Ainsi la reine Marie d'Anjou, épouse de Charles VII, entretenait au milieu du XVe siècle des dames et des demoiselles dont le nombre oscillait entre vingt et quarante[20]. Nous l'avons vu, Anne de France offre à Marguerite d'Autriche un hôtel solidement structuré, avec une hiérarchie bien établie entre dames, filles d'honneur, femmes de chambre, filles de chambre, dont le nombre atteint vingt-trois en 1490. La petite Charlotte d'Aragon est aussi dotée d'une maison à la cour de France. À qui d'autre qu'Anne de France attribuer cette féminisation de la cour qui, dans le cas de Marguerite d'Autriche, doit exalter le prestige et la dignité de la future reine de France ?

Son action dans la constitution de la maison d'Anne de Bretagne à son arrivée dans le royaume en 1491 est éloquente : elle opère un transfert des dames et demoiselles au service de Marguerite vers la maison de la nouvelle reine. D'autres princesses qu'elle cherche à placer y font leur apparition, comme Claire de Gonzague, déjà citée. À ces dames s'ajoutent celles de la suite d'Anne de Bretagne, arrivées avec elle en France. L'importance accordée à la cour comme espace de représentation du pouvoir est de plus en plus considérable. Il apparaît donc comme très naturel qu'Anne de France ait transposé en sa cour ducale de Moulins le modèle qu'elle a personnellement contribué à développer et à instaurer à la cour de France.

Pierre Martin, confesseur de la duchesse de Bourbon, se montre plus qu'élogieux dans le portrait qu'il dresse de la maison de Bourbon. L'entretien de cette cour va de pair avec l'élévation des âmes de celles qui la fréquentent au quotidien, comme il le remarque aussi bien que Brantôme qui écrit :

> Si a-t-elle fait de très-belles nourritures, ainsi que je tiens de ma grand-mère, et n'y a guère eu dames et filles de grande maison de son temps qui n'aient appris leçon d'elle, étant alors la maison de

Bourbon l'une des grandes et splendides de la chrétienté. Aussi c'était elle qui la faisait valoir[21].

La nourriture apportée aux dames de la cour de Moulins semble avoir été de nature intellectuelle et spirituelle, plus que matérielle, bien que cet aspect n'ait pas été négligé par la princesse. En effet, si l'on en croit l'auteur de la *Vie des dames illustres*, elle fournissait avec libéralité et générosité le nécessaire au quotidien de celles qui appartenaient à son hôtel : « Outre qu'elle était splendide et magnifique de sa nature, et qu'elle ne voulait en rien diminuer de sa grandeur première, elle avait bien aussi de grandes bontés à l'endroit des personnes qu'elle aimait et prenait en sa main[22]. »

L'établissement d'une cour fastueuse et illustre à Moulins, lieu d'incarnation du modèle théorique de la princesse fondé sur la vertu, la sagesse et le savoir, aurait ainsi relevé d'un désir de transposition de son pouvoir, de son prestige et de sa puissance, autrefois détenus au sommet de l'État vers sa capitale ducale. Il faudrait ainsi concevoir la mise en place de sa « Cour des Dames » comme la manifestation délibérée de la grandeur qu'Anne de France ne pouvait plus exprimer en tant que femme de pouvoir au gouvernement. Sans doute cherche-t-elle à créer une cour prestigieuse sur le modèle de celle de la reine Anne de Bretagne.

Le sens politique de l'entretien d'une « Cour des Dames » est donc évident : il s'agit d'un glissement d'un pouvoir politique quasi royal exercé à la tête de l'État dans les années 1480 vers un pouvoir féminin fondé sur la manifestation de symboles au sein d'une cour ducale éclatante. Puisqu'Anne de France ne peut plus exprimer sa grandeur à la tête du royaume, elle la substitue en assumant pleinement ses fonctions de duchesse de Bourbonnais et d'Auvergne, et en cultivant cette cour qui réalise l'idéal nobiliaire de comportement vertueux. La duchesse voulait que sa cour fût le lieu de la mise en pratique des conseils prodigués dans ses *Enseignements* et inspirés des écrits de Christine de Pizan. Sous l'influence de la brillante princesse, les cours de France et de Bourbon apparurent comme le miroir incarné de la cour féminine idéale où les *Enseignements* étaient mis en pratique.

Le « royaume de Fémynie[23] » d'Anne de France

Qui sont donc ces dames et demoiselles de la cour de Moulins ? Les princesses de la famille de Bourbon sont accueillies par Anne de France, soucieuse de renforcer des liens de parenté qui viennent très souvent doubler des alliances politiques. Ainsi trouve-t-on à Moulins Claire de Gonzague, Gabrielle de Bourbon-Montpensier, et bien d'autres princesses de la maison de Bourbon déjà évoquées auparavant.

Les dames et demoiselles de plus modeste extraction sont nombreuses elles aussi : faire partie de l'hôtel de la duchesse est pour elles un honneur. Tout ceci constitue le plus souvent une affaire de famille : on trouve des couples, voire des familles entières placées au service de grands princes. Les clientèles féminines se rattachent très étroitement aux réseaux de fidélité masculins constitués des grands serviteurs de l'État d'une part et des nobles beaujolais et bourbonnais d'autre part.

L'une de ces dames est très intimement liée à Anne de France. Il s'agit de madame du Bouchage, épouse du fidèle serviteur de Louis XI et de Charles VIII, Humbert de Batarnay, sire du Bouchage. Elle joue un rôle très précieux en tant que gardienne des enfants royaux. Or, cette dame de confiance est aussi la grand-mère maternelle de la célèbre Diane de Poitiers, elle-même accueillie à l'âge de six ans par la duchesse de Bourbon à Moulins, à la mort de sa mère, en 1506. Diane demeura auprès de sa protectrice jusqu'à son mariage en 1515, avec un fidèle des Beaujeu. Le cas de Diane de Poitiers est assez emblématique, en ce qu'il témoigne de la volonté d'Anne de France de récompenser et de remercier une famille entière en recevant la demoiselle auprès d'elle. En effet, Diane est issue de deux lignages particulièrement fidèles, liés à la monarchie tant par les services rendus que par le sang. Son grand-père paternel, Aymar de Saint-Vallier, proche conseiller de Louis XI, avait épousé en premières noces une fille bâtarde de ce dernier. Son père, Jean de Poitiers, seigneur de Saint-Vallier, fut même accusé de trahison pour avoir pris le parti du connétable de Bourbon contre François Ier, tandis que sa mère appartenait à la famille de Batarnay. Anne de France organise le mariage de Diane avec le très fidèle Louis de Brézé, petit-fils de Charles VII et d'Agnès Sorel et grand sénéchal de Normandie, ce qui renforce les liens politiques et familiaux de cette dernière avec la maison de France.

Bien d'autres dames appartiennent à la maison d'Anne de France : contrairement à Diane de Poitiers, beaucoup sont demeurées dans l'ombre. Certaines ont même sombré dans l'oubli. Un compte de la duchesse, particulièrement précieux, permet de saisir quelques noms et de reconstituer ponctuellement sa maison féminine entre 1500 et 1501, au moment où Anne de France est à l'apogée de sa puissance au niveau ducal[24]. On y découvre un hôtel particulièrement bien structuré.

Les sept dames d'honneur reçoivent 160 livres de gages : il s'agit de mesdames de Culant, de Saint-Aulaire, de La Rière, de La Barbelinière, de Monbardon, de Chasteauvieux, de Brou. Deux autres se distinguent par des gages plus élevés (400 livres) : il s'agit de mesdames de Chaudesaigue, sénéchale de Bourbonnais, et de Mongascon. À cette dizaine de dames d'honneur viennent s'ajouter les demoiselles dont les gages sont de 50 livres : mesdemoiselles de La Rochefoucauld, de Beauchamp, des Cars, du Lude (probablement Louise de Daillon du Lude, grand-mère de Brantôme), de Champerroux, de Montaré, des Peaulx, de Montsaulion, du Peschin, la petite Sainte-Aulaire, de Chevenon, de Villeneuve, de Mons, Laborde et de Saint-Haon.

Vingt-quatre dames et demoiselles sont ainsi répertoriées dans le registre de comptes de 1500. Il faut encore y ajouter les dames et demoiselles au service de la jeune Suzanne, nommée « Mademoiselle » dans le compte : mesdames de Talaru et de Save, respectivement rémunérées à hauteur de 240 livres et de 160 livres, ainsi qu'une dizaine de demoiselles. Comme celles de la duchesse, elles reçoivent 50 livres de gages. Il s'agit de mesdemoiselles de Chasteauvieux, de Lisle, Droyne, de La Trouillère, de Rochefort, de la grande Serance, de la petite Serance et de Jacqueline Baudiment.

En tout, plus de quarante dames et demoiselles se trouvent au service de la duchesse et de sa fille, sans compter celles, de plus haute extraction, évoquées auparavant qui séjournent à Moulins. Et il ne faudrait pas non plus oublier les sept femmes de chambre, la naine Bonne Cambière, six femmes de chambre et lavandières de moindre rang et, enfin, la mère nourrice de Madame. Ce sont quinze femmes supplémentaires présentes au château ducal.

L'hôtel de la duchesse apparaît parfaitement hiérarchisé et organisé. Cinquante-cinq femmes de toutes origines sociales sont ainsi répertoriées dans ce registre de comptes. Un tel chiffre ne présente d'intérêt en soi que s'il est mis en perspective avec ceux des maisons et hôtels d'autres reines et princesses contemporaines. C'est là qu'il prend tout son sens. Le nombre de dames et demoiselles de l'hôtel de la reine de France, Anne de Bretagne, passe de 44 en 1496-1498 à 54 en 1503-1504[25], ce qui est certes supérieur, mais de peu. En 1531, au faîte de sa puissance, l'hôtel de la régente Louise de Savoie, mère de François Ier, en compte 33, moins que sa tante Anne de France[26]. L'entretien d'une cour brillante et nombreuse rejaillit immanquablement sur l'autorité de la duchesse. Il reflète la quête d'un idéal éthique, en même temps qu'il traduit une volonté délibérée de renforcement politique.

La cour est ainsi le lieu par excellence du développement des réseaux, de la parole agréable aussi. À la cour de France, Anne représente presque la puissance royale tandis qu'à Moulins, elle s'efforce de conserver l'éclat de sa gloire passée, prenant à l'évidence modèle sur la cour réginale qu'elle a elle-même contribué à développer. Elle est la reine au « royaume de Fémynie », la reine de l'échiquier, en ce qu'elle domine la cour et les réseaux, sans vraiment s'y fondre, du fait de la dimension exceptionnelle de sa personne. Elle y rayonne comme nulle autre, à tel point qu'en mai 1506, à l'occasion des fiançailles de Claude de France avec le dauphin François d'Angoulême, un contemporain s'exclama au sujet de la procession menée par Anne de France et Louise de Savoie, entourées de nombreuses femmes, qu'« il semblait que le royaume de Fémynie fût arrivé à la cour de France[27] ». C'est dire l'image de puissance, de prestige et de perfection que diffuse la princesse qui apparaît comme la reine de ce « royaume de Fémynie », conceptualisé par Christine de Pizan, et avec l'idée duquel vivent hommes et femmes des cours de la Renaissance.

CHAPITRE 10

Princesse des cérémonies

Anne de France est en quête d'un prestige et d'une dignité qui s'apparentent à ceux de la reine de France. Aussi bien à la cour qu'au gouvernement, elle recherche la première place. Elle veut y être vue, admirée, honorée, glorifiée. En effet, la cour joue un rôle fondamental dans la nouvelle conception et dans la nouvelle représentation du pouvoir : il convient d'y occuper une place de premier plan et de s'y mettre en scène afin d'affirmer sa puissance.

La préséance cérémonielle

La dignité et l'importance politico-symboliques se traduisent tout d'abord par le rang occupé dans le protocole, à la cour et dans les grandes cérémonies du pouvoir. Ce protocole est encore fort mouvant, c'est pourquoi il peut être instrumentalisé comme outil et expression du pouvoir politique. S'il n'est encore que peu théorisé, un opuscule, rédigé entre 1484 et 1487, sert toutefois de référence : il s'agit des *Honneurs de la cour* d'Éléonore de Poitiers, dame de compagnie des duchesses de Bourgogne Isabelle de Bourbon et Marie de Bourgogne. L'une des parties de l'ouvrage, consacrée à la place d'honneur à la cour, témoigne de la valeur du sang de France qui offre aux filles de roi une préséance à la cour, juste après les reines. *Le Cérémonial des estats de France* d'Éléonore de Poitiers affirme qu'il « fallait que toutes femmes allassent selon les maris, quelque grandes qu'elles fussent, sauf les filles de roi[1] ».

Pour les filles de France, le sang prime donc sur le rang de l'époux, position éminemment favorable à Anne de France. De surcroît, aucune princesse du royaume ne peut aller sur le même rang que la reine, la dauphine et les filles de France. Or, dans la décennie 1480, la reine Marguerite d'Autriche n'est encore qu'une enfant qui n'apparaît pas dans les cérémonies du pouvoir. En l'absence de reine, la princesse y bénéficie donc de la préséance et y est mise en valeur comme nulle autre.

C'est une fois de plus Alain Bouchart qui nous apporte des éléments précieux quant aux prétentions d'Anne de France. Selon ses dires, elle aurait imposé à ses contemporains de lui faire la révérence, geste d'ordinaire réservé à la reine et qui devait dans son cas rendre hommage à sa dignité de gardienne du roi : « Madame de Beaujeu avait la personne du roi en garde et à celle cause tous autres personnages d'État et de nom lui inclineraient le genou[2]. » Anne de France ne bouleverse toutefois pas totalement le protocole : bien qu'ambitieuse, elle fait preuve d'une audace prudente et réfléchie. Ainsi, lors des entrées royales qu'elle organise en 1483-1484 en l'honneur de Charles VIII, elle sait demeurer en retrait pour des raisons à la fois tactiques, protocolaires et d'usage. De même, lors du sacre à Reims, elle n'apparaît pas dans le cortège, où les dames ne sont pas admises, ce qui ne signifie pas qu'elle soit absente de ladite cérémonie.

Les mariages royaux et princiers, ainsi que les cérémonies en l'honneur des reines, lui laissent plus de possibilités de se mettre en avant et de glorifier sa propre personne. On la trouve au premier rang des cérémonies en l'honneur des reines, où sa présence et sa préséance manifestent aux yeux de tous sa puissance politico-symbolique. Anne de France figure ainsi en première place lors du mariage de Charles VIII avec Marguerite d'Autriche et quelques années plus tard avec Anne de Bretagne.

L'ambassadeur italien Erasme Brasca remarque qu'à cette occasion, et pour la première fois, Anne de France, seule femme de haut rang à participer à la cérémonie, apparaît dans un faste inhabituel, qui vise à rehausser symboliquement son autorité et son prestige, face à la nouvelle reine de France :

> Madame de Bourbon l'accompagna [Anne de Bretagne] hier en signe de joie à l'église avec un luxe de vêtements et un nombre de filles d'honneur tel qu'on ne l'avait jamais vu ici, non seulement pour elle, mais même pour la reine d'hier [Marguerite]. Mais la reine [Anne], jusqu'à présent, n'a déployé aucun faste[3].

La présence d'Anne aux cérémonies de la royauté exprime son pouvoir politique et sa domination symbolique en tant que fille de roi de France. Lors du sacre de la reine Anne de Bretagne à Saint-Denis, le 8 février 1492, la duchesse de Bourbon honore une fois de plus la reine de sa présence légitimante :

> Ladite dame entra accompagnée de Monseigneur d'Orléans, qui la tenait par-dessous le bras pour la conduire, et de Madame de Bourbon, qui était d'elle joignant, c'est à savoir ladite dame, vêtue d'une robe de drap d'or. Après lesquelles choses à la porte de l'église, ladite reine s'agenouilla et auprès d'elle ladite dame de Bourbon. Puis fut ramenée par ledit seigneur d'Orléans et Madame de Bourbon en sa chaire qui toujours la conduisaient[4].

Par une sorte de renversement, son prestige de fille de France rejaillit sur la reine dont elle tient la traîne. Jean de Saint-Gelais poursuit sa description avec l'entrée de la souveraine le lendemain à Paris :

> Ladite dame arriva très grandement accompagnée, tant de seigneurs que de dames. [...] Madame de Bourbon et tout plein d'autres dames que je ne puis toutes nommer[5].
> Et auprès de ladite litière Madame de Bourbon vêtue semblablement de drap d'or, et autres grands seigneurs, dames et demoiselles. [...] Et après Madame de Bourbon étaient treize damoiselles montées sur treize haquenées[6].

C'est l'or de la gloire royale et ducale que porte la princesse, première figure féminine du royaume après la reine.

La mort de Charles VIII et l'arrivée sur le trône de Louis d'Orléans, son pire ennemi, auraient pu constituer pour elle une rupture totale et un rejet de la cour. Il n'en est rien. Louis XII sait qu'il doit compter avec la puissance du duc et de la duchesse de Bourbon pour gouverner. Anne de France, loin d'être reléguée dans ses terres ducales, ne manquerait pour rien au monde les cérémonies qui se succèdent et où sa présence est systématiquement remarquée et observée : la réception de l'archiduc et de l'archiduchesse à Blois en 1501, le couronnement d'Anne de Bretagne en 1504, les fiançailles de Claude de France avec François d'Angoulême en 1506, les noces de ces derniers en mai 1514. La liste est longue et loin d'être exhaustive.

En 1504, ce n'est plus d'or qu'Anne de France est vêtue : elle porte désormais l'habit noir. C'est en qualité de veuve qu'elle prend en effet la tête du cortège du sacre d'Anne de Bretagne, souveraine qu'elle a formée et qu'elle domine encore à de nombreux égards. La princesse est suivie de Marguerite de Lorraine, duchesse d'Alençon, également en deuil, et de Suzanne de Bourbon, alors fiancée à Charles, fils de cette dernière, et qui « marchait en sage et constante gravité », vêtue de drap d'or et parée de joyaux sur lesquels l'auteur s'attarde longuement. Suzanne semble avoir eu pour vocation d'illustrer le prestige de la maison de Bourbon, qui s'exprime ici sous la forme de bijoux de grande valeur. Seraient-ce les joyaux représentés dans le *Triptyque de la Vierge en gloire* de Moulins, peint par Jean Hey à la demande d'Anne de France ?

Au même titre que les princes du sang, tenus de porter le sceptre et la main de justice, trop lourds pour la reine, pendant la cérémonie, Anne de France se voit en outre réserver l'honneur de porter les offrandes pendant la messe, avant la consécration. La première dame d'honneur de la reine lui donne « un grand pot tout de fin or massif [avec] du vin dedans ; aussi un beau pain blanc et treize écus d'or » qu'elle mène au grand autel. Et de retourner s'asseoir afin de rendre grâce à Dieu, aux dires de l'auteur, « de l'honneur qu'il lui faisait alors et que encore espérait qu'il lui ferait au temps advenir[7] ».

Anne de Bretagne fait à l'occasion de son sacre sa seconde entrée dans Paris, suivie « comme fille de France [de] Madame la duchesse de Bourbon en une basse litière de velours noir », tirée par deux chevaux et entourée de deux pages tout de noir vêtus[8]. Le même ordonnancement est conservé au souper où trône la reine, sur une chaire de drap d'or, avec « pour lui faire compagnie [...] premièrement Madame la duchesse de Bourbon[9] ».

Ce n'est qu'au sacre de François Ier, fin janvier 1515, qu'Anne doit désormais compter avec Louise de Savoie, mère du nouveau souverain, en quête d'une préséance qu'elle ne compte en rien céder à celle qui l'a élevée à la cour de France. Encore en 1516, lors de l'entrée de la reine Claude à Lyon, un ambassadeur mantouan remarque que la duchesse de Bourbon est traitée avec les plus grands honneurs par l'ensemble de la cour : « Je ne peux taire le grand honneur qui est fait par toute la cour de France à Madame de Bourbon[10]. »

Les honneurs et les dons

C'est à la fille de France et duchesse de Bourbon que l'on rend également des honneurs spécifiques. Parmi ceux qui reviennent à Anne de France figurent les très nombreux et somptueux cadeaux que lui offrent les villes au fil de ses déplacements. « L'octroi de dons est mû par des attentes idéales[11] » : le don humain est intrinsèquement lié au don divin et implique la réciprocité qui, selon Aristote, justifie tout échange. Dans la vie politique, les présents sont constants : les villes tentent ainsi de s'attirer l'amitié et la reconnaissance du roi, de ses proches et de ses serviteurs afin de créer une obligation de réciprocité à leur égard.

Dès 1483, ces dons mettent en évidence le caractère exceptionnel d'Anne de Beaujeu, seule dame du royaume à en recevoir autant. Cet usage du don vise à distinguer une figure féminine dont les élites urbaines espèrent s'attirer les bienfaits, dans le cadre d'une collaboration politique. Elles voient en elle une médiatrice auprès de Charles VIII. Cette pratique implique très explicitement une dimension d'échange qui justifie à elle seule la grande valeur des offrandes consenties, d'autant qu'Anne de France se fait un honneur de récompenser les fidèles.

L'attention se cristallise sur sa personne qui allie le pouvoir symbolique de la fille de roi et le pouvoir réellement exercé de la femme d'État. Les dons des villes honorent ainsi celle qui incarne une autorité politique et symbolique. Dès avant la mort de Louis XI, les villes qu'elle traverse à l'occasion de l'arrivée en France de la petite Marguerite d'Autriche lui adressent des dons. Les registres de la ville d'Amiens énumèrent les dépenses occasionnées par ces présents. La somme de 12 livres et 12 sous fut versée à un potichier et la ville paya 80 écus d'or à un tavernier pour son « vin claret, vermeil et autres[12] ». La ville de Paris ne fut pas en reste.

Jean Foulquart, procureur de l'échevinage de Reims[13], a rédigé « la déclaration des présents à faire audit sacre » de Charles VIII, à Reims, en 1484. Notre princesse apparaît comme la première nommée et la plus distinguée, devant les princes du sang, les nobles et les grands officiers du royaume dont on attendait la venue. « À madame de Beaujeu » furent offerts « une fine nappe, un poinçon de vin blanc et deux de clairet », alors que les ducs d'Orléans, de Bourbon, d'Alençon, de Lorraine ou encore son époux ne reçurent que deux poinçons de vin chacun. Anne surpassait-elle en dignité et en puissance tous ces princes et serviteurs de l'État ? Une attention toute particulière lui est portée. L'écrivain rémois relate que « le mercredi 26 arriva en cette ville un maître d'hôtel du roi, envoyé, pour préparer le dîner de son sacre et demanda en outre que l'on « tendît et préparât bien les chambres pour Madame de Beaujeu », logée dans le même palais que le roi. En même temps que les présents lui étaient remis, les édiles rémois lui firent part de leurs requêtes à adresser au roi, espérant trouver par leurs offrandes une oreille favorable qui se prêterait pour eux au jeu de l'intercession.

Cela justifie l'octroi d'un ultime don, à titre de remerciement pour sa bienveillante collaboration et sa médiation. Deux douzaines de serviettes fines ainsi qu'une nappe semée de fleurs de lys lui furent « présentées en lui recommandant le bien de la ville » et ladite dame les « reçut agréablement »[14]. L'héraldique brodée sur la nappe offerte à Anne de France symbolisait avec éloquence la qualité de fille de France au titre de laquelle elle se voyait distinguée. Ce don d'une nappe aux armes de France rappelait explicitement sa naissance royale, les Rémois puisant habilement dans un référentiel symbolique cher à la princesse.

Anne de France est ainsi mise à l'honneur par les villes du royaume avec lesquelles elle tissa dès 1484 un lien fondé sur le don, doté d'une dimension à la fois politique et honorifique. Le même Jean Foulquart rapporte ainsi dans ses *Mémoires* que le 2 juillet 1486, « fut achetée une toile de 30 écus et deux douzaines de serviettes de 30 écus qui furent envoyées à madame de Beaujeu [...] afin d'avoir expédition des affaires qu'on avait à la cour[15] ».

Au fil du temps, la valeur des présents ne cesse d'augmenter. Surtout, ceux concédés à la princesse servent de référence pour celles qui la suivent. Il existe dans le royaume une véritable réflexion sur les honneurs auxquels les princesses peuvent prétendre. C'est pourquoi, lors de l'entrée de Claude de France à Paris, en 1517, à laquelle assiste Louise de Savoie, mère du roi, les conseillers de la ville réunis à l'Hôtel de Ville décident de lui attribuer un présent de la même valeur que celui offert autrefois à Anne de France :

> Sur quoi a été délibéré et conclu que l'on fasse don et présent de par la Ville à ladite Dame en vaisselle jusques à deux mille cinq cents livres tournois ou environ et que ce pourra trop plus profiter à la Ville en quelques ses affaires qui peuvent survenir que ne monte ladite somme. Et aussi du temps du roi Louis XI furent faits entrée et don de par la ville à Madame Anne de France duchesse de Bourbon jusques à la valeur de ladite somme qui semble être cas assez semblable[16].

Anne de France sert de modèle et de référence pour celles qui lui succèdent au pouvoir à la tête de l'État.

La princesse tire prestige et fierté de ces dons, auxquels elle accorde une grande importance et qu'elle sait réclamer le cas échéant. C'est ainsi qu'elle fit ajouter à de la « vaisselle dorée » ayant coûté 1 678 livres à la ville de Lyon une fontaine de marbre blanc achetée au banquier florentin Capponi pour la somme de 2 500 livres[17], signe de son goût du luxe et de son intérêt pour l'art venu d'Italie. À Laurent de Médicis, elle n'hésite pas à réclamer en 1489 l'envoi de la girafe qu'il a lui-même reçue en cadeau d'une ambassade égyptienne et qui est l'attraction de tout Florence,

« car c'est la bête du monde qu'[elle a] plus grand désir de voir[18] ». Au-delà de sa simple curiosité, sans doute la présence d'une girafe dans ses jardins de Moulins aurait attesté du soutien politique des Médicis, dont la puissance rayonnait alors jusque dans les terres les plus lointaines. Sa quête d'honneurs et de prérogatives est insatiable : ils doivent refléter sa grandeur en tant que fille de France et femme de pouvoir.

Comme nous l'avons évoqué auparavant, la première entrée d'Anne à Paris, en 1483, donne lieu à une requête pour le moins particulière, puisque la fille de Louis XI réclame au Parlement le droit de libérer des prisonniers, honneur d'ordinaire réservé à la reine. Si la princesse se heurte au refus de la Cour, cet épisode n'en témoigne pas moins de ses prétentions, avant même la mort de son père qui la soutient dans son entreprise. Ainsi, alors qu'une simple délégation du Parlement est prévue pour aller au-devant d'Anne, c'est Louis XI en personne qui exige les plus grands honneurs pour sa fille, comme en témoignent les registres du Parlement[19]. Le souverain exerce ainsi une pression sur ce dernier afin d'influer sur les honneurs rendus à sa fille, au titre d'une dignité qu'il juge intrinsèque.

Scénographie du pouvoir : exalter la femme de pouvoir

Les cérémonies du pouvoir représentent traditionnellement un mode d'expression de la puissance du souverain qu'Anne de France reprend ici à son compte pour exalter son propre pouvoir politique. L'utilisation des cérémonies pour symboliser le pouvoir de la « régente » voit le jour avec la dame de Beaujeu, avant d'être repris dans des proportions inédites par Louise de Savoie, puis par Catherine de Médicis.

Un passage fort intéressant du *Journal* de Jean de Roye, passé inaperçu, en dépit de l'intérêt qu'il présente, mérite d'être évoqué : il s'agit de la seule représentation symbolique du couple Beaujeu, lors d'une entrée, dont nous ayons connaissance et qui témoigne de la place réservée au couple dans le cérémonial des entrées royales et princières. À l'occasion de l'entrée de Marguerite dans Paris en 1483, la monarchie fut mise en scène sur trois échafauds superposés. *La Chronique dite scandaleuse* rapporte que la dauphine était « accompagnée de madame de Beaujeu » :

> [Elles entrèrent par la porte Saint-Denis] où étaient préparés pour sa venue trois beaux échafauds, en l'un desquels tout en haut était un personnage représentant le roi comme souverain. Au second étaient deux beaux enfants, un fils et une fille, vêtus de blanc, représentant mondit seigneur le dauphin et madite demoiselle de Flandres. Et au troisième étage, au-dessous étaient deux personnages de mondit seigneur de Beaujeu et de madame sa femme. Et à chacun de ces personnages à côté étaient les écussons des armes desdits seigneurs et dames. Et si y avait aussi quatre personnages, c'est assavoir l'un de labour, l'autre de clergie, l'autre marchandise et l'autre noblesse[20].

Les représentants de la ville de Paris jugèrent bon de faire figurer, outre le roi et le couple delphinal, représentant le pouvoir effectif et le pouvoir en puissance, Pierre et Anne de Beaujeu ainsi mis en scène comme participant au gouvernement du royaume, avant même la mort de Louis XI. Cette reconnaissance explicite de leur rôle aux côtés de Louis XI fut sans doute le fruit de la volonté du souverain qui souhaitait les honorer, au même titre que les autres membres de la famille royale. La présence des Beaujeu, représentés avec leurs écussons, avait d'autant plus de sens qu'elle mettait en relief l'absence de la reine Charlotte de Savoie, qu'il aurait été légitime d'associer à son époux Louis XI, au moins symboliquement, d'autant que d'ordinaire, le pouvoir ne se donnait en représentation qu'en couple.

Pourquoi avoir fait figurer Anne et son mari ? Leur poids politique semble avoir été un élément décisif dans ce choix. Le roi, le couple delphinal et les Beaujeu, piliers de la royauté et détenteurs du pouvoir, apparaissent associés au clergé, à la noblesse et au tiers état. La place réservée dans le cérémonial à la fille du roi reflète avec éloquence le pouvoir qu'elle exerce.

Le temps a passé. Claude de France fait son entrée dans la capitale en 1517. La jeune reine est représentée à la manière de la Vierge dont elle porte la couleur blanche, symbole de pureté, entourée de figures allégoriques illustrant les vertus cardinales, dont chacune est liée à une princesse du royaume :

> Et au bas dudit échafaud étaient quatre autres Dames qui se nommaient Justice, Magnanimité, Prudence et Tempérance, représentant quatre veuves qui règnent au Royaume de France, savoir Madame d'Angoulême, mère du Roi, Madame d'Alençon, fille de Lorraine, Madame de Bourbon et Madame de Vendôme[21].

Louise de Savoie, duchesse d'Angoulême, Marguerite de Lorraine, duchesse douairière d'Alençon, Anne de France, duchesse de Bourbon et Marie de Luxembourg, comtesse de Vendôme, figures du pouvoir au féminin au début du XVIe siècle, correspondent aux quatre vertus cardinales et apparaissent comme l'incarnation des modèles bibliques et antiques de sagesse féminine. Sans doute veut-on signifier que ces quatre princesses sauront guider la jeune Claude de France et lui transmettre leur vertueuse connaissance du gouvernement et de la cour.

Anne de France, bien que reléguée au second plan, est une fois encore rattachée à l'idée de pouvoir au féminin dans cette saynète de 1517. Louise de Savoie a probablement eu l'idée d'une telle représentation : sans cesse elle associe sa tante et éducatrice dans les images du pouvoir qu'elle commande. C'est pourquoi elle fait figurer Anne de France dans les portraits au crayon de Clouet, réalisés vers 1525 à sa demande. Ce recueil relève d'un programme politique qui vise à montrer Louise de Savoie, entourée d'une cour de France idéale où se trouve très naturellement la duchesse de Bourbon, disparue depuis peu[22].

Il est très probable qu'Anne de France ait elle-même commandé des mises en scène pour ses entrées dans la ville de Moulins. Les sources ne sont parvenues jusqu'à nous que de manière très éparse, ce qui ne permet pas d'avoir une idée précise de la manière dont la duchesse a pu se faire représenter. Une entrée d'Anne de France à Moulins est brièvement évoquée par l'auteur de *L'Ainsnée fille de fortune* :

Pour son entrée de Moulins,
Trois triomphes y avait sûrement
Tous pleins de très beaux musequins
Et parés très richement. [...]
On lui fit de très beaux présents
De licornes et de griffons
Et aussi de grands cerfs-volants. [...]
Il y eut maint autre mystère
À chaque quart de la rue,
Qui serait trop long à retracer,
Car trois cents ans ne fut venue
Où fut si belle chose vue,
Ni de si beaux ébattements
Ni si riches habillements[23].

Dans cette mise en scène, tout est symbole à la gloire de la princesse, tout est richesse inégalée qui dit un pouvoir et un prestige qui le sont tout autant.

Affirmer sa puissance à travers les funérailles de Pierre de Bourbon

C'est finalement en 1503 qu'Anne de France s'illustre par une mise en scène particulièrement grandiose, à l'occasion des funérailles de Pierre de Beaujeu qu'elle organise. Les dépenses sont réglées par la duchesse qui garde l'usufruit sur les possessions du duché, du fait de la minorité de sa fille, Suzanne. Le récit qu'en a dressé Jacques de Bigue, écuyer de Charles VIII issu d'une famille noble du Bourbonnais, témoigne de la dimension politique que la duchesse a souhaité conférer à cette cérémonie funèbre[24]. Il révèle la place qu'elle revendique pour Suzanne et pour elle, au cœur du duché, en dépit de la mort de son époux. En effet, le commanditaire des funérailles est celui qui leur confère toute leur signification politique et symbolique. Or, Pierre de Beaujeu a laissé à son épouse toute liberté dans l'organisation cérémonielle de ses propres funérailles.

Anne de France se satisfait-elle d'« éléments caractéristiques du cérémonial princier » ou bien cherche-t-elle au contraire à « imiter les funérailles royales »[25], notamment celles de Charles VIII, qui sont encore dans l'esprit de tous les contemporains ? La réponse est claire et n'étonne guère : le cérémonial choisi par Anne procède d'une volonté d'imitation du rituel royal. Elle se lit dans l'utilisation d'un dais de drap d'or, soutenu par six chevaliers au-dessus du cercueil, d'ordinaire réservé au roi. À cela s'ajoute la présence de l'effigie ducale, un mannequin en cire posé sur le cercueil, qui « incarne la permanence de la majesté royale » et qui a toujours été à ce titre un monopole royal. Pour la première fois, l'effigie fait son apparition dans les funérailles d'un prince dépourvu de titre royal. L'utilisation de symboles royaux permet d'affirmer le pouvoir politique passé du duc, à la tête du royaume et de son duché.

Évoquer la puissance de Pierre implique nécessairement de faire allusion à celle d'Anne. Tout se doit d'être particulièrement explicite. C'est pourquoi la duchesse fait conclure la cérémonie des funérailles par la déclamation des paroles suivantes par un héraut :

> « Monseigneur notre bon duc Pierre est mort. Dieu veuille avoir son âme. » Et puis dit à haute voix : « Vive mes dame et damoiselle duchesses de Bourbonnais et d'Auvergne, comtesses de Clermont, de Forez, de Gien, de la Marche, vicomtesses de Carlat et de Murat, dames de Beaujolais, de Nonnay et de Bourbon-Lancy »[26].

Anne s'affirme ainsi comme pleinement souveraine à la tête du duché, coupant court à toute revendication extérieure. Après la proclamation de ces paroles particulièrement éloquentes et significatives, voire étonnantes et novatrices, le corps du défunt est mené à la nécropole ducale de Souvigny, où se rendent les chefs des diverses branches cadettes de Montpensier et de Vendôme, mais non la veuve.

Les formules prononcées par le héraut ont très visiblement pour but de mettre en avant le pouvoir d'Anne de France en tant que duchesse. Il s'agit pour elle de s'affirmer comme maîtresse incontestable du duché : la parole publiquement prononcée, notamment en présence du comte Charles de Montpensier, susceptible de prétendre à la succession, se veut garante de la transmission d'un héritage dont les territoires sont cités sans exception. Cette déclaration se veut à ce point efficace et performative qu'elle est conçue comme source de droit par Anne et Suzanne.

Elle laisse en tout cas paraître la principale préoccupation de la duchesse : la conservation de l'ensemble des possessions de Pierre de Bourbon entre ses mains et celles de sa fille. De même que la mort du roi crée un autre souverain, dans une immédiateté propre à la royauté française que disent si bien les adages « le roi est mort, vive le roi » ou « le mort saisit le vif », la mort du duc Pierre II porte sa femme et sa fille au pouvoir dans une semblable instantanéité. La transmission du pouvoir à une femme à la tête du royaume, que la loi salique exclut, se révèle dès lors possible dans le cas du duché de Bourbonnais et d'Auvergne. Du moins est-elle revendiquée par Anne de France et devient-elle réalité. Plusieurs nouveautés étaient apparues lors des funérailles de Charles VIII, en 1498, notamment le cri inédit « vive le roi », sans spécification de nom qui correspondait à la notion de « perpétuité d'un pouvoir royal » qui n'avait plus besoin de se rattacher à une personne en particulier[27]. La couronne ne peut être vacante puisque le roi ne meurt jamais. Cette spécificité royale est ici transposée aux deux « coduchesses », qui partagent dès lors un seul pouvoir : Suzanne devient duchesse par la mort de son père, conformément à l'ordonnance de Louis XII du 29 mai 1498. L'épée, symbolisant l'exercice du pouvoir, est relevée aux cris de « vive les duchesses » qui se partagent la propriété et l'usufruit et qui utilisent les *regalia* pour promouvoir leur pouvoir.

Si la fille de Louis XI ne revendique pas la couronne de France en 1498, elle affirme ses prétentions sur le duché de Bourbonnais dont elle veut demeurer la maîtresse, aux côtés de sa fille. Ralph Giesey affirme que « dans les duchés, les funérailles étaient la cérémonie officielle par excellence » et qu'elles offraient ainsi au nouveau duc, ici aux duchesses, l'opportunité d'« avancer ses desseins dynastiques particuliers » et ses ambitions. C'est de toute évidence le cas en 1503 : Anne de France s'illustre par un langage symbolique et un discours qui sont autant d'inventions du pouvoir que d'affirmations de puissance.

CHAPITRE 11

Les livres au service du pouvoir au féminin

Le pouvoir se met en scène, certes, mais il s'agit d'une réalité bien éphémère. En princesse bibliophile, Anne de France perçoit tout l'intérêt d'inscrire son pouvoir dans le temps, dans la durée, ce qui passe nécessairement par l'écriture.

Ses pratiques gouvernementales font l'objet d'un discours aux multiples facettes, à la fois politique et symbolique, allégorique et métaphorique. Anne de France l'imagine dans une triple perspective d'exaltation de la valeur de son action, de renforcement de sa légitimité et de démonstration de son efficacité à gouverner le royaume et son duché. La régence nécessite d'affirmer la valeur et la sacralité de celle qui mène le royaume. Anne n'a de cesse de vouloir rehausser le prestige de ses fonctions, dont la vocation et le principe se confondent avec ceux de la royauté. Par l'écrit, elle tente d'affirmer son intégration presque mystique au système monarchique auquel elle se rattache par le sang et par l'action politique.

Anne sait que le système monarchique « fonctionne par l'artifice même d'un jeu de rituels, de représentations et de croyances », fondé sur le « pouvoir rhétorique des images » et du langage[1]. C'est pourquoi elle les utilise pour elle-même, ayant à cœur de créer un imaginaire qui l'englobe en même temps que le roi et qui s'ancre tant dans la réalité historique que dans le mythe et les symboles. Elle invente un discours sur le souverain qui vise à entretenir le culte de la position monarchique, œuvrant ainsi au renforcement de la figure royale dont l'exaltation rejaillit infailliblement sur sa propre personne. La construction d'un imaginaire politique s'affirme comme pouvoir à part entière.

Le goût des livres

Le discours et la construction intellectuelle s'appuient avant tout sur un savoir et une connaissance que la princesse n'a de cesse de faire siens. Comme nous l'avons déjà dit, Anne se place dans le sillage de ses deux parents, bibliophiles accomplis. Dans cet amour des livres, elle ne peut se satisfaire d'un héritage. Elle poursuit donc la constitution de la bibliothèque des Bourbons par des acquisitions et des commandes qui viennent en enrichir le fonds[2], l'accroissant de manière exceptionnelle d'une centaine d'ouvrages. Pierre de Bourbon n'est pas en reste, avec l'apport de plus d'une cinquantaine de manuscrits. L'intérêt porté aux livres par le couple ducal participe plus globalement à l'essor des arts à la cour de Moulins, entre la fin du XVe et le début du XVIe siècle. Surtout, la possession d'une bibliothèque remarquable, comptant des trésors inestimables, contribue à rehausser le prestige et la gloire du prince et de la princesse, toujours en quête de plus de puissance et d'éclat.

Pierre enrichit la bibliothèque familiale de plus d'une cinquantaine d'ouvrages dont la grande majorité correspond aux quarante-sept volumes saisis dans la bibliothèque de Jacques d'Armagnac, à la chute duquel il a participé aux côtés de Louis XI en 1473, alors qu'il n'était encore que le sire de Beaujeu. Les livres d'histoire, de littérature et de religion y occupent une place prépondérante, alors que ceux à vocation politique sont peu nombreux, hormis les œuvres de philosophie politique d'Aristote dans la traduction de Nicole Oresme, les *Éthiques*, les *Politiques* et les *Économiques*[3], rassemblées en deux volumes. Anne de France, qui fait souvent référence à Aristote dans ses *Enseignements*, a certainement lu ces ouvrages avec une attention toute particulière.

Si les manuscrits commandés par Pierre de Beaujeu sont peu nombreux, sept en tout, il s'agit en revanche de titres peu répandus. Deux d'entre eux nous paraissent particulièrement dignes d'intérêt. Tout d'abord, les *Carmina* de Michael Nagonius[4]. Le manuscrit, composé en latin vers 1500, est dédié de manière étonnante « à monseigneur le duc de Bourbon, très puissant et très invincible, seigneur Pierre de France ». Cette manière de rattacher Pierre au sang de France, comme par le miracle de son mariage avec une fille de roi, est très intéressante et précède une telle association de Louise de Savoie, mère du roi, à la maison de France quelques années plus tard.

Un autre manuscrit commandé par Pierre de Beaujeu est également intéressant en ce qu'il contient un portrait enluminé d'Anne de France, de Suzanne et de leur suite féminine en prière devant la Vierge. Ces *Psalmi poenitentiales*[5] comportent les armes d'Anne, qui ont remplacé celles de Pierre, ainsi que la devise « Espérance » du couple ducal. Sans doute la princesse se les est-elle appropriées après la mort de son époux.

C'est dire le goût que cette dernière porte aux livres, comme aux arts en général. Anne de France fait ainsi profiter la bibliothèque ducale de cinquante-quatre ouvrages provenant de l'héritage de Charlotte de Savoie. La princesse a choisi de nombreuses vies de saints et d'autres ouvrages à caractère religieux, dont plusieurs écrits par des franciscains ou des auteurs issus du mouvement des réformateurs, à la spiritualité desquelles elle est attachée. Plusieurs sont destinés à des femmes de haut rang, en position d'exercice du pouvoir : *La Maison de conscience* du théologien Jean Saulnier, dédié à Catherine d'Alençon, comtesse de Mortain[6], ou encore *L'Exposition sur la femme forte* de Jean de Borry, évêque de Meaux et confesseur d'une fille de Charles VI[7].

Sans doute Anne de France a-t-elle attentivement lu les *Lamentations de saint Bernard*, dont le contenu particulièrement riche a dû être source d'inspiration. Elles contiennent en effet vingt-sept textes d'auteurs différents dont saint Augustin et saint Victor, ainsi qu'une copie des *Enseignements* de saint Louis à son fils et à sa fille[8]. La connaissance fine qu'a la princesse de saint Augustin transparaît dans ses *Enseignements*, où elle fait plus d'une fois référence au Père de l'Église.

Au-delà de ces ouvrages de piété et de spiritualité, on sait l'intérêt que la princesse porte à la littérature politique et à celle qui concerne la place des femmes dans la société. Cela explique qu'elle ait choisi plusieurs ouvrages de Christine de Pizan, ainsi que le *Débat des autres dames* d'Alain Chartier[9] et le *Livre de Jehan Boccace des nobles femmes maleureuses.*

Outre ces manuscrits fort nombreux dont elle a hérité, Anne a commandé ou été la destinataire de quatorze ouvrages, dont neuf relèvent de la sphère dévotionnelle. Le *Livre d'heures de la Vierge à l'usage de Rome*, réalisé par Jean Colombe en 1473, comporte une riche iconographie qui se distingue par ses qualités esthétiques[10]. Juste avant son mariage, la fille de France fait travailler l'un des plus grands artistes du royaume pour ce livre d'heures où elle figure, en prière sous un dais fleurdelisé. L'utilisation de symboles de la royauté est bien sûr remarquable et témoigne de l'attachement de la princesse à la maison de France.

Sans doute Anne de France conservait-elle auprès d'elle son livre d'heures et l'*Oratio de laudibus Annae, ducissae borboniensis* de Jacques Lefèvre, qui la représente une fois encore en prière. Dans cet ouvrage, la princesse met en avant la figure ducale et non plus celle de la fille de France, figurant avec ses armes portées par deux cerfs ailés, sous la ceinture Espérance, devise et *motto* des Bourbons. Anne prête visiblement beaucoup d'attention à ces représentations d'elle-même comme femme pieuse protégée par la Vierge.

Son intérêt pour l'histoire est également très net, comme en témoignent les œuvres qu'elle commande ou qu'elle reçoit : les *Grandes chroniques de France*, offertes par le très fidèle Jean du Mas en 1476, ou le *Petit abbregié sur aulcuns pas des Croniques de France* de Regnault Havard, son chapelain, sur le contenu duquel nous reviendrons un peu plus loin. C'est sans compter la *Chronique de Bertrand du Guesclin*[11], spécialement exécutée pour Anne, ou encore la *Chronique du bon duc Louis de Bourbon*[12], réalisée vers 1480, qui met en valeur une figure fondatrice et tutélaire de la maison de Bourbon, alors qu'elle n'est ni duchesse ni même à la tête du royaume. La princesse laisse transparaître ses ambitions politiques à travers ses commandes.

Humaniste dès les débuts, elle s'intéresse à la nouveauté de l'époque : les imprimés, dont elle se constitue une collection plus importante encore que celle des manuscrits qu'elle se procure. Il est tout à fait remarquable de constater que la duchesse a commandé ou reçu une trentaine d'imprimés et que trente encore sont susceptibles de lui avoir appartenu, sans qu'il soit possible de savoir s'ils étaient les siens ou ceux de Louise de Savoie[13]. Beaucoup de ces ouvrages n'apparaissent pas dans l'inventaire réalisé en 1523 dans les collections ducales. Ils témoignent de son intérêt pour la religion, l'histoire et la littérature. Quatorze de ces imprimés, datés des années 1490-1500, proviennent du célèbre libraire imprimeur Antoine Vérard, qui travaille aussi pour la reine Anne de Bretagne.

La constitution d'une riche bibliothèque rejoint la même quête de salut et de vertu que celle de la rédaction des *Enseignements*, dans lesquels Anne conseille à sa fille la lecture d'ouvrages qui se trouvent dans la librairie ducale de Moulins :

> Et, pour mieux vous savoir vivre et conduire en dévotion, je vous conseille que lisiez le livret de saint Louis, celui de saint Pierre de Luxembourg, les sommes le roi, l'horloge de Sapience, ou autres livres de vie des Saints, aussi les dits des philosophes et anciens sages, lesquelles doctrines vous doivent être comme droite règle et exemple, et c'est très honnête occupation et plaisant passe-temps[14].

S'inscrire dans une ascendance illustre : la vertu légitimante du sang

Les livres servent ainsi à s'instruire et à s'élever, mais aussi à produire un discours qui légitime la présence d'Anne au gouvernement et, plus généralement, l'existence d'un pouvoir au féminin. La légitimité passe par le sang et par l'inscription dans une lignée puissante, royale de préférence. Cette conception du pouvoir au féminin scande le discours épistolaire de la princesse, nous l'avons vu. Elle irradie également son discours livresque et iconographique. Anne de France, par l'intermédiaire de ceux auxquels elle commande des livres, n'a de cesse de rappeler son ascendance royale qui rend possible sa présence au pouvoir.

Cela explique les commandes d'ouvrages historiques qui retracent les hauts faits des maisons dont est issue la princesse et qui exaltent son ascendance exceptionnelle. Elle espère ainsi accentuer leur prestige qui rejaillit sur sa propre personne. L'héritage de Blanche de Castille et de saint Louis se trouve au cœur du discours de la princesse qui rappelle son appartenance à une lignée prestigieuse, gage de vertu. Regnault Havard rédige vers 1488 le « Petit abrégé sur aucun pas des Chroniques de France adressant à vous très haute et très puissant princesse madame la duchesse de Bourbon, Anne de France[15] », qu'il offre vers 1490 à la duchesse. Cherchant à démontrer la légitimité de son action politique à la tête du royaume, il exalte la lignée prestigieuse et royale de sa lectrice et dédicataire qu'il fait remonter à Troie :

> Ainsi que plus à plein vous pourrez voir s'il vous plaît par un arbre de France que je, Havard dessus nommé, ai compilé et réduit en ligne directe ce qui est de ligne directe et en ligne collatérale ce qui est de ligne collatérale au moins mal que j'ai peu, et lequel arbre je vous supplie très humblement avec ce présent traité prendre en gré[16].

Il rattache la princesse à ce bel arbre de France dont il se plaît à conter la puissance.

L'inscription dans la lignée sainte, ou *beata stirps*, de saint Louis permet de faire coïncider par le sang les deux maisons de France et de Bourbon auxquelles Anne de France se rattache désormais. La princesse ne se lasse pas de faire référence à son ascendance royale ainsi qu'à son alliance avec la prestigieuse maison de Bourbon. Deux thèmes apparaissent ainsi régulièrement dans les œuvres iconographiques qu'elle commande : saint Charlemagne et saint Louis. Elle se place dans une lignée dynastique particulièrement puissante, dans une *beata stirps* qui met la vertu et le salut au centre de toute vie, et d'autant plus prestigieuse que ses membres ont servi avec zèle Dieu et le royaume. La commande de la *Chronique du bon duc Louis de Bourbon*, modèle de loyauté et de conduite à l'égard des rois Charles V et Charles VI, se situe dans une telle perspective, d'autant qu'il s'agit d'un manuscrit de prestige, enluminé par l'entourage de Jean Colombe. Revendiquer de telles origines revient à s'arroger la part de pouvoir qui en découle légitimement.

Au même titre que celle de Charlemagne, la figure de saint Louis est sans cesse sollicitée par les époux Bourbon, dont les prétentions politiques sont clairement exprimées dans le *Traité de l'érudition* de Pierre Martin. Le religieux a recours à des épisodes qui valorisent l'histoire des Bourbons, continuellement rattachés à leur illustre et royal ancêtre. À l'instar du cardinal Charles de Bourbon, qui avait commandé dans les années 1480 un *Livre des faiz monseigneur saint Loys,* dont la miniature de dédicace le représentait entouré des statues de Charlemagne et de Louis IX, Pierre Martin rappelle à Suzanne de Bourbon son illustre ascendance, « en commençant depuis le bon roi saint Louis », modèle de roi sage et dévot, au même titre que Charlemagne[17].

Les auteurs connaissent les attentes de la princesse. En témoigne *La Nef des dames vertueuses* de Symphorien Champier, imprimée chez Jacques Arnollet en 1503[18]. La date coïncide avec celle de la disparition de Pierre de Bourbon et du questionnement relatif à la succession du duché. Sur la scène de dédicace de l'ouvrage, Symphorien Champier apparaît agenouillé devant Anne de France dont il exalte l'ascendance bourbonnienne dès son prologue, conçu comme un éloge de « la haute et très excellente maison de Bourbon », dont la généalogie est rappelée, de saint Louis à Suzanne.

Cette dernière est intimement associée à sa mère dans cet ouvrage dont elle s'impose comme la seconde dédicataire. Trois des quatre parties de *La Nef des dames vertueuses* sont en effet dédiées à la duchesse, tandis que celle consacrée au « gouvernement de mariage » est spécifiquement adressée à Suzanne qu'il est question de marier et à laquelle elle apporte des recommandations.

La première partie, intitulée « les louanges, fleurs et deffensoir des dames », est pour sa part destinée à Anne de France. Conçue comme une défense du pouvoir au féminin, elle offre des modèles de femmes vertueuses et se clôt sur l'exemple familial de Blanche de Castille, qualifiée de « très bonne et sainte femme [qui] endoctrina en bonnes meurs et religion merveilleusement ledit saint Louis[19] ».

Anne de France et Suzanne sont ainsi invitées à marcher dans le sillage de leur illustre ancêtre.

Cette entreprise encomiastique, qui exalte les vertus de la princesse de manière dithyrambique, doit être replacée dans la perspective de la rédaction contemporaine des *Enseignements* d'Anne de France, qui y conseille à sa fille d'exalter la mémoire de ses ancêtres. La duchesse agit conformément à cet idéal qu'elle lui propose, tirant parti de la gloire passée des membres les plus illustres de son lignage afin de renforcer son pouvoir politique et symbolique.

S'inscrire dans l'histoire des femmes de pouvoir

Si l'exaltation de sa prestigieuse ascendance constitue pour Anne de France un moyen de renforcer son autorité et son prestige, elle cherche également à intégrer son action politique dans un processus historique qui s'inscrit dans la longue durée. L'écriture de l'histoire est orientée vers la preuve de l'efficacité de l'œuvre politique des nombreuses princesses qui ont exercé le pouvoir d'une manière ou d'une autre. Anne, comme ses contemporaines et celles qui la suivent, cherche ainsi à s'intégrer dans le fil de l'histoire, en tant qu'actrice d'un pouvoir au féminin.

Grâce aux livres qu'elle a lus, la princesse a pu se constituer un réservoir de modèles historiques dans lequel puiser des exemples de bon comportement. Les femmes emblématiques de l'Antiquité, de l'Ancien Testament et de l'histoire de France modèlent sa pensée et fournissent des canons de bon comportement auxquels elle s'efforce d'adhérer et de ressembler. Ces exemples de femmes illustres, tant par leur action politique que morale, sont abondamment fournis par Boccace et Christine de Pizan.

Dans le *Livre de la Cité des dames*, c'est à Christine de Pizan que « revient le privilège de faire et de bâtir la Cité des dames » où « seules habiteront les femmes illustres de bonne renommée »[20]. Christine de Pizan évoque tout d'abord les reines et princesses du royaume de France, à commencer par Frédégonde qu'elle réhabilite, jugeant qu'elle « gouverna fort sagement le royaume de France après la mort de son mari ». Et de poursuivre avec Blanche de Castille « bonne en toutes circonstances », avec la reine Jeanne, veuve de Charles IV, sa fille, la duchesse d'Orléans, la duchesse d'Anjou, fille de Charles de Blois. Veuves, ces princesses s'illustrèrent toutes par leur vertu et leur bon gouvernement, mieux que ne l'auraient fait des hommes.

Les *Chroniques* de Regnault Havard répondent au besoin d'inscrire dans le long cours de l'histoire l'action d'Anne de France, au même titre que celle des femmes de pouvoir et des rois de France. L'auteur veut « éclaircir aussi et réprouver la faible opinion de ceux qui disent que femme ne doit avoir autorité sur le gouvernement du roi et du royaume[21] ». Pour ce faire, dans une logique de justification de la capacité des femmes à gouverner, il inscrit Anne dans une lignée de femmes de pouvoir qui ont fait la France depuis les origines. Les différentes lettres du mot « Francia » sont ainsi déclinées. Les trois dernières lettres signifient :

> Par C, Clotilde qui fut cause de décorer le royaume de France par foi de la bonne admonition qu'elle fit de la foi à son mari Clovis, lors païen.
> Par I, Jehanne Pucelle qui fut cause du couronnement du roi Charles le glorieux, victorieux et bien servi.
> Par A nous est signifiée Anne qui a été, est et sera cause de la sûreté de la personne du roi Charles VIII de ce nom et de la correction d'aucun des plus grands entrepreneurs contre lui entre ses sujets qui se sont déclarés par armes ennemis du roi et du royaume, lesquels par la conduite de ladite Anne ont été sont et seront soumis et contraints à la volonté du roi Charles dessus nommé[22].

Anne de Beaujeu constitue donc le point d'aboutissement de ces femmes qui ont usé de leur pouvoir et de leur autorité pour le bien du royaume. Le pouvoir de couple, sur lequel Anne de France fonde toute sa force, est ici vanté puisque Havard explique que c'est ensemble et d'un commun accord que Clotilde et Clovis ont baptisé Lutèce du nom de Paris.

Anne s'inscrit dans la succession de deux femmes d'exception : sainte Clotilde, par l'intermédiaire de laquelle le royaume a adopté la foi chrétienne et donc la Vérité, et Jeanne d'Arc, la dixième preuse, qui a combattu pour le roi légitime et s'est offerte en sacrifice pour le royaume, après avoir accompli sa mission divine. Dans leur sillage, la dame de Beaujeu apparaît comme le rempart de l'autorité royale, championne de la royauté face à ceux qui refusent de se soumettre à la volonté du souverain. Elle s'illustre en outre par son efficacité passée, présente et future, dans une sorte d'éternité qui est d'ordinaire de l'ordre du divin. À ce titre, l'évocation de Clotilde et de Jeanne d'Arc, toutes deux manifestement guidées par Dieu, comme prédécesseurs d'Anne de France ne serait-elle pas une manière de signifier implicitement le caractère providentiel de son action, en des temps difficiles pour le royaume ? En effet, l'auteur des *Chroniques* prête à Anne un rôle équivalent à celui de Jeanne d'Arc dont Christine de Pizan considère qu'elle est bien plus qu'une Amazone, qu'une guerrière païenne, mais une femme qui surpasse les hommes, puisque Dieu a mis en elle plus de courage qu'en tout homme[23].

La duchesse de Bourbon, en tant que femme de pouvoir, se place ainsi dans un processus à la fois historique, providentiel et salvateur. L'auteur de *L'Ainsnée fille de fortune*, s'adressant fictivement au poète Alain Chartier, regrette que ce dernier, mort en 1430, n'ait pu exalter la grandeur d'Anne de France. Dans son *Quadriloge invectif*, composé en 1422, Chartier, secrétaire de Charles VII, avait exprimé l'idée selon laquelle Jeanne avait été choisie par Dieu pour manifester la juste cause du royaume élu[24]. Surtout, dans une lettre, il évoquait Jeanne d'Arc comme l'envoyée de Dieu, « Vierge singulière, digne de toute gloire et de toute louange, digne des honneurs divins », comparant également la jeune fille à Hercule, Alexandre, Hannibal et César[25]. Faire référence à Alain Chartier, c'est évoquer Jeanne d'Arc et esquisser implicitement un parallèle entre cette dernière et Anne de France. À la strophe 34, l'auteur de *L'Ainsnée fille de fortune* conseille aux « Anglois d'Angleterre » de ne pas « prendre à elle querelle » et de s'en retourner « à grand erre » car « pis trouver[ont] que la Pucelle »[26]. Voilà Anne intégrée dans le fil de l'histoire comme nouvelle Jeanne d'Arc.

Si elle cherche à infléchir le cours de l'histoire par son action politique, sans doute tente-t-elle aussi d'en influencer l'écriture, puisque deux des principales chroniques du règne de Charles VIII sont rédigées par ses proches. Guillaume de Jaligny, auteur de l'*Histoire du roi Charles VIII*, est ainsi son secrétaire, tandis que Guillaume de Marillac, qui rédige la *Vie du connétable de Bourbon*, époux de Suzanne, affirme quant à lui avoir écrit « sous les yeux de Madame », qu'il présente comme ouvertement impliquée dans l'écriture de l'histoire.

Les livres d'histoire servent ainsi autant à s'instruire qu'à diffuser des messages politiques qui reflètent les ambitions de la princesse pour elle-même, pour le royaume et pour son duché. La connaissance de l'histoire s'impose comme une nécessité, ce qui explique ses acquisitions personnelles, comme celle des *Grandes chroniques de France*[27]. Dans cette même perspective cognitive, la traduction des *Vies d'Hannibal* de Plutarque lui est dédiée, ainsi qu'à son époux, à la fin de la décennie 1490[28]. Ronsard évoque cet amour des livres, qui racontent notamment « l'histoire des Français », chez Catherine de Médicis, se plaisant à apprendre et à savoir pour mieux gouverner.

Livres et promotion du pouvoir au féminin

Les ouvrages relatifs à la question du pouvoir au féminin constituent une partie non négligeable des bibliothèques de la princesse. L'intérêt pour ce sujet est partagé par toutes celles qu'Anne a éduquées : Anne de Bretagne, Louise de Savoie, Marguerite d'Autriche, Suzanne de Bourbon. Dans *La Nef des dames vertueuses*, Symphorien Champier ne dissimule pas son programme et affirme dans son prologue son désir d'écrire :

> Afin que nul ne médise des dames par aucune ruse.
> Des médisants mord le langage
> La Nef
> Pour vous garder qu'on ne vous [a]buse vous dames ou bonté est infuse[29].

La Vray Disant Advocate des dames, que Jean Marot compose pour Anne de Bretagne, se situe sur le même registre, tout comme les *Gestes de Blanche de Castille* offertes à Louise de Savoie[30] ou encore *Le Parement des dames* d'Olivier de La Marche, dédié à Marguerite d'Autriche et dont Suzanne de Bourbon reçoit une copie. S'ils n'exaltent pas une dame en particulier, ils ont au contraire pour ambition de dresser une liste de leurs vertus morales qui légitiment la participation active des femmes au gouvernement. Par la multiplication et l'accumulation de ces exemples historiques, il s'agit donc de démontrer leur capacité à gouverner.

La tension est perpétuelle entre la défense d'un pouvoir au féminin et la méfiance qu'il suscite. La publication de tels ouvrages est d'ailleurs contemporaine de celle du traité sur la loi salique, en 1488, à l'apogée du gouvernement d'Anne de France, réédité en 1522, à la veille de la seconde régence de Louise de Savoie, et en 1557-1558, au moment où Catherine devient à son tour régente.

De l'allégorie au mythe

Comme l'écrit Cynthia J. Brown, les livres destinés aux femmes avaient pour but leur instruction morale, mais également la promotion de leurs vertus et de leur image[31]. Anne de France cherche à diffuser d'elle-même une image conforme aux modèles qui lui sont offerts. De nombreux ouvrages exaltent ainsi sa personne, conférant au pouvoir qu'elle exerce une dimension qui dépasse le seul cadre du politique et rejoint l'imaginaire. Le discours littéraire la fait apparaître comme irrémédiablement liée à la royauté dont elle participe par le sang et l'amour. Elle est présentée comme le lien entre le roi et le royaume, voire même entre le divin et l'humain, du fait du caractère providentiel de sa mission, décrite comme salvatrice.

À la demande d'Anne ou de leur propre initiative, les écrivains exaltent sa perfection qui coïncide avec la grandeur de sa mission politique. La fille de Louis XI est ainsi dépeinte comme un miroir de vertus et de perfection par les auteurs qui chantent ses louanges. Celui de

L'Ainsnée fille de fortune écrit que « sa vertu est si très-haute, / Qu'en elle n'a nul défaut », faisant apparaître Anne comme l'image idéale de la princesse, qu'elle théorise elle-même quelques années plus tard dans ses *Enseignements*. Et l'auteur d'affirmer :

Car elle est de vertus remplie
Autant que jamais fut déesse,
Visez-y bien je vous supplie
Car c'est le trésor de noblesse
Et si est de très grande hautesse
Fille du grand Roi triomphant
Et sœur du jeune roi régnant[32].

Quant au fidèle Jacques de Brézé, il conclut ses *Louanges* en affirmant que le plus haut fait de Louis, « roi très victorieux », est « d'avoir été père d'Anne de France »[33], et qu'il mérite pour ce fait d'être canonisé. La dimension religieuse investit rapidement le discours encomiastique et la princesse a tôt fait d'être assimilée à la figure mariale.

Comme la Vierge au Ciel, elle est la « maîtresse » des « femmes de France », celle sur laquelle chacun peut et doit prendre exemple. Plus encore, elle est « le miroir des dames / Et le patron ou chacune regarde », la « régente des femmes et le guidon où toutes prennent garde »[34], celle qui surpasse par sa vertu et sa perfection toutes dames et princesses. Déjà s'esquisse ici l'assimilation de la femme de pouvoir qu'est Anne de France à la sainte, voire à la Vierge, devant laquelle toutes doivent s'incliner sans exception puisque :

Nul ne vit qui ne lui doit hommage
Comme à princesse excellente, souveraine,
Sans excepter ni duchesse [ni] reine
Soit d'Espagne ou soit d'autre naissance,
La tête baissée regarde Anne de France[35].

Elle est plus qu'une souveraine terrestre, puisque son caractère hors du commun implique que les femmes de toutes conditions s'abaissent devant elle, même les reines.

Nagonius évoque quant à lui « Anne de France, lumière pudique, spécimen intact d'honnêteté et de pudeur[36] », ce qui rejoint l'idée d'une immaculée conception, alors en pleine promotion par l'Église. Sa naissance royale n'est pas étrangère au fait qu'elle soit le réceptacle de tant de vertus puisqu'elle est « le chef-d'œuvre issu de la maison / Des fleurs de lys par divine alliance[37] ».

C'est normalement la reine de France qui est associée à la Vierge dès le XVe siècle. Or, Anne de France en capte non seulement le pouvoir et les prérogatives, mais encore les qualités et les vertus hors du commun.

Au-delà de la figure mariale, c'est à la femme forte que les auteurs comparent la dame de Beaujeu. Cette quasi-perfection ne peut en effet s'exprimer qu'en comparant la princesse à des hommes, puisqu'elle semble dépasser le cadre de référence féminin dont ces écrivains disposent. Le thème n'est pas inédit, puisque Blanche de Castille a été en son temps comparée à une femme forte, en raison de son caractère remarquable qui la hissait au-dessus de son sexe.

La supériorité exceptionnelle d'Anne est revendiquée par l'auteur de *L'Ainsnée fille de fortune* qui affirme qu'elle surpasse par ses vertus et même par sa perfection l'humanité entière, justifiant ainsi sa prééminence à la tête de l'État :

> C'est celle qui passe les bonnes,
> C'est celle qui doit bien régner,
> C'est celle qui passe les hommes,
> C'est celle qui doit gouverner
> C'est celle qu'on ne peut blâmer[38].

Ainsi, Anne de France dépasse tant les modèles masculins que féminins, y compris les preuses dont elle possède les qualités et non les défauts. La preuse représente la femme guerrière qui n'hésite pas à verser le sang pour défendre son pays. La dame de Beaujeu partage avec elle cette mission de défense de la nation, mais s'en différencie en revanche par son dédain et son refus de la violence. C'est pourquoi l'auteur de *L'Ainsnée fille de fortune* affirme qu'Anne devance de loin Judith, Esther, Didon ou encore Sémiramis, sans oublier Penthésilée, Tamaris et Sinopé. Ses vertus chrétiennes font toute la différence. Anne est plus qu'une preuse, elle qui « est plus féminine, / Et trop mieux Damoiselle, / Et a la face plus popine[39] » que toutes ces femmes illustres qui l'ont précédée. Bien que femme de pouvoir victorieuse et puissante, Anne de France correspondrait ainsi plus au modèle de la dame courtoise qu'à celui de la violente preuse et femme de guerre. Dans le discours littéraire, elle dépasse les modèles féminins fournis par Boccace et Christine de Pizan.

Une destinée providentielle

À la manière de la Vierge, intermédiaire entre le monde terrestre et le monde céleste, la régente fait office de lien entre le roi et ses sujets. Plus encore, Anne se distingue par son rôle salutaire en faveur du royaume et par l'influence qu'elle a exercée sur le cours de l'histoire par son action politique.

Il paraît évident à ceux qui chantent ses louanges qu'une telle action n'est possible que parce que la princesse est aimée de la Fortune et envoyée par Dieu pour accomplir une mission salvatrice au service du royaume et de la royauté. Cela explique le titre choisi par l'auteur de *L'Ainsnée fille de fortune*, qui insiste sur l'idée d'une princesse bénie du Ciel et comblée de sa faveur, puisque « Dieu détermine » sa domination « dont tout le monde s'émerveille »[40]. L'idée est partagée par Jacques de Brézé pour lequel il est vain de s'opposer à celle qui est aimée du Ciel.

Plus encore, la dame de Beaujeu est louée comme l'incarnation d'une espérance politique pour le royaume qu'elle sauve :

> Qui voudra voir celle qui la porte œuvre [ouvre]
> Dont sauve l'honneur des François par le monde,
> Qui voudra voir la droite mappemonde
> Où le monde est plus au vif imprimé
> Se vienne ébattre au verger d'espérance
> Dont l'enclos est du plant d'Anne de France[41].

Son action politique particulièrement féconde véhicule l'espérance au sein de toute une nation, car elle tient entre ses mains les rênes d'un État auquel elle doit apporter la paix. À Marie, porte du Ciel, qui donne accès au salut, répond Anne de France, son miroir temporel et terrestre, qui sauve son peuple en lui permettant de conserver son honneur, vertu si fondamentale que la vie ne vaut rien sans lui. La « régence » apparaît comme un signe d'espoir, dans l'attente de voir le jeune souverain en âge de gouverner seul. Ce « verger d'espérance enclos » sonne comme la métaphore du royaume protégé par la douce et ferme main d'Anne de France. Sans doute s'agit-il également d'une référence implicite à l'Espérance des Bourbons. À l'image de la Vierge qui couvre ceux qui l'implorent de son manteau protecteur, Anne est le refuge d'un royaume et d'une royauté menacés, qu'elle a restaurés dans leur vigueur originelle :

Qui voudra voir l'excellent édifice
Et forteresse ou France se confie,
Qui voudra [voir] l'organe et orifice
Dont sault la voix qui chacun édifie
Qui voudra voir celle qui fortifie
Le fait du roi et son autorité [...]
Il lui faut voir le corps d'Anne de France[42].

Forteresse de « vérité, d'honneur et de raison », Anne est présentée comme le rempart de la royauté. Son discours politique a sans cesse insisté sur sa volonté de placer toutes ses actions et toutes ses décisions dans la seule et unique perspective du service du roi. Le poète illustre par ses propos l'adhésion entre la parole et les actes. Le verbe s'incarne en une action politique salvatrice pour Charles VIII et son royaume. La régence féminine revient au cœur du propos, totalement légitimée, puisque ayant atteint son objectif ultime de consolidation et de renforcement de l'autorité royale face à l'ennemi. Anne de France a ainsi porté l'espérance de tout un royaume, fidèle au sang de France et à la devise Espérance des Bourbons.

Si la fin du XVe siècle correspond à l'assimilation du roi au soleil, la princesse incarne pour sa part la lumière qui vient du ciel et inonde le royaume de sa clarté. C'est un nouveau jour qui se lève sur le royaume, signe d'une régénération politique qui a pour seule perspective le bien commun. L'image virginale de la *stella maris*, l'étoile des mers, n'est pas loin sous la plume de Jacques de Brézé qui écrit d'Anne qu'elle est « l'escarboucle très claire / Qui resplendit et fait France reluire » et « le soleil qui éclaire / À tout le siècle où fait ses rayons luire »[43]. Pour Jean Lemaire de Belges, elle est « Aurora[44] ». Soleil pour le royaume, elle porte en elle un espoir de paix et de bonheur. Cette métaphore de la lumière est reprise par la reine Catherine de Médicis, que Ronsard décrit comme une princesse favorisée par les astres « pour être notre lumière », afin de préparer la France à une « domination universelle »[45]. Cette symbolique qui émerge avec Anne de France devient un topos pour l'épouse d'Henri II, moins d'un siècle plus tard. Une fois encore, la dame de Beaujeu et son entourage littéraire ont joué un rôle précurseur dans l'invention des symboles et du langage rhétorique qui doivent exprimer l'action politique et la mission même de ces femmes de pouvoir.

Anne de France incarne en outre des vertus politiques de justice et de paix qui constituent le principe de tout gouvernement fondé sur le droit et la raison, et par là même de la régence. C'est Jacques de Brézé qui développe tout cet imaginaire politique dans la description de la duchesse de Bourbon, qualifiée de « temple de charité / Paint de pitié et de miséricorde », comme « la pleine arche et l'exemple d'amour, de paix et concorde »[46], tandis que Lemaire de Belges la qualifie de « précurseresse du soleil de justice[47] ».

À travers l'exaltation de la princesse, c'est ainsi l'efficacité de son action qui est glorifiée et la régence au féminin qui est légitimée. Renversant l'idée selon laquelle elle correspond à une période de faiblesse, la princesse la présente ou la fait représenter comme l'espérance et l'incarnation d'un âge d'or, fondé sur la paix et la concorde.

C'est donc l'institution même de la régence en gestation qui rejoint le providentiel et le mythe. Anne de France s'intègre par les écrits de ses contemporains dans la représentation et l'invention d'un imaginaire politico-symbolique et dans l'élaboration d'une mystique du pouvoir. Par son action politique qui perdure grâce à la puissance performative de l'écrit, la princesse participe pleinement à la mythologie royale, à la dynastie et à la royauté qu'elle incarne et qu'elle fait vivre pour le roi et le royaume, avec une incomparable efficacité.

CHAPITRE 12

Une princesse entre deux mondes

Outre son attrait pour les livres, Anne de France s'affirme très tôt par son goût prononcé pour les arts, avant même l'arrivée sur le trône de son frère Charles VIII. Son rôle en tant que mécène est primordial : il est à la hauteur de sa puissance et de ses ambitions politiques. Son attirance pour les arts est double : si son intérêt pour les aspects esthétiques ne peut être dénié, l'art se conçoit avant tout comme un outil au service de ses aspirations politiques.

Anne s'y intéresse dès le plus jeune âge, mais l'accès au trône ducal lui laisse la possibilité de s'épanouir pleinement comme mécène et commanditaire. À l'image du modèle royal, les grandes cours princières affirment leur goût pour les arts dans les domaines religieux et profanes, preuve de la dévotion et de la puissance économique et politique des princes. Vers 1500, le duché est à son apogée politique et vit les heures les plus fastes de son mécénat. La cour de Moulins est l'une des plus brillantes de son temps et un extraordinaire lieu d'épanouissement artistique. Après le roi de France, les Bourbons sont la principale maison princière à maintenir un véritable mécénat, particulièrement depuis la disparition du duc René d'Anjou[1].

Moulins, Cour des Arts

Les plus grands artistes et écrivains œuvrent à Moulins pour le compte du couple ducal. Cette présence fait de leur cour l'une des plus fastueuses du royaume. Par sa situation centrale, le

Bourbonnais est en lien avec les plus grands centres artistiques du royaume : Lyon, Tours et Bourges. Tourné vers l'Italie et vers la Flandre, le duché s'affirme également comme la porte d'entrée des arts de la Renaissance en France.

À l'instar de certaines princesses italiennes, la duchesse de Bourbon a créé une sorte de Cour des Arts qui regroupe des peintres, des enlumineurs, des maîtres verriers, des architectes, des sculpteurs ou encore des orfèvres au prestige inégalé[2]. Les quelques comptes des dépenses de la duchesse dont nous disposons laissent apparaître le nom de certains de ces artistes[3]. En 1498, les peintres Jean Perréal et Jean Richer dit d'Orléans se trouvent ainsi à son service. La princesse connaît le premier de longue date, puisqu'il s'agit du peintre officiel de Charles VIII, qu'elle a peut-être elle-même choisi pour son frère et qu'elle a employé comme maître de dessin, dès 1484, pour la petite Marguerite d'Autriche. Il s'agit de l'un des plus illustres peintres du moment en France.

Le peintre d'origine flamande Jean Hey, identifié comme le Maître de Moulins, en est un autre exemple. Il a travaillé pour Charles de Bourbon avant de passer au service des Beaujeu[4]. Vers 1490, il réalise le portrait de Marguerite d'Autriche, alors reine de France et âgée d'une dizaine d'années. Ce statut royal est symbolisé par le pendentif en forme de fleur de lys qu'elle porte autour du cou[5]. Anne de France, que l'on sait attachée à la jeune princesse, commanda-t-elle personnellement ce chef-d'œuvre de couleurs, censé rendre hommage à la grandeur et à la dignité de la reine de France ? Quoi qu'il en soit, elle servit sans doute d'intermédiaire entre Marguerite et Jean Hey, alors installé en Bourbonnais. L'artiste mit certainement à profit la présence de Marguerite à la cour de Moulins, en décembre 1490, pour réaliser son dessin préparatoire. Une fois le couple royal reparti, il put exécuter le tableau qui semble avoir été du goût de la duchesse de Bourbon. En effet, cette dernière fait exécuter vers 1492-1493 par le même Jean Hey un triptyque familial, dit *Triptyque eucharistique*, la représentant avec son époux Pierre et sa fille Suzanne, encore bébé[6]. L'œuvre magnifie la famille ducale enfin pourvue de l'héritière tant attendue.

Signe de l'attachement de la duchesse à son peintre, elle commande peu avant 1500 le célèbre *Triptyque de la Vierge en gloire*, qui glorifie les Bourbons dans la splendeur de leur pouvoir à la tête du duché[7]. Le tableau ornait-il l'autel de la chapelle du château de Moulins ou l'une des chapelles latérales de la collégiale ? La question n'a à ce jour pas été tranchée par les historiens de l'art dont les avis diffèrent.

Les compétences requises de la part d'un artiste de cour sont multiples : outre la capacité de peindre des retables, des portraits et des tableaux de dévotion, il doit être en mesure de conduire des travaux d'envergure et de concevoir des patrons destinés à être transposés sur des supports variés, tels que le vitrail, la tapisserie ou encore la sculpture. C'est ainsi que Jean Hey met également ses talents d'enlumineur au service des Bourbons qui lui commandent les *Statuts de l'ordre de Saint-Michel*[8]. Dans cet ouvrage d'une rare qualité et d'une exceptionnelle précision, Pierre de Beaujeu apparaît de manière très vivante aux côtés de Charles VIII. La ressemblance entre le visage délicatement enluminé et celui du *Triptyque de Moulins* est frappante.

De même, des vitraux ont pu être attribués au peintre, qui a probablement fourni des dessins pour ceux de la collégiale de Moulins ainsi que pour d'autres édifices religieux[9]. Trois des verrières de Notre-Dame de Moulins témoignent de l'intervention de Jean Hey. On retrouve aussi de manière exceptionnelle un thème cher à la duchesse de Bourbon dans l'église Saint-Germain-l'Auxerrois de Paris : il s'agit d'un vitrail représentant sainte Anne éduquant la Vierge, que la princesse aurait pu commander à Jean Hey en 1505, à l'occasion de la célébration des fiançailles de Suzanne avec Charles de Bourbon-Montpensier, en l'hôtel de Bourbon, situé non loin du Louvre. L'idée qu'Anne de France ait pu commander ce vitrail, en souvenir de son passage à Paris pour la cérémonie familiale, est confortée par le décor fleurdelysé qui orne le fût de la colonnette située à gauche de sainte Anne[10]. L'art du vitrail s'impose ainsi comme un champ dans lequel le mécénat d'Anne de France s'exprime et par lequel la princesse affiche aux yeux de tous l'image des Bourbons.

Outre les peintres, de nombreux autres artistes de renom œuvrent au service de la duchesse, notamment de grands sculpteurs. Le principat de Pierre II et d'Anne de France est considéré comme un « moment de perfection[11] » de l'art de la sculpture. Le mécénat du couple, dont l'apport dans le domaine de la sculpture est essentiel, dépasse celui de ses prédécesseurs, tant d'un point de vue qualitatif que quantitatif. Les époux commandent le décor de la collégiale de Moulins, dont l'achèvement se place dans la continuité de l'œuvre entamée par Agnès de Bourgogne, mère de Pierre de Beaujeu, en 1468. Ils sont aussi à l'origine de la réalisation de celui de la seconde Sainte-Chapelle de Bourbon-l'Archambault et font orner la façade du château de Moulins ainsi que la chapelle de celui de Chantelle de multiples œuvres sculptées.

L'abondance des chantiers ducaux entraîne une augmentation de la production de sculptures, et donc l'installation dans le Bourbonnais d'ateliers de sculpteurs. Les historiens de l'art s'accordent sur l'existence d'une « école bourbonnaise », reconnaissable à ses personnages au front haut et bombé ainsi qu'aux yeux étirés en amande[12]. Une figure marquante de l'art de la sculpture a-t-elle pu conférer cette homogénéité stylistique aux artistes de la région ? On a pensé au sculpteur Michel Colombe, présent à Moulins en 1484, mais il demeure aujourd'hui difficile de confirmer avec certitude cette hypothèse, en raison notamment de la rareté des œuvres datant de cette époque, dont beaucoup ont été détruites à la Révolution. La présence de son disciple Jean Guilhomet, autrement dit Jean de Chartres, est quant à elle attestée pendant plus d'une décennie dans la capitale des Bourbons[13], comme « tailleur d'images de Madame de Bourbon[14] ». Le compte d'Anne de France de 1501 mentionne un paiement à « Jehan de Chartres, imageur pour une Annonciation Notre-Dame, en pierre, pour le portail des Carmes dudit Moulins[15] ». S'il est certain que cet artiste a joué un rôle de premier plan à la cour d'Anne de France, il demeure aujourd'hui très difficile de lui attribuer des œuvres avec certitude, bien qu'il soit probablement l'auteur du groupe de sculptures de Chantelle.

Enfin, des musiciens tels que Jean Ockeghem et des poètes tels que François Villon sont accueillis à la cour ducale, signe du goût de la duchesse pour les arts quels qu'ils soient et de sa capacité à s'adresser aux plus grands noms dans tous les domaines.

Les chantiers religieux

Dans le domaine religieux, les ambitions fondatrices d'Anne de France se lisent tout d'abord dans son comté de Gien. La princesse marque la ville de son empreinte en lançant de nombreux chantiers religieux, parmi lesquels la rénovation de la collégiale Saint-Étienne. Elle y fonde en outre un couvent de religieuses clarisses ainsi qu'un monastère de Minimes, en 1490. La piété d'Anne de France est à l'évidence influencée par la spiritualité mendiante, ce qui est le cas de nombreuses femmes de sa condition depuis le XIVe siècle, notamment sous l'influence de la noble dame et bienheureuse Jeanne-Marie de Maillé. De manière plus novatrice et dans les pas de son père, Anne est aussi animée par l'esprit de saint François de Paule, fondateur de l'ordre des Minimes qui prône ascétisme et humilité[16]. Très proche de Louis XI, fondateur du premier couvent de Minimes au Plessis-lès-Tours, cet ermite austère inspire aussi la dame de Beaujeu dont les *Enseignements* peuvent certainement se lire au prisme du discours religieux du « saint homme ». Sans doute Anne a-t-elle contribué à le garder à la cour de France et a-t-elle influencé, une fois encore, les princesses qui l'entouraient dans leurs pratiques spirituelles. En effet, à sa suite, Anne de Bretagne, Louise de Savoie, Claire de Gonzague ou encore Claude de France se montrent de ferventes disciples de saint François de Paule, qui exerce sur elles un véritable ascendant spirituel. Si toute la cour soutient l'essor des Minimes, Anne de France s'affirme comme la première princesse fondatrice d'un couvent de cet ordre dans le royaume.

Elle se montre très pieuse et ses fondations religieuses connaissent un essor d'une ampleur inégalée avec son accession au trône ducal. Les Bourbons achèvent en effet dès 1488 les multiples chantiers religieux entrepris par leurs prédécesseurs à Moulins, Lyon, Riom,

Bourbon-l'Archambault, Villefranche-sur-Saône, affirmant nettement leur goût personnel pour la nouveauté artistique ainsi que leur vive piété. Ils voient dans les arts la possibilité d'affirmer leur identité politique et culturelle, ce qui entraîne la fondation et l'extension de certains édifices majeurs, tels que la collégiale située à proximité du château de Moulins inaugurée en présence de Charles VIII, la nécropole familiale de Souvigny où la princesse fait transporter le cœur de Jean II de Bourbon ou encore la Sainte-Chapelle de Bourbon-l'Archambault.

C'est ainsi qu'ils achèvent la chapelle des Bourbons dans la cathédrale de Lyon, commencée en 1486 par le cardinal Charles de Bourbon. Cette chapelle, de style gothique flamboyant, est ornée des emblèmes des Bourbons. De même poursuivent-ils le chantier de la nouvelle Sainte-Chapelle de Bourbon-l'Archambault entrepris par le duc Jean II, la dotant de verrières d'une qualité remarquable, dont l'une relate la légende de la Vraie Croix, au pied de laquelle se trouvent Pierre et Anne de Bourbon. Une autre de ces verrières comporte quant à elle un arbre généalogique des Bourbons. Le bâtiment est définitivement achevé en 1508, après la mort du duc, signe qu'Anne de France poursuit les ambitions architecturales de son beau-frère et de son époux défunts, ayant toujours à cœur de mettre en avant la figure de saint Louis et d'inscrire la lignée des Bourbons dans la continuité du saint roi[17]. Surtout, sur l'ensemble de ces vitraux, Anne de France et Pierre de Bourbon n'ont de cesse de faire représenter leurs armes et leurs emblèmes : l'art religieux sert leurs fins politiques et leur soif d'exaltation.

La collégiale de Moulins peut également prétendre au titre de Sainte-Chapelle. Le culte de l'Immaculée Conception, initié par Jean II de Bourbon, y est encouragé et poursuivi par Pierre et Anne qui font un don en 1495 pour assurer l'entretien des enfants de chœur désignés pour la liturgie de la messe de la sainte Conception. En se faisant les défenseurs et les propagateurs en leurs terres du culte à l'Immaculée Conception, les deux époux s'affirment une fois encore comme un prince et une princesse aux goûts novateurs, réceptifs aux décisions théologiques et liturgiques les plus récentes de l'Église. Le *Triptyque de la Vierge en gloire* (ou *Triptyque de*

Moulins), en ce qu'il constitue une référence évidente à ce culte, exprime plus encore cette dévotion ducale[18]. On retrouve une semblable Vierge de l'Apocalypse sise sur le croissant de lune sur un vitrail de la chapelle consacrée à la liturgie de l'Immaculée Conception. Surtout, la rencontre de Joachim et d'Anne, parents de la Vierge, à la Porte Dorée se trouve à la fois sur cette même verrière et sur un autre tableau très célèbre de Jean Hey, aujourd'hui conservé à la National Gallery, signe d'un dialogue entre les arts picturaux et verriers dans lesquels on retrouve des thèmes religieux chers à la princesse.

Quant à la chapelle palatiale de Riom, elle bénéficie de la fondation d'un chapitre collégial dont l'installation, en 1491, est précédée du don d'une quarantaine de reliques provenant de la collégiale de Moulins, parmi lesquelles une dent de saint Louis. Cette fondation permet un culte régulier et la chapelle ducale se transforme dès lors en véritable Sainte-Chapelle[19].

Quel prestige pour Anne de France de compter en ses territoires trois Saintes-Chapelles, dont l'existence renforce à elle seule la filiation spirituelle et lignagère avec le saint ancêtre Louis IX, premier fondateur d'une Sainte-Chapelle !

La princesse et ses demeures

Les multiples demeures du couple bénéficient de ce même élan et de cette même dynamique de construction : de Gien à Moulins, en passant par Creil, Montluçon, Châtellerault, Chantelle ou encore Beaumanoir, des chantiers sont lancés. Le duché de Bourbon n'est pas l'unique espace concerné. Le château de Gien profite le premier de l'attention du couple Beaujeu, entre 1481 et le début des années 1490. Anne de France, très attachée au Val de Loire, fait de Gien l'un des premiers châteaux de la Loire. Elle y entreprend la construction d'un corps de logis digne de son rang de fille de France, puis celle du gros pavillon destiné aux logements. Elle fait enfin édifier un ensemble de galeries non prévues à l'origine, créant un ensemble architectural exceptionnel, sans équivalent à cette date. Deux grands logis sont superposés, comprenant chacun une grande salle et trois chambres, et disposant d'une galerie à chaque étage. D'ordinaire, cette dernière est toujours liée au logis du maître. Or, à Gien, il n'en est rien, chacun des deux logis communiquant avec sa propre galerie. Le sens politique qu'il faut accorder à une telle disposition est qu'il n'y a pas de maître à Gien, mais deux époux placés sur un même pied d'égalité. Aucun autre exemple d'une telle superposition n'a été réalisé ailleurs en France : à Gien, on exalte architecturalement la puissance de la maîtresse de maison et de la fille de roi[20].

Par la suite, le château de Moulins occupe une place centrale dans la commande architecturale du couple, en tant que résidence ducale dès 1488. La présence du monogramme de Pierre de Bourbon aux côtés de celui d'Anne de France sur la façade permet d'affirmer avec quasi-certitude que le château a été achevé avant la mort du duc en 1503.

Dans cette vaste demeure en pleine transformation, une importance toute particulière est accordée à la place du roi : en effet, Charles VIII y séjourne très régulièrement, ce qui explique qu'Anne de France y fasse édifier un logis spécialement destiné à son frère. Le compte du trésorier Hugues Pinelle mentionne des ouvrages réalisés pour le souverain, évoquant « la salle du bâtiment neuf que madame a fait faire pour le roi[21] ».

Comme à Gien, la duchesse de Bourbon exprime son goût pour l'inédit. Parmi les nouveautés artistiques introduites par le couple ducal, il faut citer un cabinet, qui pourrait avoir été entièrement lambrissé, ce qui est caractéristique de ces petites pièces apparues en France entre la fin du XVe et le début du XVIe siècle. Les historiens de l'art avaient jusqu'à présent daté leur apparition en France du règne de Louis XII, le cabinet de Blois de 1504 étant considéré comme le premier exemple. Mais la mention d'un cabinet (voire de deux) dans les comptes d'Anne de France dès 1496 a permis de réévaluer cette datation et de la faire remonter au règne de Charles VIII, ce qui met en lumière le caractère novateur de la commande de cette pièce au style italianisant avant les années 1500, bien avant celle de Louis XII et d'Anne de Bretagne.

Pour ce faire, divers maçons œuvrent au service du couple ducal vers 1496-1497. Seuls deux reçoivent une pension annuelle et le titre de « maître maçon » : Marsault Rodier et un certain Michelet. Le compte de Pinelle apporte la preuve que Marsault traitait directement avec la duchesse, ce qui confirme la responsabilité de cette dernière dans ces entreprises monumentales. Cette réalité est confirmée par le fait qu'elle adressait elle-même le commandement de payer aux comptables des travaux[22].

Les projets des Bourbons sont grandioses et le château de Chantelle bénéficie à son tour du dynamisme de leurs projets architecturaux. Anne de France transforme cette forteresse médiévale, à laquelle elle est très attachée, en une demeure luxueuse où elle fait installer une bibliothèque. Elle en embellit le décor avec, notamment, l'adjonction d'un ensemble sculptural monumental constitué de saint Pierre, de sainte Anne et de sainte Suzanne, exécuté par le célèbre Jean de Chartres et aujourd'hui conservé au Louvre. Par une telle commande, Anne de France apparaît comme à l'origine de la nouvelle dynastie qu'elle a engendrée. Sa maternité culturelle, religieuse et politique, qui se lit dans la pierre à travers le personnage de sainte Anne éduquant la Vierge et sainte Suzanne, s'impose à ceux qui lui rendent visite à Chantelle.

Le château de Beaumanoir n'est pas en reste : situé à proximité de Moulins, l'édifice est l'objet de nombreux aménagements, y compris après la mort de Pierre de Bourbon. Cependant, le parc est conçu comme un lieu de repos, quand les jardins de Moulins sont des jardins d'apparat. La duchesse de Bourbon tient tant à cet endroit qu'elle y fait célébrer le mariage de Suzanne et de Charles de Montpensier en 1505[23].

Des monuments à la gloire d'Anne de France

Les monuments exhibent les armes et les emblèmes des commanditaires. Les armes des ducs de Bourbon, « d'azur semé de trois fleurs de lys d'or à bandes de gueules », se rapprochent de celles des rois de France. Anne porte quant à elle « écu parti d'azur à trois fleurs de lys d'or, une cotice de gueules brochant sur le premier parti ».

Ces éléments emblématiques, abondants dans tous les décors, exaltent la puissance du duc et de la duchesse de Bourbon dont ils servent la soif de gloire et de prestige. Ainsi la façade de la galerie du château de Moulins est-elle parsemée des symboles du couple, parmi lesquels les monogrammes « P et A » qui représentent de manière emblématique le pouvoir exercé en couple. S'y ajoute la ceinture sur laquelle se déploient la devise Espérance des Bourbons, des cerfs-volants (ou cerfs ailés) ou encore le chardon des Beaujeu. Même la lettre « S » de Suzanne est présente, signe de l'importance accordée à l'héritière de la maison ducale. Partout, l'emblématique est utilisée pour rehausser le prestige de Pierre et Anne.

La fontaine en pierre de Volvic présente dans la cour du château comporte, elle aussi, les symboles de l'illustre lignée, associés à des formes italiennes. Enfin, la chapelle neuve Saint-Louis du château ducal est recouverte des « lettres P et A et d'écussons de Bourbon et de France joints ou mi-partis des deux maisons avec chardons enlevés et ceintures d'Espérance[24] », d'après la description qu'en fait Noël Cousin en 1620. Un autre visiteur évoque quant à lui la présence de cerfs soutenant les armes de France ou de Bourbon ainsi que de chardons. Les Bourbons sont à ce point friands de nouveautés qu'ils font représenter du maïs, tout récemment découvert en Amérique, sur le décor de la galerie Anne-de-France.

Au château de Creil, on retrouve des décors similaires et une source rapporte que le couple Bourbon était représenté en posture de suppliants dans la chapelle du château, derrière le cerf-volant, une couronne de lys et le mot Espérance, signe de la fusion des deux maisons de France et de Bourbon[25]. S'agissait-il de statues, semblables à celles qui se trouvaient aussi probablement dans la galerie renaissante de Moulins ? Quoi qu'il en soit, les visées politiques d'Anne de France se lisent partout dans ses commandes artistiques et architecturales : pouvoir et puissance se donnent à lire dans la pierre et jusque sur les tapisseries[26].

La commande artistique de la princesse obéit aux mêmes exigences de légitimation que celles observées dans sa pratique épistolaire ou encore dans sa commande littéraire. À la naissance de Suzanne en 1491, Anne de France porte de plus en plus son regard vers la maison de Bourbon, dont le destin repose sur les épaules de son unique héritière. Elle se préoccupe davantage des intérêts du duché, ce qui se manifeste dans ses commandes artistiques orientées vers la glorification du personnage de saint Louis[27]. Cette dernière ne peut être envisagée uniquement en lien avec son identité de duchesse de Bourbon : nous avons vu l'attachement d'Anne à son statut de fille de France qui légitime sa préséance à la cour jusqu'à sa mort. Rappeler ses origines royales ne fait que justifier sa présence au pouvoir, aussi bien au niveau étatique qu'au niveau ducal. Surtout, il s'agit de montrer le lien de parenté qui unit les maisons de Bourbon et de France, afin de mettre en évidence les origines royales des Bourbons. Anne apparaît comme un lien supplémentaire entre les deux.

L'exaltation artistique du sang royal, de Charlemagne à saint Louis

Il existe ainsi à Moulins une galerie de portraits des Bourbons, attestée par des visiteurs du XVIe siècle. Les ducs et duchesses de Bourbon étaient représentés depuis leur glorieux ancêtre saint Louis jusqu'à Suzanne et Charles III de Bourbon. Cette démarche d'exaltation d'une lignée prestigieuse à travers des tableaux se retrouve de manière presque contemporaine dans le palais de Marguerite d'Autriche, à Malines, ou encore dans le recueil de portraits au crayon réalisé par Jean Clouet à la requête de Louise de Savoie. La plupart de ces tableaux ont été commandés par les Beaujeu, au même titre que les portraits de Robert de Clermont et de son épouse Béatrice de Bourbon, fondateurs de la dynastie des Bourbons, ornés du cerf ailé de Pierre et exécutés pour leur château de Creil[28].

De même que dans les livres, on retrouve dans la commande artistique et architecturale d'Anne de France cette volonté de s'inscrire dans l'histoire d'une famille illustre et, plus largement, dans l'histoire du royaume. En effet, en tant que fille de France, Anne irradie la maison de Bourbon de son prestige, comme en témoignent les morceaux du retable dit *Triptyque eucharistique*, attribué à Jean Hey et réalisé vers 1492-1493. Bien que Pierre de Bourbon occupe le côté droit du retable, certains détails « indiquent de façon subtile que c'est Anne et son lignage qui dominent cette mise en scène du couple ducal[29] ». Tout d'abord, Pierre porte le collier de l'ordre de Saint-Michel qui le rattache au roi Louis XI, créateur de l'ordre, auquel il a prêté serment d'allégeance. Les armoiries des Bourbons sont relativement discrètes, contrairement à celles d'Anne et de la maison de France. Nicole Reynaud a démontré que ces armes dominaient plus encore avant la partition du retable en deux. En outre, les radiographies font apparaître à l'arrière-plan, entourant la figure de la jeune Suzanne, « la trace de fleurs de lys » qui constituaient le décor. Albert Châtelet remarque, quant à lui, que l'extérieur des deux volets est recouvert d'une peinture bleue, semée de fleurs de lys dorées[30]. Enfin, il convient de noter la différence de position entre les deux époux : Anne de France est considérablement rehaussée par rapport à Pierre de Bourbon. Ainsi, par un processus inverse à celui observé d'ordinaire, c'est la princesse qui fait participer son époux et sa fille à cette dignité royale dont elle s'affirme délibérément comme l'intermédiaire. Dans le *Triptyque de la Vierge de l'Immaculée Conception*, également attribué à Jean Hey et commandé par Anne de France vers 1498-1500, l'exaltation de la filiation royale est moins présente. En revanche, Suzanne apparaît une fois de plus à côté d'Anne, désignée du doigt par sainte Anne, sa patronne éponyme, qui pointe ainsi la logique de continuité et de transmission du pouvoir symbolisée par le fil qui relie la mère à la fille. Toutes deux sont représentées avec une couronne, dans une perspective d'affirmation dynastique. À la même époque, les époux Bourbon poursuivent leur œuvre architecturale au palais ducal de Moulins, auquel ils choisissent d'adjoindre une aile supplémentaire ainsi qu'une chapelle consacrée à saint Louis. La fille de France se coule de plus en plus dans son identité et dans son rôle de duchesse de Bourbon, bien que ses deux personnalités demeurent en éternelle tension et qu'elle n'abandonne jamais la première. Sur des émaux de la Wallace Collection de Londres, Anne et Pierre de Bourbon sont représentés avec leurs saints patrons, tandis que se trouvent au revers les figures tutélaires de Charlemagne et de saint Louis.

Or, il est très intéressant de noter que les figures de ces deux souverains sont très chères aux rois eux-mêmes, comme le remarque Martha Wolff qui note en outre qu'ils apparaissent sur plusieurs commandes royales vers 1500[31]. Jean Bourdichon est ainsi payé pour la réalisation d'un retable désormais perdu, où saint Louis et Charlemagne présentaient Charles VIII. Le *Livre d'heures de Louis XII* reprend les mêmes thèmes, ainsi que la *Vie des saints en françoys*, publiée en 1493 par Antoine Vérard. Il est ainsi frappant de voir comment Anne de France utilise à ses propres fins l'iconographie royale, dans une perspective politique bien sûr. Surtout, il est probable que les Bourbons aient commandé des œuvres dont les sujets iconographiques étaient repris pour leurs divers chantiers à travers le duché. Si Anne de France s'est approprié un thème royal avec les personnages de saint Louis et Charlemagne, son exemple a par la suite été suivi par Anne de Bretagne. Dans le tombeau monumental qu'elle commande à Michel Colombe pour ses parents, les deux saints royaux font pendant à leurs saints patrons, saint François et sainte Marguerite, signe de l'appropriation de la symbolique royale pour l'exaltation des défunts duc et duchesse de Bretagne.

L'art des jardins

Si la princesse s'intéresse aux arts et à l'architecture, elle ne néglige pas pour autant les jardins. Leur existence est attestée aux châteaux de Montbrison, de Riom, de Moulins, Chantelle, Souvigny, Saint-Galmier, Gien et Beaumanoir[32]. L'intervention d'Anne de France, mentionnée dans des comptes relatifs à ses demeures de Beaumanoir et de Moulins, laisse percevoir son influence directe comme commanditaire pour l'aménagement de jardins merveilleux, susceptibles d'enchanter les contemporains.

Le château de Moulins offre des vues sur la cour d'honneur et les vastes jardins, depuis l'oriel aujourd'hui disparu, les balcons monumentaux et les multiples fenêtres que compte l'édifice. Le couple ducal a acquis de nombreux terrains pour la réalisation des jardins qui sont alors considérablement agrandis. La mention de jardiniers d'Anne de France témoigne de l'intérêt personnel qu'elle leur porte : Jean Le Vasseur « maître gouverneur dudit jardin de madite dame » reçoit 80 livres de gages, Guillaume de Plaisance, Étienne Rougier et Antoine Gonnat sont les « manœuvres ordonnés par madite dame pour besogner ordinairement audit jardin », tandis que Phelipot du Jardin est le « gouverneur des oiseaux de madite dame », tâche pour laquelle il reçoit 100 livres. Un certain Domingo Genevoix, originaire de Gênes, est un autre jardinier. Les Italiens sont donc nombreux au sein de cette profession et sans doute ont-ils apporté de la péninsule cet art que Charles VIII a eu l'occasion d'admirer à Naples[33].

Comme en Italie, l'eau occupe une large place dans ces espaces, avec des fontaines, des îles et deux pavillons entourés d'eau[34]. Les pièces d'eau communiquent entre elles par des fossés et sont surmontées de petits ponts qui agrémentent le décor[35]. La fontaine en marbre de Carrare qui orne les jardins est, elle encore, une nouveauté remarquée à Lyon par la princesse, chez les banquiers Capponi. Hormis quelques exceptions, les premiers marbres de Carrare sont introduits en France après 1500[36] : la princesse fait preuve une fois encore de son goût pour la nouveauté en introduisant cette pierre inconnue en France dans sa demeure principale dès 1493. L'eau qui y coulait était teintée de rose, comme en témoigne le compte qui mentionne le paiement de « charbon à faire les eaux roses » et de « fioles pour le mettre »[37].

Dans ces jardins merveilleux, on trouve en outre des grottes artificielles, un labyrinthe végétal peut-être inspiré de celui aménagé par le roi René à Baugé, ainsi qu'une orangerie, contemporaine de celle du château royal de Blois. Le goût pour les essences exotiques s'exprime à travers la présence d'orangers, de citronniers, de myrtes, de lauriers, de pins et d'autres variétés de végétaux provenant des rives méditerranéennes, une flore qui avait enchanté Charles VIII en Italie. Cet intérêt se retrouve à Beaumanoir, également pourvu d'un jardin avec labyrinthe, fontaine et volière.

Les oiseaux et animaux ont toute leur place, avec la présence d'une ménagerie composée d'animaux rares, tels que des singes auxquels Suzanne fait référence dans une lettre à sa mère. Qu'est-il advenu des dromadaires et des lions présents du temps de Jean II ? Peut-être occupent-ils encore la ménagerie. Les oiseaux font partie du quotidien des princes, qu'il s'agisse de faucons, de perroquets et autres volatiles qui peuplent l'oisellerie de Moulins, et sont soignés par l'Italien Phelipot du Jardin, gouverneur des oiseaux de la duchesse. La « motte des cognils-vers », sorte de lapins nains, est un pavillon similaire à l'oisellerie. Enfin, Anne de Bretagne et Anne de France partagent cet amour des chiens qui avaient toute leur place au château.

Princesse de la Renaissance

On connaît le goût de la princesse pour les innovations, qu'elles soient politiques ou littéraires. Les arts n'échappent pas à la règle, et Anne de France apprécie les styles de la Renaissance et de l'Antiquité qui parviennent à Moulins par le biais d'artistes flamands et italiens. Si les guerres d'Italie jouent un rôle essentiel dans la venue d'artistes italiens nombreux, elles ne sont cependant pas à l'origine de l'intérêt de la princesse pour l'art renaissant et ne font que jouer un rôle de catalyseur.

Moulins se situe dans l'aire de rayonnement de Lyon, où les banquiers florentins sont nombreux, qu'il s'agisse des Gadagne ou des Capponi. En 1493, Anne de France est en contact avec ces derniers au sujet de la fameuse fontaine en marbre de Carrare, caractéristique de l'art de la Renaissance tant par son ornementation que par le matériau utilisé. La duchesse convoite le bel objet qu'elle compte acquérir coûte que coûte, ce qui témoigne une fois encore de son goût prononcé pour la nouveauté :

> [Elle] avait affection en une fontaine de pierre de marbre qu'avait la banque de Cappon et ses compagnons audit Lyon [et elle] tâchait d'avoir cette fontaine et la vouloir lors faire acheter par monsieur le sénéchal dudit Lyon pour la faire mettre en son jardin à Moulins[38].

Après l'avoir obtenue en cadeau des édiles lyonnais, elle la fait installer dans ses jardins moulinois qui accueillent ce qui semble avoir été un joyau de la Renaissance.

La capitale ducale, située à proximité de l'Italie et au cœur du royaume, est nous le savons un lieu de passage, de rencontre et de séjour pour les multiples ambassadeurs italiens que la princesse accueille bien volontiers. Il est fréquent de voyager avec des présents diplomatiques : sans doute ces hommes ont-ils offert à la duchesse des objets nouveaux qui ont pu susciter chez elle un certain attrait et aviver son goût pour l'art italien.

La cour des Bourbon-Montpensier à Aigueperse n'a pu que renforcer cet appétit : la protégée d'Anne de France Claire de Gonzague est arrivée dans les années 1480 en France, avec le célèbre Saint-Sébastien de Mantegna, qui aurait pu constituer une partie de sa dot[39]. À partir de 1485, Gilbert et Claire ont accueilli un autre artiste de la Renaissance : le peintre Benedetto Ghirlandaio dont une *Nativité*, aujourd'hui conservée à Aigueperse, a été réalisée en 1490 pour le comte de Montpensier. Le tableau est visiblement inspiré de l'art de la Renaissance flamande : Ghirlandaio a-t-il rencontré à Moulins Jean Hey, lui-même élève de Hugo Van der Goes, suiveur de Van Eyck et de Van der Weyden ? Si tel fut le cas, le duché s'affirma, sous l'influence probable d'Anne de France, comme le lieu de la rencontre entre les arts florentins et flamands[40].

L'intérêt de la duchesse de Bourbon pour le goût à l'antique est décelable dès le début des années 1490, dans le domaine de l'ornementation et du décor architectural, avec l'utilisation de formes à l'antique et de matériaux tels que le marbre blanc. On retrouve un tel langage antiquisant dans les éléments disparus de la Sainte-Chapelle de Bourbon-l'Archambault, qu'il s'agisse des vitraux (détruits à la Révolution) ou même des ensembles sculpturaux. Des tables généalogiques ornaient autrefois les murs de la Sainte-Chapelle : les fragments qui nous sont parvenus témoignent de ce goût pour l'antique. Elles illustrent une fois de plus l'instrumentalisation des arts à des fins de glorification d'une lignée prestigieuse : ces tables partaient en effet de saint Louis et de Marguerite de Provence pour inclure Charles III de Bourbon-Montpensier et son épouse Suzanne. La découverte d'un dessin représentant la table généalogique de Suzanne de Bourbon atteste de sa forme en queue-d'aronde et d'une forme épigraphique à l'antique[41].

Les guerres d'Italie sont l'occasion de la venue de nombreux artistes et ouvriers supplémentaires dans le royaume de France. Sans doute est-ce le cas de plusieurs hommes présents à Moulins en 1497 : « Pierre Napolitain, menuisier, Domingo Genevoix jardinier », « Guillaume de Plaisance, manœuvre »[42] et d'autres encore.

Le 28 mars 1495, Charles VIII adresse de Naples ces propos édifiants à son beau-frère Pierre :

> Au surplus vous ne pourriez croire les beaux jardins que j'ai vus en cette ville. Car sur ma foi, il ne semble qu'il n'y faille que Adam et Eve pour en faire un paradis terrestre tant ils sont beaux et pleins de toutes bonnes et singulières choses, comme j'espère vous en compter. Avec ce j'ai trouvé en ce pays de meilleurs peintres ; je vous en enverrai pour faire d'aussi beaux planchers qu'il est possible[43].

Au tournant des années 1500, la galerie du château ducal de Moulins s'affirme par le caractère novateur de son architecture et de son ornementation. Les contemporains d'Anne de France peuvent en effet admirer entre 1497 et 1502 l'édification du « premier édifice Renaissance en France ». Le monument inaugure l'introduction d'une nouvelle forme d'architecture, avec sa galerie ouverte, rythmée par un porche central, et sa chapelle coiffée d'une coupole. Son décor, où foisonnent les éléments antiquisants, est très manifestement inspiré de la Renaissance italienne. Les peintres présents à la cour sont eux-mêmes attirés par ce nouvel art, comme le montrent les pilastres cannelés surmontés de chapiteaux corinthiens qui entourent la Vierge en gloire du panneau central du *Triptyque de Moulins*. Ce tableau de Jean Hey serait ainsi le symbole de la rencontre de l'art des Renaissances flamande et italienne.

L'influence artistique d'Anne de France

Anne de France s'affirme ainsi très tôt comme une princesse de la Renaissance. Ses goûts artistiques ont certainement été influencés par ceux de sa mère Charlotte, et de sa tante Jeanne de France, duchesse de Bourbon. Modèle politique, spirituel et culturel pour ses contemporaines, elle inspire chez elles le choix des hommes et des styles, ce qui est facilité par la circulation fréquente des artistes d'une patronne ou d'un patron à l'autre vers 1500. Toutes les grandes dames recrutent leurs artistes dans les mêmes foyers de création que sont Tours, Bourges et Lyon principalement.

Ainsi, lorsque Marguerite d'Autriche entreprend la construction du monastère de Brou à la mémoire de son époux défunt, Philibert de Savoie, elle fait appel à deux maîtres d'œuvre expérimentés, Jean Lemaire de Belges et Jean Perréal. Ils s'adressent au sculpteur Michel Colombe pour la réalisation du projet. Or, tous trois ont travaillé d'une manière ou d'une autre pour Anne de France : Marguerite emploie donc des hommes qui se sont illustrés auprès de sa tante. Les trois se trouvent également au service d'Anne de Bretagne à un moment de leur vie, signe que la reine puise aussi dans le vivier d'artistes que sa belle-sœur lui propose. Jean Perréal a ainsi exécuté les dessins du tombeau de ses parents, François II de Bretagne et Marguerite de Foix, sculptés par le génial Michel Colombe.

L'influence très visible d'Anne de France sur Anne de Bretagne s'explique par la proximité familiale et géographique des deux princesses, qui ont de nombreuses occasions de séjourner ensemble, à la cour de France ou bien à Moulins. L'exemple de Jean Hey illustre cette réalité. Vers 1494, l'artiste est en effet sollicité pour réaliser un portrait du dauphin Charles-Orland, âgé d'un peu moins de deux ans. Charles VIII et Anne de Bretagne ont-ils été séduits par le tableau de la petite Suzanne, lors d'une visite à la cour de Moulins ? La reine a-t-elle fait appel à l'artiste pour réaliser le portrait du dauphin Charles-Orland ?

Il apparaît aussi comme tout aussi plausible que la duchesse de Bourbon et son époux aient souhaité offrir ce tableau à l'enfant dont Pierre était le parrain. Le couple s'étant rendu à Amboise en octobre 1493, il aurait pu voyager avec son artiste de prédilection[44].

Le cas de l'orfèvre Arnoul de Viviers est, quant à lui, mieux documenté. Dans les comptes d'Anne de Bretagne datant de décembre 1492, il est tout d'abord présenté comme « orfèvre de madame de Bourbon », avant d'être considéré quelques mois plus tard comme « orfèvre de lad. dame » Anne de Bretagne. Un transfert a donc eu lieu d'Anne de France à l'épouse de Charles VIII, sans doute sur les conseils de la première. L'artiste a certainement travaillé en même temps pour les deux princesses, du moins pendant une année. Ce transfert peut se lire comme la preuve de l'influence de la duchesse de Bourbon sur la jeune reine de France au début de son règne. Il peut aussi se concevoir comme la preuve qu'Anne de France constitue un modèle pour les princesses du début du XVIe siècle. Cela ne l'empêche pas d'avoir elle-même recours à Guillaume Charrau, « orfèvre lapidaire de la reine » en 1500.

Si Anne de France « prête » Jean Hey à Charles VIII à deux reprises (pour le tableau de Marguerite puis pour celui de Charles-Orland), elle lui emprunte également ses artistes. En témoigne un compte des menus plaisirs du roi de 1490-1491, qui fait état du paiement de Jean Bourdichon pour plusieurs projets d'œuvres à réaliser pour le couple ducal, dont une généalogie des ducs de Bourbon et des dessins de mobilier pour la Sainte-Chapelle de Bourbon-l'Archambault[45]. En outre, en 1501, le maître maçon Marsault, qui œuvre sur le chantier du château de Moulins, se qualifie à la fois de « maçon du roi et du prince de Bourbon ». Si la fusion des intérêts politiques existe entre Anne de France et son frère, la continuité est également visible dans leurs goûts artistiques partagés, que la princesse influence certainement et que le roi alimente en ramenant en France des artistes d'Italie.

Louise de Savoie n'est pas en reste, comme le montre la présence de Pierre Paule dit l'Italien à son service. Cet ancien concierge du château de Moulins devient son valet de chambre avant d'être nommé à la direction des travaux à Fontainebleau, pour le compte de François Ier[46]. En outre, le très original pavillon central de la galerie du château de Moulins, peut-être inspiré du château du Belvédère au Vatican, connaît également une fortune quelques années plus tard à Fontainebleau, avec la galerie dite de François Ier.

Tous ces éléments montrent à quel point Anne de France sut reconnaître avec son habileté et sa finesse ordinaires les nombreux talents qui s'épanouirent par la suite au service de princes et de princesses de la Renaissance, en France et en Europe.

Épilogue

1521-1522. Le temps passant et l'âge avançant, au crépuscule de son existence, Anne de France s'était retirée dans sa résidence favorite de Chantelle, loin du tumulte de la cour.

Depuis son arrivée sur le trône le 1er janvier 1515, François Ier, conseillé par sa très puissante mère, Louise de Savoie, s'était montré particulièrement soucieux d'imposer l'autorité de l'État monarchique face aux derniers grands princes du royaume. Le roi ne cachait pas non plus ses ambitions territoriales qui s'affirmaient de plus en plus au grand jour.

Duchesse de Bourbon depuis plus de trente ans, Anne de France n'avait pu que constater, impuissante, cette montée en force de l'État royal qu'elle avait autrefois si fidèlement contribué à édifier et à affermir, et pour le bien duquel elle avait tant œuvré. Fille de France et quasi-régente du royaume, elle s'était presque confondue avec lui ou, du moins, s'y était-elle identifiée car elle s'y rattachait par le sang. Sa grandeur passée, sa préséance inégalée à la cour, son autorité à la tête du royaume, à la fois redoutée et admirée de tous en France et en Europe, n'étaient désormais que de lointains souvenirs.

Peu à peu, la fille de Louis XI avait tourné le regard vers d'autres contrées, se consacrant à la consolidation de son duché qu'elle avait souhaité toujours plus vaste et puissant. Sous le règne de Pierre et d'Anne de Bourbon, celui-ci avait connu ses plus riches heures et atteint un faste incomparable. Méthodique et imperturbable, avec tact et finesse, la duchesse avait mené ce duché à l'apogée de sa splendeur, au faîte de sa puissance. Claude de Seyssel avait raison : à l'orée du XVIe siècle, la maison de Bourbon était à la tête de la plus puissante principauté du royaume.

Cependant, la fin des années 1510 avait vu s'envoler tout espoir d'héritier, à la suite de la mort du petit François, comte de Montpensier, en 1517, puis de jumeaux, l'année suivante. La frêle Suzanne de Bourbon était sortie affaiblie par ces disparitions successives qui constituaient une perte immense affectivement et politiquement, pour elle ainsi que pour le duché.

La décennie 1520 fut pour Anne de France celle de toutes les désillusions et de tous les déchirements. Au temps de la fortune succéda celui de l'infortune. Le 28 avril 1521, Suzanne de Bourbon rendait l'âme dans son château de Châtellerault, pleurée par le connétable son époux et par la duchesse douairière sa mère. Elle fut inhumée dans la nécropole familiale de Souvigny, aux côtés du duc Pierre. Le moment si redouté par Anne était arrivé. Sans héritier, qu'adviendrait-il du Bourbonnais, de l'Auvergne et de tous les territoires adjoints à ce dernier État princier, sis au cœur du royaume de France ?

Autrefois, Louise de Savoie avait scruté chaque grossesse d'Anne de Bretagne, craignant que la naissance d'un héritier mâle n'éloigne à jamais le trône qu'elle convoitait pour son fils François. Chaque fois, elle s'était réjouie de ce qu'aucun garçon du couple royal ne survivait, voyant dans ces morts prématurées le signe de la fortune et de l'élection divine du jeune comte d'Angoulême. Sans doute avait-elle porté un regard satisfait à l'annonce de la disparition des enfants du couple ducal.

Suzanne à peine disparue, la duchesse d'Angoulême, désormais au faîte de sa puissance, s'empressa de faire valoir ses droits sur l'héritage des Bourbons, en tant que plus proche parente de la défunte, sa cousine germaine par sa mère Marguerite de Bourbon, elle-même sœur de Pierre de Bourbon. Pressentant de telles revendications, Anne de France avait cédé, dès le mois de juillet 1521, l'ensemble de ses immenses possessions au duc Charles III de Bourbon, par ailleurs institué héritier universel de Suzanne. Anne crut-elle dans la force du droit face aux prétentions de sa nièce Louise ? Sans doute, puisqu'elle fit rédiger l'année suivante, le 6 novembre 1522, à Chantelle, un second acte de donation dans lequel elle insistait sur le caractère irrévocable de sa démarche, tentant de lui conférer une dimension perpétuelle et indiscutable face aux prétentions de Louise de Savoie[1]. Elle justifiait de telles donations par l'amour qu'elle portait à Charles et par sa volonté d'assurer la continuité de la maison de Bourbon à laquelle elle affirmait son attachement.

À ce titre, elle avait « fait, institué et nommé son héritier universel très haut et très puissant prince Monseigneur Charles, duc propriétaire de Bourbonnais, d'Auvergne et de Châtelleraut, naguère mari et époux de feue Madame Suzanne sa fille unique et de mon dit feu seigneur le duc Pierre[2] ». Dans l'éventualité de la mort du duc sans héritier, Anne de France avait transféré l'ensemble de son héritage à d'autres membres de la lignée, à savoir « Monseigneur Louis de Bourbon, prince de La Roche-sur-Yon, et à faute de lui et des descendants de lui, Charles Monsieur de Bourbon, son frère », fils du très fidèle Louis de Bourbon-Vendôme.

L'on conçoit à travers ce montage juridique à quel point Anne de France tenta d'évincer Louise de Savoie de la succession des Bourbons.

Cependant, la *mater regis* contesta la validité d'une telle donation en faveur du connétable, s'affirmant comme légitime duchesse de Bourbon et d'Auvergne. Ce furent les débuts d'un long procès qu'elle initia, rapidement soutenue par le roi son fils qui fit valoir les droits de la Couronne sur l'héritage des Bourbons. L'affaire fut retardée par un Parlement réticent à satisfaire les ambitions de Louise de Savoie et témoignant une dernière fois de sa fidélité à l'égard de cette fille de France avec laquelle il avait jadis collaboré.

Le 22 novembre 1522, celle qui avait dominé le royaume et la cour au tournant des années 1500, cette femme à la puissance autrefois si éclatante s'éteignait humblement et dévotement, conformément aux préceptes édictés dans ses *Enseignements*. Le temps ne laissa pas à Anne de France l'occasion de voir triompher Louise de Savoie[3].

La femme disparaissait, mais les pierres de l'édifice patiemment construit subsistaient. Tout au long de sa vie, Anne de France s'était construit une *persona* à partir de références fournies par la littérature des miroirs. Elle avait été comme happée dans ce mouvement de *mimèsis*, s'érigeant en exemple éthique et politique et réactualisant les « dames de sage gouvernement des temps anciens » dont Christine de Pizan avait tant vanté les vertus. Son action s'était imposée à toutes les princesses de la Renaissance par sa dimension fondatrice.

Sa finesse politique, sa pratique de la prudence, sa fidélité à la Couronne, son amour des arts, son goût pour les nouveautés allaient transcender tout le XVIe siècle, à travers l'action des princesses qu'elle avait éduquées et pour qui elle constituait un modèle de vertu, un exemple de pouvoir au féminin, une référence culturelle et artistique. Dotée de prérogatives quasi royales, Louise de Savoie exerça de 1524 à 1526 la régence dont Anne avait amorcé l'invention institutionnelle. Marguerite d'Angoulême, reine de Navarre, commanda les *Enseignements*, quintessence de la pensée médiévale et de l'humanisme naissant, dont le manuscrit fut transmis par la suite à Diane de Poitiers, elle-même élevée à la cour de la duchesse de Bourbon. Enfin, la grande reine et régente Catherine de Médicis reprit le chantier du château de Moulins dont la dame de Beaujeu avait fait le premier édifice italianisant en France.

Dernière grande dame du Moyen Âge et première princesse de la Renaissance, Anne de France s'illustra à la croisée de ces deux mondes dont elle sut réaliser avec art une harmonieuse synthèse.

Notes

Introduction

1. A. David-Chapy, *Anne de France, Louise de Savoie. Inventions d'un pouvoir au féminin*, Paris, Garnier Classiques, 2016 ; M. Chatenet et Th. Crépin-Leblond (dir.), *Anne de France. Art et pouvoir en 1500*, Paris, Picard, 2014 ; A. David-Chapy et G. Longo (dir.), *Anne de France (1522-2022). Femme de pouvoir, princesse des arts*, Dijon, Faton, 2022.
2. G. Bresc-Bautier, Th. Crépin-Leblond, E. Taburet-Delahaye et M. Wolff (dir.), *France 1500. Entre Moyen Âge et Renaissance*, Paris, RMN, 2010.
3. D. Richet, *La France moderne : l'esprit des institutions*, Paris, Flammarion, 1973.
4. G. Bresc-Bautier, Th. Crépin-Leblond, E. Taburet-Delahaye et M. Wolff (dir.), *France 1500..., op. cit.*

Chapitre 1. Dans l'ombre de la cour (1461-1483)

1. J. Blanchard, *Louis XI*, Paris, Perrin, 2015, p. 25.
2. P. Pradel, *Anne de France*, Paris, Publisud, p. 12.
3. A. David-Chapy, « Pleurer la mort, exalter la vertu, inscrire dans l'histoire : la déploration sur la mort d'Anne de France du seigneur de La Vauguyon », *Annuaire Bulletin de la Société d'histoire de France*, 2014, p. 146-147.
4. O. Mattéoni, *Un prince face à Louis XI. Jean II de Bourbon, une politique en procès*, Paris, Presses universitaires de France, 2012.
5. Cl. de Seyssel, *Les Louenges du roy Louis XIIe de ce nom (1508)*, P. Eichel-Lojkine et L. Vissière (éd.), Genève, Droz, 2009, p. 190.
6. Ph. Contamine, « Un aspect de la tyrannie de Louis XI. Variations sur le thème du roi marieur », dans *La Femme au Moyen Âge*, M. Rouche et J. Heuclin (dir.), Maubeuge, Publications de la ville de Maubeuge, 1990, p. 431-442.
7. *Lettres de Louis XI*, J. Vaesen et É. Charavay (éd.), t. III, Paris, Renouard, 1887, p. 173-174.
8. J.-M. de La Mure, *Histoire des ducs de Bourbon et des comtes de Forez*, Paris, Potier, 1860, t. III, Preuves, 130e, p. 218-219.
9. *Comptes de l'hôtel des rois de France aux xive et xve siècles*, L. Douët d'Arcq (éd.), Paris, J. Renouard, 1865, p. 392-393.
10. AN, P1370[1], n° 1858.
11. A. David-Chapy, « Pleurer la mort... », art. cité, p. 145.

12. P. Choinet, *Le Livre des trois âges*, L. Scordia (éd.), Mont-Saint-Aignan, Publications de l'université de Rouen et du Havre, 2009.
13. *Letter Book* de Girolamo Zorzi, BM, Add 48067, fol° 12 v°, cité par J. Blanchard, *Philippe de* Commynes, Paris, Fayard, 2006, p. 49.
14. A.-M. Legaré, « Charlotte de Savoie's Library », *Journal of the Early Book Society*, t. IV, 2001, p. 32-87.
15. A. Tuetey, *Inventaire des biens de Charlotte de Savoie, BEC*, 26, Paris, 1865 et L. Delisle, *Le Cabinet des manuscrits de la Bibliothèque impériale*, t. I, Hildesheim, G. Olms (éd.), 1868.
16. Anne de France, *Enseignements à sa fille*, T. Clavier et É. Viennot (éd.), Saint-Étienne, Publications de l'université de Saint-Étienne, 2006, p. 231-258.
17. *Ordonnances des rois de France de la troisième race*, t. XIX, p. 56-60.
18. *Ibid.*, p. 58.
19. *Ibid.*, p. 60.
20. Cl. de Seyssel, *Les Louenges…, op. cit.*, p. 190.
21. A. Bouchart, *Grandes chroniques de Bretagne*, M.-L. Auger (éd.), Paris, CNRS éditions, 2013, p. 161.
22. Ph. de Commynes, *Mémoires*, éd. Lenglet Du Fresnoy, p. 474.
23. A. David-Chapy, « Pleurer la mort… », art. cité, p. 149.
24. BNF, ms. fr. 16630, fol° 117.
25. P. Pélicier, *Essai sur le gouvernement de la dame de Beaujeu : 1483-1491*, Marseille, Laffitte, 1983, p. 43.
26. J.-M. de La Mure, *Histoire des ducs de Bourbon…, op. cit.*, t. III, p. 324.
27. *Ibid.*, p. 324-325.

Chapitre 2. De l'ombre à la lumière (1483-1484)

1. P. Pélicier, *Essai…, op. cit.*, p. 49-50. A. David-Chapy, « Correspondance des villes avec le roi et les princes. Les ressorts d'une coopération politique au temps de Charles VIII et d'Anne de France (1483-1490) », dans *Correspondances urbaines. Les corps de ville et la circulation de l'information (XVe-XVIIe)*, F. Alazard (dir.), Turnhout, Brepols, 2020, p. 303-320.
2. J. Masselin, *Journal des États généraux de France tenus à Tours en 1484 sous le règne de Charles VIII*, publié et traduit par A. Bernier, Paris, Imprimerie royale, 1835, p. 385, 459, 475, 483-485, 537.
3. *Ibid.*, p. 231.
4. A. Bouchart, *Grandes chroniques de Bretagne, op. cit.*, p. 169.
5. « L'Ainsnée fille de fortune. Poème à la louange de la dame de Beaujeu, sœur de Charles VIII. Avec des notes par M. Lancelot », dans *Mémoires de littérature, tirés des registres de l'Académie royale des inscriptions et belles lettres*, 1729, t. VIII, strophe 52, p. 588.
6. A. Bouchart, *Grandes chroniques de Bretagne, op. cit.*, p. 161.
7. *Id.*
8. J. Blanchard, *Commynes et les procès politiques de Louis XI. Du nouveau sur la lèse-majesté*, Paris, Picard, 2008, p. 52.
9. F. Cosandey, *La Reine de France. Symbole et pouvoir*, Paris, Gallimard, 2000, p. 304.

10. J. de Saint-Gelais, *Histoire de Louys XII, roy de France, pere du peuple et de plusieurs choses memorables advenues en France et en Italie jusques en l'an 1510*, Th. Godefroy (éd.), Paris, 1622, p. 45.
11. J. Masselin, *Journal..., op. cit.*
12. J.-F. Lassalmonie, « Un discours à trois voix sur le pouvoir. Le roi et les États généraux de 1484 », *Penser le pouvoir au Moyen Âge (VIIIe-XVe siècle)*, D. Boutet et J. Verger (dir.), Paris, Rue d'Ulm, 2000, p. 129.
13. J. Masselin, *Journal..., op. cit.*, p. 99 et p. 701.
14. *Ibid.*, p. 70.
15. *Ibid.*, p. 143.
16. J. Krynen, *L'Empire du roi : idées et croyances politiques en France XIIIe-XVe*, Paris, Gallimard, 1993, p. 445.
17. *Id.*
18. J. Masselin, *Journal..., op. cit.*, p. 227-228.
19. J. de Saint-Gelais, *Histoire de Louys XII..., op. cit.*, p. 45.
20. *Id.*
21. J. Masselin, *Journal..., op. cit.*, p. 702.
22. *Ibid.*, p. 231-233.
23. *Id.*

Chapitre 3. Une femme en guerre (1485-1488)

1. A. Bouchart, *Grandes chroniques de Bretagne, op. cit.*, p. 174-175.
2. Cl. de Seyssel, *Les Louenges..., op. cit.*, p. 202.
3. D. Crouzet, *Charles de Bourbon, connétable de France*, Paris, Fayard, 2003, p. 204.
4. N. Le Roux, *La Faveur du roi : mignons et courtisans au temps des derniers Valois (vers 1547-vers 1589)*, Seyssel, Champ Vallon, 2000, p. 419.
5. A. Bouchart, *Grandes chroniques de Bretagne, op. cit.*, p. 174.
6. M.-Th. Caron, *Noblesse et pouvoir royal en France, XIIIe-XVIe siècle*, Paris, Armand Colin, 1994.
7. Dom Morice, *Mémoires pour servir de preuves à l'histoire ecclésiastique et civile de Bretagne*, Paris, 1746, t. III, p. 527.
8. Dom Lobineau, *Preuves de l'histoire de Bretagne*, t. I, p. 757.
9. Dom Morice, *Mémoires..., op. cit.*, p. 527-528.
10. « L'Ainsnée fille de fortune... », dans *Mémoires..., op. cit.*, p. 588.
11. A. Bouchart, *Grandes chroniques de Bretagne, op. cit.*, p. 190.
12. R. de Maulde La Clavière, *Procédures politiques du règne de Louis XII*, Paris, Imprimerie nationale, 1885, p. 1086.
13. *Ibid.*, p. 1089-1090.
14. J.-M. de La Mure, *Histoire des ducs de Bourbon..., op. cit.*, p. 345-346.
15. Th. Godefroy, *Histoire de Charles VIII, roi de France et des choses mémorables advenues en son royaume*, G. de Jaligny (éd.), Paris, 1684, p. 467.
16. Th. Godefroy, *Histoire de Charles VIII..., op. cit.*, p. 368.
17. Dom Morice, *Mémoires..., op. cit.*, t. III, p. 496-499.
18. *Ibid.*, p. 496.
19. *Ibid.*, p. 497-498.

20. P. Pélicier, *Essai..., op. cit.*, p. 266-269.
21. *Ibid.*, p. 266.
22. *Ibid.*, p. 267.
23. Dom Morice, *Mémoires...*, t. III, *op. cit.*, p. 527.
24. Voir D. Crouzet, *Charles de Bourbon..., op. cit.*, p. 115-238.
25. D. Crouzet, *Le Haut Cœur de Catherine de Médicis*, Paris, Albin Michel, 2005, p. 74.
26. P. Pélicier, *Essai..., op. cit.*, p. 96.
27. « L'Ainsnée fille de fortune... », dans *Mémoires..., op. cit.*, p. 585.
28. P. Pélicier, *Essai..., op. cit.*, p. 130.
29. « Mémoire adressé à la dame de Beaujeu sur les moyens d'unir le duché de Bretagne au domaine du roi de France (1485 ou 1486) », *Revue historique*, t. XXV, fasc. 2, 1884, p. 275-287.
30. P. de Brantôme, *Vie des dames illustres*, Paris, Garnier, 1868, p. 259.
31. *Ibid.*, p. 262.
32. P. Pélicier, *Essai..., op. cit.*, p. 281.
33. Th. Godefroy, *Histoire de Charles VIII..., op. cit.*, p. 451.
34. Lettre n° 59, *Correspondance de Charles VIII et de ses conseillers avec Louis II de La Trémoille pendant la guerre de Bretagne*, duc de La Trémoille (éd.), Paris, 1875, p. 65.
35. Lettre n° 42, *Ibid.*, p. 46.
36. Lettre n° 127, *Ibid.*, p. 141-143.
37. *Ibid.*, p. 142.
38. *Ibid.*, p. 142-143.
39. P. de Brantôme, *Vie des dames illustres, op. cit.*, p. 261.
40. Th. Godefroy, *Histoire de Charles VIII..., op. cit.*, p. 274-275.
41. A. David-Chapy, « Pleurer la mort... », art. cité, p. 151.

Chapitre 4. Pratiquer le pouvoir au féminin

1. Ch. de Pizan, *Le Livre des trois vertus, ou le Trésor de la Cité des dames*, C. C. Willard et E. Hicks (éd.), Paris, « Bibliothèque du XVe siècle », 1989, p. 66-68.
2. D. Picco, « Réseaux de femmes, femmes en réseaux : avant-propos », *Genre et histoire*, n° 12-13, printemps-automne 2013.
3. J. Richard, « Les pouvoirs de Blanche de Castille », dans E. Bousmar, A. Marchandisse et B. Schnerb (dir.), *Femmes de pouvoir, femmes politiques durant les derniers siècles du Moyen Âge et au cours de la première Renaissance*, Liège-Genève, Droz, 2012, p. 97.
4. É. Berger, « Le titre de régent dans les actes de la chancellerie royale », *Bibliothèque de l'École des chartes*, n° 61, 1900, p. 415.
5. M. Deldicque, *Le Dernier Commanditaire du Moyen Âge. L'amiral de Graville, vers 1440-1516*, Villeneuve-d'Ascq, Presses universitaires du Septentrion, 2021.
6. M. Harsgor, *Recherches sur le personnel du Conseil du roi sous Charles VIII et Louis XII*, Paris, Champion, 1980.
7. N. Le Roux, *La Faveur du roi..., op. cit.*, p. 25.
8. Anne de France, *Enseignements à sa fille..., op. cit.*, p. 65.
9. A. David-Chapy, *Anne de France, Louise de Savoie..., op. cit.*, p. 453 et suivantes.
10. N. Le Roux, *La Faveur du roi..., op. cit.*, p. 23.
11. Voir D. Crouzet, *Charles de Bourbon..., op. cit.*

12. Dom Calmet, *Histoire de la Lorraine*, t. IV, 1745, Preuves 294.
13. Th. Godefroy, *Histoire de Charles VIII..., op. cit.*, p. 451-452.
14. Traité de Montargis, 13 octobre 1484, BNF, coll. Doat, vol. X, f° 95.
15. Traité de Montargis, 25 octobre 1484, dans Th. Godefroy, *Histoire de Charles VIII..., op. cit.*, p. 460-461.
16. A. Bouchart, *Grandes chroniques de Bretagne, op. cit.*, p. 172.
17. Lettre d'Anne de France à Ludovic Sforza, vers 1482-1483, musée Anne-de-Beaujeu, Moulins.
18. J. Masselin, *Journal..., op. cit.*, p. 227-231.
19. Y. Labande-Mailfert, *Charles VIII*, Paris, Fayard, 1986, p. 61.
20. G. de Jaligny, *Histoire du roy Charles VIII, op. cit.*, p. 38 et 47.
21. A. Bouchart, *Grandes chroniques de Bretagne, op. cit.*, p. 172.
22. Dom Morice, *Mémoires..., op. cit.*, p. 497.
23. *Ibid.*, p. 467.
24. *Id.*
25. Fr. Autrand, *Christine de Pizan, une femme en politique*, Paris, Fayard, 2009, p. 420.
26. *Id.*
27. Anne de France, *Histoire du siège de Brest*, T. Clavier et E. Viennot (éd.), Saint-Étienne, Presses de l'université de Saint-Étienne, 2006, p. 107-108.
28. M. Gaude-Ferragu, *La Reine au Moyen Âge. Le pouvoir au féminin*, XIVe-XVe *siècle*, Paris, Tallandier, 2014, p. 105.

Chapitre 5. L'invention de la « régence » féminine

1. F. Cosandey, *La Reine de France..., op. cit.*, p. 7.
2. AN, K 40, n° 31, 17 juillet 1316.
3. F. Cosandey, *La Reine de France..., op. cit.*, p. 29.
4. *Ordonnances des rois de France de la troisième race*, J. M. Pardessus (éd.), Paris, 1849, t. VI, p. 26-31.
5. AN, J 401, n° 6.
6. *Ordonnances des rois..., op. cit.*, p. 46.
7. *Ibid.*, p. 49.
8. *Ibid.*, p. 49-50.
9. AN, J 402, n° 10.
10. J. Krynen, *L'Empire du roi..., op. cit.*, 1993.
11. A. Champollion-Figeac, *Documents historiques inédits tirés des collections manuscrites de la Bibliothèque royale ou des archives et des bibliothèques des départements*, Paris, 1841-1874, p. 468.
12. *Ibid.*, p. 468-469.
13. *Ibid.*, p. 470.
14. *Id.*
15. J. Blanchard, *Commynes..., op. cit.*, p. 49.
16. Cl. de Seyssel, *Les Louenges..., op. cit.*, p. 190.
17. P. de Brantôme, *Vie des dames illustres, op. cit.*, p. 263.
18. Cl. de Seyssel, *Les Louenges..., op. cit.*, p. 190.
19. J. Masselin, *Journal..., op. cit.*, p. 229 et 705.

20. Fr. Autrand, *Christine de Pizan..., op. cit.*, p. 236.
21. P. Pélicier, *Essai..., op. cit.*, p. 249.
22. A. David-Chapy, *Anne de France, Louise de Savoie..., op. cit.*, p. 209 et suivantes.
23. Fr. Autrand, « La succession à la couronne de France et les ordonnances de 1374 », dans *Représentation, pouvoir et royauté à la fin du Moyen Âge*, J. Blanchard (dir.), Paris, Picard, 1995, p. 30.
24. Anne de France, *Enseignements à sa fille..., op. cit.*, p. 64.
25. A.-H. Allirot, *Filles de roy de France : princesses royales, mémoire de saint Louis et conscience dynastique (1270 à la fin du* XIVe *s.)*, Turnhout, Brepols, 2011.
26. *Id.*
27. « L'Ainsnée fille de fortune... », dans *Mémoires..., op. cit.*, p. 588.
28. É. Viennot, « Gouverner masqués : Anne de France, Pierre de Beaujeu et la correspondance dite "de Charles VIII" », *L'Épistolaire au* XVIe *siècle*, Cahiers du Centre V.-L. Saulnier n° 18, Paris, Éditions Rue d'Ulm, 2001.

Chapitre 6. Une diplomatie européenne

1. N. Offenstadt, « Prophètes et médiatrices », dans *Faire la paix au Moyen Âge*, Paris, Odile Jacob, 2007.
2. « Christine de Pizan's Epistre à la reine (1405) », *Revue des langues romanes*, t. 92, 1988, p. 256.
3. Fr. Autrand, *Christine de Pizan..., op. cit.*, p. 423.
4. A. Jouanna, *Le Pouvoir absolu. Naissance de l'imaginaire politique de la royauté*, Paris, Gallimard, 2013, p. 110.
5. A. David-Chapy, « Pleurer la mort... », art. cité, p. 149.
6. BNF, ms. fr. 15538, fol° 107, 119, 139, 171, 188.
7. A. Bouchart, *Grandes chroniques de Bretagne, op. cit.*, p. 173.
8. « L'Ainsnée fille de fortune... », dans *Mémoires..., op. cit.*, p. 586.
9. BNF, ms. fr. 15538, 16 septembre 1485, fol° 188.
10. *Ibid.*, fol° 119.
11. *Ibid.*, fol° 188.
12. *Ibid.*, fol° 139.
13. Th. Godefroy, *Histoire de Charles VIII..., op. cit.*, p. 457-459.
14. *Ibid.*, p. 458.
15. A. Bouchart, *Grandes chroniques de Bretagne, op. cit.*, p. 172.
16. *Ibid.*, p. 206-207.
17. Th. Godefroy, *Histoire de Charles VIII..., op. cit.*, p. 460-461.
18. *Ibid.*, p. 461.
19. BNF ms. fr. 15538, fol° 171.
20. BNF, ms. lorrain 10, fol° 11 et ms. lorrain 11, fol° 26.
21. *Lettres de Charles VIII*, P. Pélicier et B. de Mandrot (éd.), t. III, pièces justificatives, n° 1, p. 369-371.
22. *Ibid.*, p. 371.
23. *Ibid.*, pièces justificatives, n° 2, p. 372-373.
24. M. Chatenet et P.-G. Girault, *Fastes de cour. Les enjeux d'un voyage princier à Blois en 1501*, Rennes, Presses universitaires de Rennes, 2010.

25. BNF, ms. fr. 3924, fol° 17 r° et v°.
26. Archivio di Stato, A.G. 633. Je remercie Monique Chatenet de m'avoir communiqué cette lettre.
27. Anne de France, *Enseignements à sa fille*..., *op. cit.*, p. 56.
28. « L'Ainsnée fille de fortune... », dans *Mémoires*..., *op. cit.*, p. 594.
29. A. David-Chapy, « Pleurer la mort... », art. cité., p. 150.
30. S. Édouard, *Le Corps d'une reine. Histoire singulière d'Élisabeth de Valois, 1546-1568*, Rennes, Presses universitaires de Rennes, 2009.
31. Fl. Trombert, « Une reine de quatre ans à la cour de France : Marguerite d'Autriche, 1484-1485 », dans *Autour de Marguerite d'Écosse. Reines, princes et dames du* XV*e siècle*, G. et P. Contamine (dir.), Paris, 1999, p. 123-157.
32. Y. Labande-Mailfert, « Le mariage d'Anne de Bretagne et de Charles VIII vu par Erasme Brasca », *Mémoires de la Société d'histoire et d'archéologie de Bretagne*, 1978, t. LV, p. 17-42.
33. *Ibid.*, p. 26.
34. *Ibid.*, p. 27.
35. B. Buser, *Beziehungen der Mediceer zu Frankreich*, Leipzig, 1879, chap. 7, n° 30, p. 527-528.
36. Y. Labande-Mailfert, *Charles VIII et son milieu (1470-1498)*, Paris, Klincksieck, 1975, p. 111.
37. Le traité de mariage date de 1485.
38. Anne de France, *Enseignements à sa fille*..., *op. cit.*, p. 53.

Chapitre 7. Princesse au temps des guerres d'Italie

1. A. Desjardins, *Négociations diplomatiques de la France avec la Toscane*, Paris, Imprimerie impériale, 1859-1875, t. I, p. 351.
2. P. Pradel, *Anne de France*, *op. cit.*, p. 130.
3. BNF, ms. fr. 5085, fol° 8 r°-v°.
4. *Lettres de Charles VIII*, *op. cit.*, t. IV, n° 798.
5. *Lettres de Charles VIII*, *op. cit.*, p. 285.
6. *Ibid.*, p. 216.
7. *Id.*
8. Bibliothèque de l'Institut, ms. Godefroy 254 et 291.
9. XXX
10. BNF, ms. fr. 5743.
11. BNF, ms. naf., 75, fol° 24 et A. David-Chapy, « Pleurer la mort... », art. cité, p. 157.
12. BNF, ms. fr. 3924.
13. *Id.*
14. A. Leguai, *Histoire du Bourbonnais*, Paris, Presses universitaires de France, 1960.
15. AN, P 1388[3], C134.
16. M. Méras, « Anne et Pierre de Beaujeu en Beaujolais », dans *Anne de Beaujeu et ses énigmes, Actes du colloque de Villefranche, mai 1983*, Villefranche-sur-Saône, 1984, p. 46.
17. *Ibid.*, p. 47.
18. J. Teyssot, « Reine et princesse, Anne de France en Auvergne et Bourbonnais », dans Monique Chatenet et Thierry Crépin-Leblond, *Anne de France. Art et pouvoir en 1500*, Paris, Picard, 2014, p. 20.
19. *Id.*

20. J. Cluzel, *Anne de France : fille de Louis XI, duchesse de Bourbon*, Paris, Fayard, 2002, p. 159.
21. M. Méras, « La grande ordonnance d'Anne de France, duchesse de Bourbonnais et dame de Beaujolais sur la justice en Beaujolais », *Bulletin des amis de Montluçon*, 3e série, 36, 1985, p. 21-36.
22. AN, P 1383.
23. M. Méras, « Anne et Pierre de Beaujeu en Beaujolais », dans *Anne de Beaujeu..., op. cit*, p. 48.
24. J. Cluzel, *Anne de France..., op. cit.*, p. 161-162.
25. O. Mattéoni, *Servir le prince. Les officiers des ducs de Bourbon à la fin du Moyen Âge (1356-1523)*, Paris, Publications de la Sorbonne, 1998, p. 132-133.
26. BNF, ms. fr. 22299, fol° 246, 250 et 253.
27. *Ibid.*, p. 135.
28. Voir à ce sujet, O. Matteoni, *Servir le prince..., op. cit.*, p. 280-281.
29. BNF ms. fr. 22299, fol° 193 et suivantes.
30. P. Pradel, *Anne de France..., op. cit.*, p. 192.
31. BNF ms. fr. 22299, fol° 200 et suivantes.
32. J. Teyssot, *Riom, capitale et bonne ville d'Auvergne, 1212-1557*, Nonette, CREER, 1999, p. 293-298.
33. Cl. de Seyssel, *Les Louenges..., op. cit.*, p. 204-205.
34. D. Crouzet, *Le Connétable de Bourbon..., op. cit.*, p. 265.
35. J.-M. de La Mure, *Histoire des ducs de Bourbon..., op. cit.*, t. IV, pièce justificative n° 133, p. 230-231.

Chapitre 8. Éducatrice et humaniste

1. D. de Champagne, *Le Miroir des dames*, Camillo Marazza (éd.), Paris, Champion, 1978, p. 85.
2. *Id.*
3. *Ibid.*, p. 139-140.
4. Ch. de Pizan, *Le Livre des trois vertus*, *op. cit.*, p. 9.
5. Anne de France, *Enseignements à sa fille..., op. cit.*, p. 89-90.
6. *Id.*
7. C. Martin-Ulrich, Persona *de la princesse à la Renaissance en France : personnage littéraire, personnage politique*, Paris, Champion, 2004.
8. A.-H. Allirot, *Filles de roy..., op. cit.*, p. 233.
9. Fl. Trombert, « Une reine de quatre ans... », dans *Autour de Marguerite d'Autriche..., op. cit.*
10. Th. Godefroy, *Histoire de Charles VIII..., op. cit.*, p. 547.
11. BNF, ms. fr. 15538, fol° 203.
12. P. Matarasso, *Queen's Mate : Three Women of Power in France on the Eve of the Renaissance (Anne de Beaujeu, Anne de Bretagne, Louise de Savoie)*, Aldershot, Ashgate, 2001, p. 37.
13. BNF, ms. fr. 3924, fol° 22 r°.
14. M. Gaude-Ferragu, *La Reine..., op. cit.*, p. 139.
15. Y. Labande-Mailfert, « Le mariage d'Anne de Bretagne... », art. cité, p. 33.
16. E. L'Estrange, « Le mécénat d'Anne de Bretagne », dans *Patronnes et mécènes en France à la Renaissance*, K. Wilson-Chevalier (dir.), Saint-Étienne, Publications de l'université

de Saint-Étienne, 2007, p. 169-193 ; et C. Brown, « Le mécénat d'Anne de Bretagne et la politique du livre », dans *Ibid.*, p. 195-224.

17. M. Chatenet et P.-G. Girault, *Fastes de cour...*, *op. cit.*
18. *Ibid.*, p. 46.
19. J. de Brézé, *La Chasse, les dits du bon chien Souillard et les Louanges de madame Anne de France*, G. Tilander (éd.), *Cynegetica* VI, Lund, 1959, p. 65.
20. J.-M. de La Mure, *Histoire des ducs de Bourbon...*, *op. cit.*, p. 528.
21. Guillaume de Marillac, *Vie du connétable Charles de Bourbon, de 1490 à 1521 par Guillaume de Marillac son secrétaire*, dans *Choix de chroniques et mémoires relatifs à l'histoire de France*, J.-A. C. Buchon (éd.), p. 132.
22. BNF, ms. fr. 3924, fol° 22 r°.
23. *Id.*
24. E. Lequain, « La maison de Bourbon, escolle de vertu et de perfection. Anne de France, Suzanne de Bourbon et Pierre Martin », *Médiévales*, 48, *Princes et Princesses à la fin du Moyen Âge*, printemps 2005, p. 39-54.
25. P. Martin, *Traité de l'érudition et de l'enseignement des enfants des nobles*, BSG, ms. 2221.
26. *Ibid*, fol° 4 v°.
27. Il s'agit du prologue du *Traité de l'érudition* adressé à Suzanne, *op. cit.*, fol° 4v°.
28. *Ibid.*, fol° 38.
29. C. Martin-Ulrich, « "Bon fruit et déceptable monde" : Anne de Beaujeu et l'héritage augustinien », *Reines et princesses au Moyen Âge*, Cahiers du CRISIMA, n° 5, Montpellier, 2001, vol. 1, p. 469.
30. Anne de France, *Enseignements à sa fille...*, *op. cit.*, p. 86-87.
31. *Ibid.*, p. 61.
32. *Ibid.*, p. 71.
33. A. David-Chapy, *Anne de France, Louise de Savoie...*, *op. cit.*, p. 278-281.
34. A. Chastel et R. Klein, *L'Europe de la Renaissance. L'âge de l'humanisme*, Paris, 1963, p. 15.
35. Ch. de Pizan, *L'Epistre d'Othea*, G. Parussa (éd.), Genève, 1999.
36. Ch. de Pizan, *Le Livre de la Cité des dames*, E. Hicks et Th. Moreau (éd.), Paris, Stock, 1992, p. 114-116.
37. *Ibid.*, p. 60 et 67.
38. *Ibid.*, p. 59.
39. *Ibid.*, p. 42.
40. Ch. de Pizan, *Le Livre des trois vertus*, *op. cit.*, p. 66-68.
41. Anne de France, *Enseignements à sa fille*, *op. cit.*, p. 60-61.
42. D. Crouzet, *Le Haut de Catherine de Médicis*, *op. cit.*, p. 41 et 44.
43. P. Pélicier, *Essai...*, *op. cit.*, p. 280-281.
44. Anne de France, *Enseignements à sa fille...*, *op. cit.*, p. 77.
45. *Correspondance de Charles VIII et de ses conseillers*, *op. cit.*, p. 98.
46. E. L'Estrange, « Sainte Anne », dans *Patronnes et mécènes...*, *op. cit.*, p. 153-154.
47. A. David-Chapy, « Louise de Savoie et Marguerite d'Autriche, princesses de la paix des Dames », dans *La Paix des Dames, 1529*, J. Dumont, L. Fagnart, P. G. Girault et N. Le Roux (dir.), Tours, Presses universitaires François-Rabelais, 2021, p. 43-59.
48. G. Tranié, *Philippe de Gueldre (1465-1547), « royne de Sicile » et « povre ver de terre »*, thèse de doctorat d'histoire moderne nouveau régime sous la direction de D. Crouzet, Université de Paris-Sorbonne, IRCOM, 2012.

49. S. Champier, *La Nef des dames vertueuses*, BNF, Rés. Vélins 1972 et *Les Grandes Chroniques de Savoie*, 1516, BNF, Rés. Velins 1173.
50. M. Chatenet, « Les enseignements d'Anne de France à sa fille Suzanne de Bourbon », dans *Anne de France, Art et pouvoir, op. cit.*, p. 60.

Chapitre 9. Reine de l'échiquier

1. Ch. de Pizan, *Le Livre de la Cité des dames, op. cit.* ; J. de Cessoles, *Le Livre du jeu d'échecs*, J.-M. Mehl (éd.), Paris, Stock, 1995.
2. Th. Godefroy, *Histoire de Charles VIII..., op. cit.*, p. 584.
3. Bibliothèque de l'Institut de France, ms. Godefroy 291, fol° 76.
4. BNF ms. fr. 15538, fol° 102.
5. *Ibid.*, fol° 197 et 200.
6. *Correspondance de Charles VIII, op. cit.*, lettre N° 85, p. 102.
7. BNF, ms. fr. 3924, fol° 18 v°.
8. BNF, ms. fr. 3924, fol° 15 v°.
9. *Ibid.*, fol° 15 r° v°.
10. N. Dupont-Pierrart, *Claire de Gonzague, comtesse de Bourbon-Montpensier (1464-1503). Une princesse italienne à la cour de France*, Villeneuve-d'Ascq, Presses universitaires du Septentrion, 2017, p. 102.
11. Minute, Arch. Nord, L. M. n 31.622.
12. Bibl. de l'Institut, 255, fol° 3-4.
13. AsMn, Gonzaga, b. 626, 263.
14. Archivio di Milano, Autografi, carteggio 54.
15. N. Dupont-Pierrart, *Claire de Gonzague..., op. cit.*, p. 213.
16. *Ibid.*, p. 130.
17. *Ibid.*, p. 263.
18. P. de Brantôme, *Vie des dames illustres, op. cit.*, p. 262.
19. Mantoue, Archivio di Stato, A.G. 633.
20. B. Chevalier, « Marie d'Anjou, une reine sans gloire, 1404-1463 », dans *Autour de Marguerite d'Écosse, op. cit.*, p. 81-98.
21. P. de Brantôme, *Vie des dames illustres, op. cit.*, p. 263.
22. *Ibid.*, p. 263-264.
23. Ch. de Pizan, *Le Livre de la Cité des dames, op. cit.*, p. 144-145.
24. AN, P 1385/2.
25. C. Zum Kolk, « La naissance de la "Cour des Dames" : la maison de la reine de France et son personnel féminin (Moyen Âge-XVIe siècle) », dans *Femmes à la cour de France. Charges et fonctions, XVe-XIXe siècle, op. cit.*, p. 35.
26. A. David-Chapy, « La "Cour des Dames" d'Anne de France à Louise de Savoie : un espace de pouvoir à la rencontre de l'éthique et du politique », dans *Femmes à la cour de France, op. cit.*, p. 64.
27. K. Wilson-Chevalier et E. Viennot, *Royaume de Fémynie. Pouvoirs, contraintes, espaces de liberté des femmes, de la Renaissance à la fronde*, Paris, Honoré Champion, 2000, p. 6.

Notes

Chapitre 10. Princesse des cérémonies

1. J. Paviot, « Éléonore de Poitiers. Les Estats de France (Les Honneurs de la Cour) », *ABSHF*, 1998, p. 75.
2. A. Bouchart, *Grandes chroniques de Bretagne*, *op. cit.*, p. 170.
3. Y. Labande-Mailfert, « Le mariage d'Anne de Bretagne... », art. cité, p. 33-34.
4. P. Gringore, *Les Entrées royales à Paris de Marie d'Angleterre (1514) et Claude de France (1517)*, C. J. Brown (éd.), Genève, Droz, 2005, p. 196-198.
5. J.-M. de La Mure, *Histoire des ducs de Bourbon...*, *op. cit.*, p. 428
6. P. Gringore, *Les Entrées royales...*, *op. cit.*, p. 212-213.
7. *Id.*
8. *Ibid.*, p. 243.
9. *Ibid.*, p. 249.
10. Mantoue, Archivio di Stato, A.G. 633.
11. N. Zemon Davis, *Essai sur le don dans la France du* XVI*e* *siècle*, Paris, Seuil, 2003, p. 39.
12. J.-M. de La Mure, *Histoire des ducs de Bourbon...*, *op. cit.*, t. III, p. 324.
13. « *Mémoires* de Jean Foulquart procureur de l'échevinage à Reims (1479-1499) », *Revue de Champagne et de Brie*, t. I, 1877, p. 47-48.
14. *Ibid.*, III, p. 468.
15. *Ibid.*, II, p. 290.
16. Th. Godefroy, *Le Cérémonial françois*, Paris, S. et G. Cramoisy, 1649., p. 760.
17. AM Lyon, BB 20 f° 73.
18. Y. Cloulas, « Un caprice d'Anne de Beaujeu. La girafe de Laurent le Magnifique », *Anne de Beaujeu et ses énigmes*, *op. cit.*, p. 75.
19. AN, X1a 1490, fol° 283 et 306 v°.
20. J. de Roye, *Journal*, t. II, p. 132.
21. Th. Godefroy, *Le Cérémonial françois*, *op. cit.*, p. 188-189.
22. A. Zvereva, « "Chose qui me donne de la peine et continuel travail plus que je ne vous puis dire". Louise de Savoie et les portraits au crayon », dans *Louise de Savoie (1476-1531)*, Rennes-Tours, Presses universitaires de Rennes-Presses universitaires François-Rabelais, 2015, p. 183-204.
23. « L'Ainsnée fille de fortune... », dans *Mémoires...*, *op. cit.*, p. 601.
24. J.-M. de La Mure, *Histoire des ducs de Bourbon...*, *op. cit.*, t. IV, pièce justificative n° 132 *bis*, p. 221-229.
25. M. Gaude-Ferragu, *D'or et de cendres : la mort et les funérailles des princes dans le royaume de France au bas Moyen Âge*, Villeneuve-d'Ascq, Presses universitaires du Septentrion, 2005.
26. J.-M. de La Mure, *Histoire des ducs de Bourbon...*, *op. cit.*, t. IV, pièce justificative n° 132 *bis*, p. 228.
27. R. E. Giesey, *Cérémonial et puissance souveraine. France* XV*e*-XVII*e* *siècle*, Paris, Armand Colin, EHESS, 1987.

Chapitre 11. Les livres au service du pouvoir au féminin

1. D. Crouzet, « Désir de mort et puissance absolue de Charles VIII à Henri IV », *Revue de synthèse*, n° 3-4, 1991, p. 424.
2. O. Mattéoni, « Pierre II de Bourbon et Anne de France. Le livre, la sagesse, le pouvoir », *Princes et princesses dans leur bibliothèque. Les Bourbons et les livres (XIIIe-début XVIe siècle)*, Paris, Éditions de la Sorbonne, 2022.
3. BNF, ms. fr. 125.
4. BNF, ms. latin 8133.
5. BNF, ms. latin 3637.
6. Chantilly, musée Condé, ms. 153-154.
7. BNF, ms. fr. 1841.
8. BNF, ms. fr. 916.
9. BNF, ms.fr. 2234.
10. Pierpont Morgan Library, ms. m 677.
11. BNF, ms. fr. 4993.
12. Saint-Pétersbourg, Bibliothèque nationale de Russie, ms. fr. Q. v. IV, 2.
13. U. Baurmeister, « À propos de la librairie de la chambre du roi : livres imprimés de la bibliothèque personnelle de François Ier », *Bulletin du bibliophile*, 2014/2, p. 225-281.
14. Anne de France, *Enseignements à sa fille..., op. cit.*
15. *L'Abrégé des Chroniques de France*, BNF, ms. naf. 4517, fol° 1 et 2.
16. *Ibid.*, fol° 14 v°-15.
17. P. Martin, *Traité de l'érudition*, fol° 3 v° 20 et 38.
18. BNF, RLR, Vélins 1972.
19. S. Champier, *La Nef des dames vertueuses*, Judith Kem (éd.), Paris, Champion, 2007, p. 116-117.
20. Ch. de Pizan, *Le Livre De la Cité des dames, op. cit.*, p. 44-45.
21. BNF, ms. naf. 4517.
22. *Ibid.*, fol° 4 v°.
23. Ch. de Pizan, *Le Ditié de Jeanne d'Arc*, strophes 26 et 34.
24. D. Fraioli, « L'image de Jeanne d'Arc. Que doit-elle au milieu littéraire et religieux de son temps », dans *Jeanne d'Arc, une époque, un rayonnement*, Paris, CNRS, 1982, p. 194.
25. J. Laidlaw, « Les belles dames sans mercy d'Alain Chartier », dans *Autour de Marguerite d'Écosse..., op. cit.*, p. 43.
26. « L'Ainsnée fille de fortune... », dans *Mémoires..., op. cit.*, vers 34, p. 586.
27. BNF, ms. fr. 2608.
28. BNF, ms. vélins 124 f, fonds Rothschild 3151 (2503a).
29. S. Champier, *La Nef des dames vertueuses, op. cit.*, prologue, fol° 1.
30. BNF, ms. fr. 5715.
31. C. J. Brown, *The Queen's Library : Image-Making at the Court of Anne of Brittany, 1477-1514*, Philadelphie, University of Pennsylvania Press, 2010.
32. « L'Ainsnée fille de fortune... », dans *Mémoires..., op. cit.*, p. 592
33. J. de Brézé, *La Chasse, les dits du bon chien Souillard et les Louanges de madame Anne de France, op. cit.*, p. 66.
34. *Ibid.*, p. 65.
35. *Id.*

36. BNF, ms. lat. 8133.
37. *Id.*
38. « L'Ainsnée fille de fortune... », dans *Mémoires..., op. cit.*, p. 587.
39. *Ibid.*, p. 581-582.
40. *Ibid.*, p. 588.
41. J. de Brézé, *La Chasse, les dits du bon chien Souillard et les Louanges de madame Anne de France*, op. cit., p. 64.
42. *Id.*
43. J. de Brézé, *La Chasse, les dits du bon chien Souillard et les Louanges de madame Anne de France, op. cit.*, p. 64
44. J. Lemaire de Belges, *Le Temple d'honneur et de vertus*, p. 222.
45. D. Crouzet, *Le Haut Cœur..., op. cit.*, p. 50.
46. J. de Brézé, *La Chasse, les dits du bon chien Souillard et les Louanges de madame Anne de France, op. cit.*, p. 64.
47. J. Lemaire de Belges, *Le Temple d'honneur..., op. cit.*, p. 222.

Chapitre 12. Une princesse entre deux mondes

1. M. Deldicque, *Le Dernier Commanditaire du Moyen Âge..., op. cit.*, p. 386.
2. A. Adrian, « Anne de France et le mécénat féminin en France à l'aube de la Renaissance », dans *Brou, un monument européen à l'aube de la Renaissance*, Paris, Éditions du Patrimoine, 2007, p. 21-26.
3. Compte de 1500-1501 : AN P 1385/2 et publié dans G. Grassoreille, « Un registre de comptes de la duchesse Anne », *Revue bourbonnaise*, 1887. Compte de 1496-1497 : AN, P 1355, c. 120, « Comptes de recettes et dépenses par Hugues Pinelle pour Anne de France à ses châteaux de Beaumanoir et de Moulins, du 1er octobre 1496 au 30 septembre 1497 », transcrit dans Jacques Monicat et Bernard de Fournoux, *Chartes du Bourbonnais, 918-1522*, Moulins, 1952, p. 401.
4. Ph. Lorentz, « Anne de France et son peintre », dans *Anne de France (1522-2022). Femme de pouvoir, princesse des arts*, A. David-Chapy et G. Longo (dir.), Dijon, Faton, 2022, p. 98-107.
5. J. Hey, *Portrait de Marguerite d'Autriche*, vers 1490, New York, Metropolitan Museum of Arts.
6. J. Hey, *Triptyque eucharistique*, Pierre II, sire de Beaujeu et duc de Bourbon présenté par saint Pierre et Anne de France, dame de Beaujeu, duchesse de Bourbon, présentée par saint Jean l'évangéliste, vers 1493, Paris, Louvre.
7. J. Hey, *Triptyque de la Vierge en gloire*, dit *Triptyque du Maître de Moulins*, vers 1498-1503, Moulins, cathédrale Notre-Dame.
8. *Ordonnance de fondation de la collégiale de l'ordre de Saint-Michel*, BNF, ms. fr. 14363 et M. Deldicque et M. Hermant, « Commande et production de manuscrits enluminés en Bourbonnais à l'époque d'Anne de France », dans *Anne de France (1522-2022)..., op. cit.*, p. 86-87.
9. Fr. Gatouillat, « Les peintres verriers dans les territoires des Bourbons entre la fin du XVe et le début du XVIe siècle », dans *Ibid.*, p. 127-133.
10. Ph. Lorentz, « Jean Hey à Paris », dans *Anne de France. Art et pouvoir, op. cit.*, p. 156.

11. D. Rivoletti, « L'insaisissable Michel Colombe et la sculpture bourbonnaise au temps des ducs Jean II et Pierre II », dans *La Sculpture bourbonnaise entre Moyen Âge et Renaissance*, M. Leyoudec et D. Rivoletti (éd.), Dijon, Faton, 2019, p. 21.
12. *Ibid.*, p. 22.
13. P. Pradel, « Le sculpteur Jean de Chartres et son atelier », *Bulletin monumental*, t. 104, n° 1, 1946, p. 47-62.
14. Citée dans D. Rivoletti, « Sculpter pour les ducs : Jean de Chartres », dans *La Sculpture bourbonnaise..., op. cit.*, p. 31.
15. G. Grassoreille, « Un registre de comptes... », art. cité, p. 102.
16. A. Vauchez et B. Pierre, *Saint François de Paule et les Minimes en France de la fin du* XVe *au* XVIIIe *siècle*, Tours, Presses universitaires François-Rabelais, 2011.
17. F. Deshoulières, *Souvigny et Bourbon-l'Archambault*, Paris, 1935, p. 102-104 ; É. Hamon, « Les architectes des ducs de Bourbon (vers 1480-vers 1510) », dans *Le Duché de Bourbon, des origines au connétable..., op. cit.*, p. 134 ; O. Mattéoni, *Un prince face à Louis XI..., op. cit.*, p. 204.
18. *Ibid.*, p. 213.
19. J. Teyssot, *Riom, capitale..., op. cit.*, p. 333-334.
20. A ce sujet, voir J. Guillaume, « Anne de France à Gien. Le château d'une fille de roi », dans *Anne de France. Art et pouvoir, op. cit.*, p. 173.
21. « Comptes de recettes et dépenses par Hugues Pinelle », art. cité, p. 401. Les informations relatives aux travaux réalisés dans les châteaux d'Anne de France sont issues de la thèse de C. Condello, *Le Château ducal de Moulins (Allier) de Louis II de Bourbon à Anne de France : étude historique et archéologique d'une résidence princière (*XIVe-XVIe *siècle)*, thèse de doctorat sous la direction d'E. Chalmin-Sirot, Université Lyon 2, 2016.
22. *France 1500..., op. cit.*, p. 128.
23. C. Condello, *Le Château ducal de Moulins..., op. cit.*, p. 844.
24. *Ibid.*, p. 849.
25. M. Mathon, *Histoire de la ville et du château de Creil accompagnée des vues du château à différentes époques*, Paris, 1861, p. 22-23.
26. C. Condello, *Le Château ducal de Moulins..., op. cit.*, p. 864.
27. E. L'Estrange, « Sainte Anne et le mécénat d'Anne de France », dans *Patronnes et mécènes..., op. cit.*, p. 144 et suivantes.
28. Th. Crépin-Leblond, « Anne de France, une princesse entre deux mondes », dans *Anne de France (1522-2022)..., op. cit.*, p. 23.
29. N. Reynaud, « Les portraits des Bourbons au Louvre. Reconstitution d'un panneau du Maître de Moulins », *Revue du Louvre*, n° 13, 1963, p. 159-166.
30. A. Châtelet, *Jean Prévost : le Maître de Moulins*, Paris, Gallimard, 2001, p. 177.
31. M. Wolff, « Anne de France et les artistes : princesse et commanditaire », dans *Anne de France. Art et pouvoir, op. cit.*, p. 139.
32. O. Mattéoni, *Servir le prince..., op. cit.*, p. 195.
33. AN, P 1355[2], n° 120 et transcrit dans les *Chartes du Bourbonnais..., op. cit.*, p. 410-411.
34. C. Condello, *Le Château ducal de Moulins..., op. cit.*, p. 824.
35. *Chartes du Bourbonnais..., op. cit.*, p. 395.
36. C. Klapisch-Zuber, *Les Maîtres du marbre de Carrare 1300-1600*, Abbeville, 1969, p. 225.
37. *Chartes du Bourbonnais..., op. cit.*, p. 394.
38. G. Iacono et S. Furone, *Les Marchands banquiers florentins et l'architecture à Lyon au* XVIe *siècle*, Paris, Publisud, 1999, p. 27.

Notes

39. N. Dupont-Pierrart, *Claire de Gonzague..., op. cit.*
40. *Ibid.*, p. 140 et suivantes.
41. D. Rivoletti, « Regards vers l'Italie », dans *La Sculpture bourbonnaise..., op. cit.*, p. 42.
42. J.-M. de La Mure, *Histoire des ducs de Bourbon..., op. cit.*, p. 453-454.
43. *Lettres de Charles VIII*, P. Pélicier et B. de Mandrot (éd.), *op. cit.*, t. IV, p. 185-186.
44. C. Vrand, « Anne de Bretagne et les arts : expression et mise en scène du pouvoir », dans *Anne de France. Art et pouvoir, op. cit.*, p. 104.
45. M. Wolff, « Anne de France et les artistes », art. cité, p. 140.
46. Th. Crépin-Leblond, « Anne de France, une princesse entre deux mondes », dans *Anne de France (1522-2022)..., op. cit.*

Épilogue

1. Les donations et le testament d'Anne de France ont été publiés dans J.-M. de La Mure, *Histoire des ducs de Bourbon..., op. cit.*, n° 134c, 134d et 134e, p. 234-237. Testament de Suzanne de Bourbon, *Ibid.*, n° 134b, p. 232-234.
2. Donation d'Anne de France à Charles de Bourbon, *Ibid.*, n° 134c, p. 234.
3. La prétendue trahison du connétable, sa fuite et l'accusation de lèse-majesté servirent d'ultime prétexte à la confiscation du Bourbonnais au profit de la mère du roi en 1527. À la mort de cette dernière en 1531, le duché fut incorporé à la Couronne.

Bibliographie

« Mémoire adressé à la dame de Beaujeu sur les moyens d'unir le duché de Bretagne au domaine du roi de France (1485 ou 1486) », *Revue historique*, t. XXV, fasc. 2, 1884, p. 275-287.

« *Mémoires* de Jean Foulquart, procureur de l'échevinage à Reims (1479-1499) », *Revue de Champagne et de Brie*, t. II, 1877.

« Comptes de recettes et dépenses par Hugues Pinelle pour Anne de France à ses châteaux de Beaumanoir et de Moulins, du 1er octobre 1496 au 30 septembre 1497 », dans Monicat Jacques et Fournoux Bernard de, *Chartes du Bourbonnais, 918-1522*, Moulins, Crépin-Leblond, 1952.

« L'Ainsnée fille de fortune. Poème à la louange de la dame de Beaujeu, sœur de Charles VIII. Avec des notes par M. Lancelot », dans *Mémoires de littérature, tirés des registres de l'Académie royale des inscriptions et belles lettres*, t. VIII, 1729, p. 579-601.

Adrian Anne, « Anne de France et le mécénat féminin en France à l'aube de la Renaissance », dans *Brou, un monument européen à l'aube de la Renaissance*, Paris, Éditions du Patrimoine, 2007, p. 21-26.

Allirot Anne-Hélène, *Filles de roy de France : princesses royales, mémoire de saint Louis et conscience dynastique (1270 à la fin du XIVe s.)*, Turnhout, Brepols, 2011.

Autrand Françoise, « La succession à la couronne de France et les ordonnances de 1374 », dans *Représentation, pouvoir et royauté à la fin du Moyen Âge*, J. Blanchard (dir.), Paris, Picard, 1995, p. 25-32.

Autrand Françoise, *Christine de Pizan, une femme en politique*, Paris, Fayard, 2009.

Baurmeister Ursula, « À propos de la librairie de la chambre du roi : livres imprimés de la bibliothèque personnelle de François Ier », *Bulletin du bibliophile*, 2014/2, p. 225-281.

Berger Élie, « Le titre de régent dans les actes de la chancellerie royale », *Bibliothèque de l'École des chartes*, 61, 1900, p. 413-425.

Blanchard Joël, *Commynes et les procès politiques de Louis XI. Du nouveau sur la lèse-majesté*, Paris, Picard, 2008.

Blanchard Joël, *Louis XI*, Paris, Perrin, 2015.

Blanchard Joël, *Philippe de Commynes*, Paris, Fayard, 2006.

BOUCHART Alain, *Grandes chroniques de Bretagne*, M.-L. Auger (éd.), Paris, CNRS éditions, 2013.

BRANTÔME Pierre de, *Recueil des dames, poésies et tombeaux*, E. Vaucheret (éd.), Paris, La Pléiade, 1991.

BRANTÔME Pierre de, *Vie des dames illustres*, Paris, Garnier, 1868.

BRESC-BAUTIER Geneviève, CRÉPIN-LEBLOND Thierry, TABURET-DELAHAYE Élisabeth et WOLFF Martha (dir.), *France 1500. Entre Moyen Âge et Renaissance*, Paris, RMN, 2010.

BRÉZÉ Jacques de, *La Chasse, les dits du bon chien Souillard et les Louanges de madame Anne de France*, G. Tilander (éd.), *Cynegetica VI*, Lund, 1959.

BROWN Cynthia J., « Le mécénat d'Anne de Bretagne et la politique du livre », dans *Patronnes et mécènes en France à la Renaissance*, K. Wilson-Chevalier (dir.), Saint-Étienne, Publications de l'université de Saint-Étienne, 2007, p. 195-224.

BROWN Cynthia J., *The Queen's Library : Image-Making at the Court of Anne of Brittany, 1477-1514*, Philadelphie, University of Pennsylvania Press, 2010.

BUSER Benjamin, *Beziehungen der Mediceer zu Frankreich*, Leipzig, Duncker & Humblot, 1879.

CARON Marie-Thérèse, *Noblesse et pouvoir royal en France, XIIIe-XVIe siècle*, Paris, Armand Colin, 1994.

CESSOLES Jacques de, *Le Livre du jeu d'échecs*, J.-M. Mehl (éd.), Paris, Stock, 1995.

CHAMPAGNE Durand de, *Le Miroir des dames*, C. Marazza (éd.), Paris, Champion, 1978.

CHAMPIER Symphorien, *La Nef des dames vertueuses*, J. Kem (éd.), Paris, Champion, 2007.

CHAMPOLLION-FIGEAC Aimé, *Documents historiques inédits tirés des collections manuscrites de la Bibliothèque royale ou des archives et des bibliothèques des départements*, Paris, 1841-1874.

CHASTEL André et KLEIN Robert, *L'Europe de la Renaissance. L'âge de l'humanisme*, Paris, Éditions de la Connaissance, 1963.

CHÂTELET André, *Jean Prévost : le Maître de Moulins*, Paris, Gallimard, 2001.

CHATENET Monique et CRÉPIN-LEBLOND Thierry (dir.), *Anne de France. Art et pouvoir en 1500*, Paris, Picard, 2014.

CHATENET Monique et GIRAULT Pierre-Gilles, *Fastes de cour. Les enjeux d'un voyage princier à Blois en 1501*, Rennes, Presses universitaires de Rennes, 2010.

CHATENET Monique, *Les enseignements d'Anne de France à sa fille Suzanne de Bourbon*, dans *Anne de France. Art et pouvoir en 1500*, Th. Crépin-Leblond et M. Chatenet (dir.), Paris, Picard, 2014, p. 51-64.

CHEVALIER Bernard, « Marie d'Anjou, une reine sans gloire, 1404-1463 », dans *Autour de Marguerite d'Écosse. Reines, princesses et dames du XVe siècle, Actes du colloque de Thouars*, G. et Ph. Contamine (dir), Paris, Champion, 1999, p. 81-98.

CHOINET Pierre, *Le Livre des trois âges*, L. Scordia (éd.), Mont-Saint-Aignan, Publications de l'université de Rouen et du Havre, 2009.

CLOULAS Yvan, « Un caprice d'Anne de Beaujeu. La girafe de Laurent le Magnifique », dans *Anne de Beaujeu et ses énigmes*, Villefranche-sur-Saône, Hassier, 1984, p. 73-82.

CLUZEL Jean, *Anne de France : fille de Louis XI, duchesse de Bourbon*, Paris, Fayard, 2002.

COMMYNES Philippe de, *Mémoires*, éd. Lenglet Du Fresnoy.

Comptes de l'hôtel des rois de France aux XIVe et XVe siècles, L. Douët d'Arcq (éd.), Paris, J. Renouard, 1865.

CONDELLO Célia, *Le Château ducal de Moulins (Allier) de Louis II de Bourbon à Anne de France : étude historique et archéologique d'une résidence princière (XIVe-XVIe siècle)*, thèse de doctorat sous la direction d'Élisabeth Chalmin-Sirot, Université Lyon 2, 2016.

CONTAMINE Philippe et Geneviève (dir.), *Autour de Marguerite d'Écosse. Reines, princesses et dames du XVe siècle, Actes du colloque de Thouars*, Paris, Champion, 1999.

CONTAMINE Philippe, « Un aspect de la tyrannie de Louis XI. Variations sur le thème du roi marieur », dans *La Femme au Moyen Âge*, M. Rouche et J. Heuclin (dir.), Maubeuge, Publications de la ville de Maubeuge, 1990.

Correspondance de Charles VIII et de ses conseillers avec Louis II de La Trémoille pendant la guerre de Bretagne, duc de La Trémoille (éd.), Paris, 1875.

COSANDEY Fanny, *La Reine de France. Symbole et pouvoir*, Paris, Gallimard, 2000.

CRÉPIN-LEBLOND Thierry, « Anne de France, une princesse entre deux mondes », dans *Anne de France (1522-2022). Femme de pouvoir, princesse des arts*, catalogue de l'exposition du musée Anne-de-Beaujeu de Moulins (2022), A. David-Chapy et G. Longo (dir.), Dijon, Faton, 2022, p. 18-25.

CROUZET Denis, « Désir de mort et puissance absolue de Charles VIII à Henri IV », *Revue de synthèse*, n° 3-4, 1991, p. 423-441.

CROUZET Denis, *Charles de Bourbon, connétable de France*, Paris, Fayard, 2003.

CROUZET Denis, *Le Haut Cœur de Catherine de Médicis*, Paris, Albin Michel, 2005.

DAVID-CHAPY Aubrée et LONGO Giulia (dir.), *Anne de France (1522-2022). Femme de pouvoir, princesse des arts*, Dijon, Faton, 2022.

DAVID-CHAPY Aubrée, « Correspondance des villes avec le roi et les princes. Les ressorts d'une coopération politique au temps de Charles VIII et d'Anne de France (1483-1490) », dans *Correspondances urbaines. Les corps de ville et la circulation de l'information (XVe-XVIIe)*, Florence Alazard (dir.), Turnhout, Brepols, 2020, p. 303-320.

DAVID-CHAPY Aubrée, « La "Cour des Dames" d'Anne de France à Louise de Savoie : un espace de pouvoir à la rencontre de l'éthique et du politique », dans *Femmes à la cour de France. Charges et fonctions (XVe-XVIIIe siècle)*, K. Wilson-Chevalier et C. Zum Kolk (dir.), Villeneuve-d'Ascq, Presses universitaires du Septentrion, 2018, p. 49-65.

DAVID-CHAPY Aubrée, « Louise de Savoie et Marguerite d'Autriche, princesses de la paix des Dames », dans *La Paix des Dames, 1529*, J. Dumont, L. Fagnart,

P.-G. Girault et N. Le Roux (dir.), Tours, Presses universitaires François-Rabelais, 2021, p. 43-59.

DAVID-CHAPY Aubrée, « Pleurer la mort, exalter la vertu, inscrire dans l'histoire : La Déploration sur la mort d'Anne de France du seigneur de La Vauguyon », *Annuaire Bulletin de la Société d'histoire de France*, 2014, p. 127-178.

DAVID-CHAPY Aubrée, *Anne de France, Louise de Savoie. Inventions d'un pouvoir au féminin*, Paris, Garnier Classiques, 2016.

DELDICQUE Mathieu et HERMANT Maxence, « Commande et production de manuscrits enluminés en Bourbonnais à l'époque d'Anne de France », dans *Anne de France (1522-2022). Femme de pouvoir, princesse des arts*, A. David-Chapy et G. Longo (dir.), Dijon, Faton, 2022, p. 76-97.

DELDICQUE Mathieu, *Le Dernier Commanditaire du Moyen Âge. L'amiral de Graville, vers 1440-1516*, Villeneuve-d'Ascq, Presses universitaires du Septentrion, 2021.

DELISLE Léopold, *Le Cabinet des manuscrits de la Bibliothèque impériale*, Hildesheim, G. Olms (éd.), t. I, 1868.

DESHOULIÈRES François, *Souvigny et Bourbon-l'Archambault*, Paris, H. Laurens, 1935.

DESJARDINS Abel, *Négociations diplomatiques de la France avec la Toscane*, Paris, Imprimerie impériale, 1859-1875.

DOCQUIER Gilles, « Convoi exceptionnel ou tournée de gala : négociations, retour et accueil de Marguerite d'Autriche, épouse répudiée, dans les Pays-Bas (1493) », dans *Pour la singulière affection qu'avons à luy : études bourguignonnes offertes à Jean-Marie Cauchies*, P. Delsalle, G. Docquier, A. Marchandisse, B. Schnerb (dir.), Tunrhout, Brepols, 2017, p. 195-205.

DOM Morice, *Mémoires pour servir de preuves à l'histoire ecclésiastique et civile de Bretagne*, Paris, 1746.

DUPONT-PIERRART Nicole, *Claire de Gonzague, comtesse de Bourbon-Montpensier (1464-1503). Une princesse italienne à la cour de France*, Villeneuve-d'Ascq, Presses universitaires du Septentrion, 2017.

ÉDOUARD Sylvène, *Le Corps d'une reine. Histoire singulière d'Élisabeth de Valois, 1546-1568*, Rennes, Presses universitaires de Rennes, 2009.

EICHBERGER Dagmar, « Instrumentalising Art for Political Ends. Margaret of Austria, régente et gouvernante des pais bas de l'empereur », *Femmes de pouvoir, femmes politiques durant les derniers siècles du Moyen Âge et au cours de la première Renaissance*, É. Bousmar, A. Marchandisse et B. Schnerb (dir.), Liège-Genève, Droz, 2012, p. 571-584.

Femmes de pouvoir, femmes politiques durant les derniers siècles du Moyen Âge et au cours de la première Renaissance, E. Bousmar, A. Marchandisse et B. Schnerb (dir.), Liège-Genève, Droz, 2012.

FRAIOLI Déborah, « L'image de Jeanne d'Arc. Que doit-elle au milieu littéraire et religieux de son temps ? », dans *Jeanne d'Arc, une époque, un rayonnement*, Paris, CNRS éditions, 1982, p. 191-196.

FRANCE Anne de, *Enseignements à sa fille*, T. Clavier et É. Viennot (éd.), Saint-Étienne, Publications de l'université de Saint-Étienne, 2006.

FRANCE Anne de, *Enseignements d'Anne de France, duchesse de Bourbonnais et d'Auvergne, à sa fille Suzanne*, M.-A. Chazaud (éd.), d'après le manuscrit original de Saint-Pétersbourg, Moulins, 1878.

GATOUILLAT Françoise, « Les peintres verriers dans les territoires des Bourbons entre la fin du XVe et le début du XVIe siècle », dans *Anne de France (1522-2022). Femme de pouvoir, princesse des arts*, A. David-Chapy et G. Longo (dir.), Dijon, Faton, 2022, p. 126-140.

GAUDE-FERRAGU Murielle, *D'or et de cendres : la mort et les funérailles des princes dans le royaume de France au bas Moyen Âge*, Villeneuve-d'Ascq, Presses universitaires du Septentrion, 2005.

GAUDE-FERRAGU Murielle, *La Reine au Moyen Âge. Le pouvoir au féminin, XIVe-XVe siècle*, Paris, Tallandier, 2014.

GIESEY Ralph E., *Cérémonial et puissance souveraine. France XVe-XVIIe siècle*, Paris, Armand Colin, EHESS, 1987.

GODEFROY Théodore, *Histoire de Charles VIII, roi de France et des choses mémorables advenues en son royaume*, Paris, 1684.

GRASSOREILLE Georges, « Un registre de comptes de la duchesse Anne », *Revue bourbonnaise*, 1887, p. 20-30, 52-62, 101-108.

GRINGORE Pierre, *Les Entrées royales à Paris de Marie d'Angleterre (1514) et Claude de France (1517)*, C. J. Brown (éd.), Genève, Droz, 2005.

GUILLAUME Jean, « Anne de France à Gien. Le château d'une fille de roi », dans *Anne de France. Art et pouvoir en 1500*, Th. Crépin-Leblond et M. Chatenet (dir.), Paris, Picard, 2014, p. 165-176.

HABLOT Laurent, « La ceinture Espérance et les devises des Bourbons », dans *Espérance. Le mécénat religieux des ducs de Bourbon*, Fr. Perrot (éd.), Souvigny, 2001.

HAMON Étienne, « Les architectes des ducs de Bourbon (vers 1480-vers 1510) », dans *Le Duché de Bourbon, des origines au connétable*, Saint-Pourçain-sur-Sioule, Bleu Autour, 2001, p. 121-135.

HARSGOR Mickael, *Recherches sur le personnel du Conseil du roi sous Charles VIII et Louis XII*, Paris, Champion, 1980.

IACONO Giuseppe et Furone Salvatore, *Les Marchands banquiers florentins et l'architecture à Lyon au XVIe siècle*, Paris, Publisud, 1999.

JOUANNA Arlette, *Le Pouvoir absolu. Naissance de l'imaginaire politique de la royauté*, Paris, Gallimard, 2013.

KRYNEN Jacques, *L'Empire du roi : idées et croyances politiques en France XIIIe-XVe*, Paris, Gallimard, 1993.

L'ESTRANGE Elizabeth, « Le mécénat d'Anne de Bretagne », dans *Patronnes et mécènes en France à la Renaissance*, K. Wilson-Chevalier (dir.), Saint-Étienne, Publications de l'université de Saint-Étienne, 2007, p. 169-193.

L'ESTRANGE Elizabeth, « Sainte Anne et le mécénat d'Anne de France », dans *Patronnes et mécènes en France à la Renaissance*, K. Wilson-Chevalier (dir.), Saint-Étienne, Publications de l'université de Saint-Étienne, 2007, p. 135-154.

LA MURE Jean-Marie de, *Histoire des ducs de Bourbon et des comtes de Forez*, Paris, Potier, 1860.

La Paix des Dames, 1529, J. Dumont, L. Fagnart, P.-G. Girault et N. Le Roux (dir.), Tours, Presses universitaires François-Rabelais, 2021.

LABANDE-MAILFERT Yvonne, « Le mariage d'Anne de Bretagne et de Charles VIII vu par Érasme Brasca », *Mémoires de la Société d'histoire et d'archéologie de Bretagne*, 1978, t. LV, p. 17-42.

LABANDE-MAILFERT Yvonne, *Charles VIII et son milieu (1470-1498)*, Paris, Klincksieck, 1975.

LABANDE-MAILFERT Yvonne, *Charles VIII*, Paris, Fayard, 1986.

LAIDLAW James, « Les belles dames sans mercy d'Alain Chartier », dans *Autour de Marguerite d'Écosse. Reines, princesses et dames du XVe siècle*, G. et Ph. Contamine (dir.), Paris, Champion, 1999, p. 33-44.

LASSALMONIE Jean-François, « Un discours à trois voix sur le pouvoir. Le roi et les États généraux de 1484 », dans *Penser le pouvoir au Moyen Âge (VIIIe-XVe siècle)*, D. Boutet et J. Verger (dir.), Paris, Rue d'Ulm, 2000, p. 127-155.

Le Duché de Bourbon des origines au connétable, Saint-Pourçain-sur-Sioule, Bleu Autour, 2001.

LE ROUX Nicolas, *La Faveur du roi : mignons et courtisans au temps des derniers Valois (vers 1547-vers 1589)*, Seyssel, Champ Vallon, 2000.

LEGARÉ Anne-Marie, « Charlotte de Savoie's Library », *Journal of the Early Book Society*, t. IV, 2001, p. 32-87.

LEGUAI André, *Histoire du Bourbonnais*, Paris, Presses universitaires de France, 1960.

LEQUAIN Élodie, « Anne de France et les livres, la tradition et le pouvoir », dans *Patronnes et mécènes en France à la Renaissance*, K. Wilson-Chevalier (dir.), Saint-Étienne, Publications de l'université de Saint-Étienne, 2007, p. 155-168.

LEQUAIN Élodie, « La maison de Bourbon, escolle de vertu et de perfection. Anne de France, Suzanne de Bourbon et Pierre Martin », *Médiévales*, 48, *Princes et princesses à la fin du Moyen Âge*, printemps 2005, p. 39-54.

LEYOUDEC Maud et RIVOLETTI Daniele (dir.), *La Sculpture bourbonnaise entre Moyen Âge et Renaissance*, Dijon, Faton, 2019.

Lettres de Charles VIII, P. Pélicier et B. de Mandrot (éd.), Paris, 1898-1905, 5 vol.

Lettres de Louis XI, J. Vaesen et É. Charavay (éd.), Paris, Renouard, 1887.

LORENTZ Philippe, « Anne de France et son peintre », dans *Anne de France (1522-2022). Femme de pouvoir, princesse des arts*, A. David-Chapy et G. Longo (dir.), Dijon, Faton, 2022, p. 98-107.

LORENTZ Philippe, « Jean Hey à Paris. Un vitrail de Saint-Germain-l'Auxerrois, paroisse des ducs de Bourbon », dans *Anne de France. Art et pouvoir en 1500*, Th. Crépin-Leblond et M. Chatenet (dir.), Paris, Picard, 2014, p. 145-158.

Louise de Savoie (1476-1531), P. Brioist, L. Fagnart et C. Michon (dir.), Rennes-Tours, Presses universitaires de Rennes-Presses universitaires François-Rabelais, 2015.

Marillac Guillaume de, *Vie du connétable Charles de Bourbon, de 1490 à 1521 par Guillaume de Marillac son secrétaire, dans Choix de chroniques et mémoires relatifs à l'histoire de France*, J.-A. C. Buchon (éd.), Paris, 1854.

Martin-Ulrich Claudie, « "Bon fruit et déceptable monde" : Anne de Beaujeu et l'héritage augustinien », *Reines et princesses au Moyen Âge*, Cahiers du CRISIMA, nº 5, 2001, vol. 1, p. 459-480.

Martin-Ulrich Claudie, Persona *de la princesse à la Renaissance en France : personnage littéraire, personnage politique*, Paris, Champion, 2004.

Masselin Jean, *Journal des États généraux de France tenus à Tours en 1484 sous le règne de Charles VIII, publié et traduit par A. Bernier*, Paris, Imprimerie royale, 1835.

Matarasso Pauline, *Queen's Mate : Three Women of Power in France on the Eve of the Renaissance (Anne de Beaujeu, Anne de Bretagne, Louise de Savoie)*, Aldershot, Ashgate, 2001.

Mathon M., *Histoire de la ville et du château de Creil accompagnée des vues du château à différentes époques*, Paris, 1861.

Mattéoni Olivier, « Pierre II de Bourbon et Anne de France. Le livre, la sagesse, le pouvoir », dans *Princes et princesses dans leur bibliothèque. Les Bourbons et les livres (xiiie-début xvie siècle)*, O. Mattéoni (dir.), Paris, Publications de la Sorbonne, 2022.

Mattéoni Olivier, *Servir le prince. Les officiers des ducs de Bourbon à la fin du Moyen Âge (1356-1523)*, Paris, Publications de la Sorbonne, 1998.

Mattéoni Olivier, *Un prince face à Louis XI. Jean II de Bourbon, une politique en procès*, Paris, Presses universitaires de France, 2012.

Maulde La Clavière René de, *Procédures politiques du règne de Louis XII*, Paris, Imprimerie nationale, 1885.

Méras Mathieu, « La grande ordonnance d'Anne de France, duchesse de Bourbonnais et dame de Beaujolais sur la justice en Beaujolais », *Bulletin des amis de Montluçon*, 3e série, 36, 1985, p. 21-36.

Méras Mathieu, « Anne et Pierre de Beaujeu en Beaujolais », dans *Anne de Beaujeu et ses énigmes*, Actes du colloque de Villefranche, mai 1983, Villefranche-sur-Saône, Hassier, 1984.

Offenstadt Nicolas, « Prophètes et médiatrices », dans *Faire la paix au Moyen Âge*, Paris, Odile Jacob, 2007.

Ordonnances des rois de France de la troisième race, J.-M. Pardessus (éd.), Paris, 1849.

Papounaud Benoît-Henry, « Le mécénat de Marguerite d'Autriche et la construction du monastère royal de Brou », dans *Anne de France. Art et pouvoir en 1500*, Th. Crépin-Leblond et M. Chatenet (dir.), Paris, Picard, 2014, p. 93-102.

Paviot Jacques, « Éléonore de Poitiers. Les Estats de France (Les Honneurs de la cour) », *Annuaire-bulletin de la Société d'histoire de France*, 1998.

Pélicier Paul, *Essai sur le gouvernement de la dame de Beaujeu : 1483-1491*, Marseille, Laffitte, 1983.

Picco Dominique, « Réseaux de femmes, femmes en réseaux : avant-propos », *Genre et histoire*, n° 12-13, printemps-automne 2013.

Pizan Christine de, « Christine de Pizan's Epistre à la reine (1405) », *Revue des langues romanes*, t. 92, 1988.

Pizan Christine de, *L'Epistre d'Othea*, G. Parussa (éd.), Genève, 1999.

Pizan Christine de, *Le Livre de la Cité des dames*, E. Hicks et Th. Moreau (éd.), Paris, Stock, 1992.

Pizan Christine de, *Le Livre des trois vertus, ou le Trésor de la Cité des dames*, C. C. Willard et E. Hicks (éd.), Paris, « Bibliothèque du xve siècle », 1989.

Pradel Pierre, « Le sculpteur Jean de Chartres et son atelier », *Bulletin monumental*, t. 104, n° 1, 1946, p. 47-62.

Pradel Pierre, *Anne de France, 1461-1522*, Paris, Publisud, 1986.

Reynaud Nicole, « Les portraits des Bourbons au Louvre. Reconstitution d'un panneau du Maître de Moulins », *Revue du Louvre*, n° 13, 1963, p. 159-166.

Richard Jean, « Les pouvoirs de Blanche de Castille », dans *Femmes de pouvoir, femmes politiques durant les derniers siècles du Moyen Âge et au cours de la première Renaissance*, E. Bousmar, A. Marchandisse et B. Schnerb (dir.), Liège-Genève, Droz, 2012.

Richet Denis, *La France moderne : l'esprit des institutions*, Paris, Flammarion, 1973.

Saint-Gelais Jean de, *Histoire de Louys XII, roy de France, pere du peuple et de plusieurs choses memorables advenues en France et en Italie jusques en l'an 1510*, Th. Godefroy (éd.), Paris, 1622.

Seyssel Claude de, *Les Louenges du roy Louis XIIe de ce nom (1508)*, P. Eichel-Lojkine et L. Vissière (éd.), Genève, Droz, 2009.

Tamalio Raffaele, *Federigo Gonzaga alla Corte di francesco I, di Francia nel carteggio privato con Mantova, 1515-1517*, Paris, Champion, 1994.

Teyssot Josiane, « Reine et princesse, Anne de France en Auvergne et Bourbonnais », dans *Anne de France. Art et pouvoir en 1500*, M. Chatenet et Th. Crépin-Leblond (dir.), Paris, Picard, 2014, p. 15-25.

Teyssot Josiane, *Riom, capitale et bonne ville d'Auvergne, 1212-1557*, Nonette, CREER, 1999.

Tranié Ghislain, *Philippe de Gueldre (1465-1547), « royne de Sicile » et « povre ver de terre »*, thèse de doctorat d'histoire moderne sous la direction de D. Crouzet, université de Paris-Sorbonne, IRCOM, 2012.

Trombert Florence, « Une reine de quatre ans à la cour de France : Marguerite d'Autriche, 1484-1485 », dans *Autour de Marguerite d'Écosse. Reines, princes et dames du xve siècle*, G. et P. Contamine (dir.), Paris, 1999, p. 123-157.

Tuetey Alexandre, *Inventaire des biens de Charlotte de Savoie*, *BEC*, 26, Paris, 1865.

VAUCHEZ André et PIERRE Benoist, *Saint François de Paule et les Minimes en France de la fin du XVe au XVIIIe siècle*, Tours, Presses universitaires François-Rabelais, 2011.

VIENNOT Éliane, « Comment contrecarrer la loi salique ? Trois commanditaires de livres d'histoire au XVIe siècle : Anne de France, Louise de Savoie et Catherine de Médicis », dans *Les Femmes et l'écriture de l'histoire 1400-1800*, S. Steinberg et J.-C. Arnould (dir.), Mont-Saint-Aignan, Publications des universités de Rouen et du Havre, 2008, p. 73-88.

VIENNOT Éliane, « Gouverner masqués : Anne de France, Pierre de Beaujeu et la correspondance dite "de Charles VIII" », dans *L'Épistolaire au XVIe siècle*, Cahiers du Centre V.-L. Saulnier n° 18, Paris, Éditions Rue d'Ulm, 2001.

VISSIÈRE Laurent, « Capitale malgré elle ? Aigueperse au temps des Bourbon-Montpensier (v. 1415-1505) », *Le Duché de Bourbon des origines au connétable*, Saint-Pourçain-sur-Sioule, 2001, p. 153-168.

VRAND Caroline, « Anne de Bretagne et les arts : expression et mise en scène du pouvoir », dans *Anne de France. Art et pouvoir en 1500*, Th. Crépin-Leblond et M. Chatenet (dir.), Paris, Picard, 2014, p. 103-114.

WILSON-CHEVALIER Kathleen (dir.), *Patronnes et mécènes en France à la Renaissance*, Saint-Étienne, Publications de l'université de Saint-Étienne, 2007.

WILSON-CHEVALIER Kathleen et VIENNOT Éliane, *Royaume de Fémynie. Pouvoirs, contraintes, espaces de liberté des femmes, de la Renaissance à la Fronde*, Paris, Honoré Champion, 2000.

WOLFF Martha, « Anne de France et les artistes : princesse et commanditaire », dans *Anne de France. Art et pouvoir en 1500*, Th. Crépin-Leblond et M. Chatenet (dir.), Paris, Picard, 2014, p. 133-144.

ZEMON DAVIS Nathalie, *Essai sur le don dans la France du XVIe siècle*, Paris, Seuil, 2003.

ZUM KOLK Caroline, « La naissance de la "Cour des Dames" : la maison de la reine de France et son personnel féminin (Moyen Âge-XVIe siècle) », dans *Femmes à la cour de France. Charges et fonctions, XVe-XIXe siècle*, K. Wilson-Chevalier et C. Zum Kolk (dir.), Villeneuve-d'Ascq, Presses universitaires du Septentrion, 2018, p. 23-47.

ZVEREVA Alexandra, « "Chose qui me donne de la peine et continuel travail plus que je ne vous puis dire". Louise de Savoie et les portraits au crayon », dans *Louise de Savoie (1476-1531)*, P. Brioist, L. Fagnart et C. Michon (dir.), Rennes-Tours, Presses universitaires de Rennes-Presses universitaires François-Rabelais, 2015, p. 183-204.

Index

Remerciements

À l'issue de cet ouvrage, je souhaite remercier en premier lieu mon mari pour son très fidèle soutien. Je remercie aussi ma mère pour sa relecture attentive.

Pour les articles et les sources qu'ils ont eu la gentillesse de me communiquer ou pour l'aide et les renseignements qu'ils m'ont fournis, je remercie vivement Thierry Crépin-Leblond, Cynthia J. Brown, Monique Chatenet, Célia Condello (†), Mathieu Deldicque, Gilles Docquier, Nicole Dupont-Pierrart, Laure Fagnart, Maxence Hermant, Carolyn James, Nicolas Le Roux, Olivier Mattéoni, Daniele Rivoletti, Laurent Vissière, Kathleen Wilson-Chevalier.

Mes remerciements vont également à Giulia Longo, qui m'a proposé le commissariat scientifique de l'exposition « Anne de France (1522-2022). Femme de pouvoir, princesse des arts » (mars-septembre 2022) et la codirection du catalogue de l'exposition.

Enfin, je remercie Nicolas Gras-Payen d'avoir accepté et soutenu avec enthousiasme ce projet de livre.

Table des matières

Table des matières

Composition et mise en pages
Nord Compo à Villeneuve-d'Ascq

Imprimé en France
par DUPLIPRINT
733, rue Saint-Léonard, 53100 Mayenne
juin 2022 - N° 2974306Y

DUPLIPRINT est titulaire du label imprim'vert®